Em defesa da psicanálise

Transmissão da Psicanálise
diretor: Marco Antonio Coutinho Jorge

Elisabeth Roudinesco

Em defesa da psicanálise

ensaios e entrevistas

Textos reunidos, apresentação e revisão:

Marco Antonio Coutinho Jorge

Programa de Pós-graduação em Psicanálise,
Instituto de Psicologia/Uerj

Tradução:

André Telles

ZAHAR

Tradução autorizada pela autora de uma seleção
de textos preparada por Marco Antonio Coutinho Jorge

Grafia atualizada segundo o Acordo Ortográfico da Língua Portuguesa de 1990, que entrou em vigor no Brasil em 2009.

Capa
Sérgio Campante

Foto da capa
Montagem feita a partir de foto de encontro de psicanalistas nos Estados Unidos, em 1909.
Em destaque: Freud, S. Hall, Jones, Jung e Ferenczi. © Corbis

Projeto gráfico
Carolina Falcão

CIP-Brasil. Catalogação na fonte
Sindicato Nacional dos Editores de Livros, RJ

Roudinesco, Elisabeth, 1944-
R765e Em defesa da psicanálise: ensaios e entrevistas / Elisabeth Roudinesco; textos reunidos, apresentação e revisão de Marco Antonio Coutinho Jorge; tradução de André Telles. — 1ª ed. — Rio de Janeiro : Zahar, 2009.

ISBN 978-85-378-0170-3

1. Roudinesco, Elisabeth, 1944- — Entrevistas. 2. Psicanálise. I. Jorge, Marco Antonio Coutinho, 1952-. II. Título.

CDD: 150.195
09-4313 CDU: 159.964.2

EDITORA SCHWARCZ S.A.
Praça Floriano, 19, sala 3001 — Cinelândia
20031-050 — Rio de Janeiro — RJ
Telefone: (21) 3993-7510
www.companhiadasletras.com.br
www.blogdacompanhia.com.br
facebook.com/editorazahar
instagram.com/editorazahar
twitter.com/editorazahar

Sumário

Apresentação

Sob o signo da liberdade

Marco Antonio Coutinho Jorge*

Na década de 1990, já tendo lançado há alguns anos os dois volumes de sua *História da psicanálise na França*, em uma conferência no Rio de Janeiro Elisabeth Roudinesco respondeu às diversas questões que lhe eram colocadas com a serenidade daqueles que já se questionaram com profundidade. Mais do que isso, suas colocações diante de problemas tão complexos transmitiu a postura que se costuma requerer de um psicanalista: preservar em primeiro plano, e a todo custo, sua relação apaixonada com a verdade — apesar das dificuldades para o exercício dessa paixão, como resumiu Boileau ao dizer que o verdadeiro pode muitas vezes não ser verossímil.

Fazia já alguns anos que eu lia seus artigos e livros, que circulavam no circuito teórico lacaniano então emergente. Mas, com a publicação da *História*, seu trabalho assumiu grande importância e alçou-a à categoria dos autores cuja referência é obrigatória. Roudinesco conseguiu o que poderia parecer impossível: retraçar cem anos da história da psicanálise desde seus primórdios até nossa época, articulando-a com a história das ideias e dos eventos do turbulento século XX. Um trabalho tão erudito quanto pertinente do ponto de vista psicanalítico, em que ela afirmava de saída que "uma história da psicanálise não pode prescindir de uma interpretação psicanalítica da história".

Ler a *História* contada por Roudinesco é uma experiência enriquecedora que se deve, sem dúvida, à ênfase colocada na retomada da singularidade do discurso psicanalítico empreendida pelo ensino de Jacques Lacan. Para ela, a história da psicanálise, na França como alhures, adquire seu sentido precisamente porque Lacan tem nela seu lugar devidamente salientado: o daquele que retransmitiu a "peste" freudiana — mito, aliás, criado por ele

* Psiquiatra, psicanalista, professor adjunto do Programa de Pós-graduação em Psicanálise do Instituto de Psicologia da Universidade do Estado do Rio de Janeiro (IP/Uerj), diretor do Corpo Freudiano Seção Rio de Janeiro, membro correspondente da Association Insistance (Paris/Bruxelas).

próprio. Daí Roudinesco considerar como sendo de fato o terceiro volume de sua *História* a obra imediatamente posterior, *Jacques Lacan: esboço de uma vida, história de um sistema de pensamento.* A rigor, toda a *História* converge para a saga lacaniana, a qual teve seus registros históricos apagados e arquivos pessoais suprimidos, o que contribuiu, aliás, para que o terceiro livro da trilogia fosse considerado equivocadamente uma biografia.[1]

De lá para cá, a produção de Roudinesco alternou obras de referência, como o *Dicionário de psicanálise*, escrito com Michel Plon, com trabalhos originais em torno de temáticas que conectam a psicanálise e sua história à cultura. Entre eles estão *Por que a psicanálise?* e *A família em desordem*, que rapidamente se tornaram clássicos sobre a visão psicanalítica da contemporaneidade, que tende a suprimir a fala do sujeito e promover o imperialismo da psicofarmacologia.

Um de seus últimos trabalhos, *A parte obscura de nós mesmos: uma história dos perversos*, nascido da conferência proferida em Belo Horizonte, em 2004, na abertura do Congresso da International Federation of Psychoanalytic Societies sobre "As múltiplas faces da perversão", interroga "onde começa a perversão e quem são os perversos". Como sabemos, esse tema é um dos mais complexos e, por isso mesmo, dos mais essenciais da psicanálise — basta lembrar que Freud via já na constituição da criança uma perversão polimorfa, considerando esta um efeito do funcionamento pulsional, próprio da sexualidade humana.

Pertencendo a épocas diversas da produção de Elisabeth Roudinesco, os ensaios e entrevistas reunidos neste volume são inéditos no Brasil e foram publicados originalmente em revistas especializadas. A variedade de seus temas não impede que tenham um denominador comum: a defesa da psicanálise. Pela força com que sustentam a ética da descoberta freudiana, certamente serão lidos com entusiasmo pelo leitor brasileiro.

A psicanálise sempre suscitou e suscitará resistências. Trata-se de algo estrutural, inerente ao fato de que é através delas que o recalcamento perpetua a sua existência, pois as resistências se encarregam de preservá-lo. Assim, como se pode depreender lendo a "Contribuição à história do movimento psicanalítico", escrito por Freud em 1914, a história da psicanálise é contada, em grande parte, através da história das resistências à psicanálise.

O humor do mestre vienense diante do frequente anúncio da morte da psicanálise é exemplar do modo pelo qual ele considerava a resistência como inevitável: "Pelo menos uma dúzia de vezes durante os últimos anos, li em relatórios de congressos e de órgãos científicos, ou em resenhas críticas de certas publicações, que agora a psicanálise está morta, derrotada e eliminada de uma vez por todas. A melhor resposta a isso seria nos termos do telegrama de Mark Twain ao periódico que anunciou falsamente sua morte: *Notícia de meu falecimento muito exagerada*." E Freud acrescentou ainda: "Depois de cada um desses obituários, a psicanálise ganhou novos partidários e colaboradores ou obteve novos órgãos de difusão. E, sem dúvida, o anúncio de morte foi um progresso, comparado com a morte pelo silêncio."[2] Não à toa, ele colocou como epígrafe de seu ensaio "A história do movimento psicanalítico" a frase que se lê no brasão da cidade de Paris: *Fluctuat nec mergitur* (As ondas o abalam mas não o afundam).

Freud dedicou muitas páginas a analisar as resistências à psicanálise e isolou, em seu cerne, o golpe psicológico proferido à humanidade por essa nova ciência que, ousando descentrar o sujeito de si mesmo, revelou o caráter ilusório do eu e atingiu brutalmente seu narcisismo. Golpe que comparou à violência de outros dois golpes aos quais a onipotência da humanidade fora submetida: o golpe cosmológico de Copérnico, ao tirar a Terra do centro do Universo; o golpe biológico de Darwin, ao arrancar o homem do centro da criação divina, formulando a teoria de sua ascendência animal. Freud arremataria essa série de golpes proferindo algo inteiramente inassimilável: o eu não é senhor em sua própria casa e a criança não é destituída de sexualidade.

Sendo inerentes ao seu progresso, as resistências à psicanálise pedem contínua elaboração do psicanalista. Entende-se, então, que a defesa da psicanálise dos ataques que ela sofre — não só de fora de seu campo como também de dentro dele — seja igualmente invocada no projeto lacaniano de reconquista do campo freudiano. Para Lacan, o recenseamento crítico do que se produz nesse campo e em torno dele é essencial, já que depura o arsenal teórico psicanalítico e o realinha diante das novas forças que a ele se opõem. Vê-se que a linguagem aqui utilizada é francamente bélica, daí a *História da psicanálise na França*, de Roudinesco, ter trazido o subtítulo *A batalha de cem anos*.

É nessa vertente lacaniana que se inscreve a obra da autora, que sintetizou, em *Por que a psicanálise?*, aquilo que emoldura a sua perspectiva: "A psicanálise atesta um avanço da civilização sobre a barbárie. Ela restaura a ideia de que o homem é livre por sua fala e de que seu destino não se restringe a seu ser biológico. Por isso, no futuro, ela deverá conservar integralmente o seu lugar, ao lado das outras ciências, para lutar contra as pretensões obscurantistas que almejam reduzir o pensamento a um neurônio ou confundir o desejo com uma secreção química."[3]

O fato de uma obra vir de uma psicanalista que é igualmente historiadora não é anódino. Sabe-se, por Lacan — que mostrou isso em ato no seu seminário —, que a melhor defesa da psicanálise reside em submetê-la sistematicamente à análise, fazer incidir sobre ela seus próprios achados fundamentais para depurar a sua especificidade discursiva. E, para isso, talvez nada melhor do que elaborar a sua história. Assim como a psicanálise de um sujeito é considerada por Lacan uma forma particular de historicização das letras escritas em seu inconsciente, a história da psicanálise, ao trazer à tona seus conflitos e isolar suas linhas de força predominantes — inclusive dando a eles um contorno simbólico e delineando um mapa do contexto cultural através da narrativa de seus desvios —, visa promover o reencontro do gume cortante da verdade freudiana.

O desejo de interrogar a história da psicanálise, considerado como um ato freudiano de retorno às origens, moveu desde o início a investigação de Elisabeth Roudinesco. Referindo-se à obra de Henri Ellenberger como o evento fundador da história erudita da psicanálise — que privilegia a situação cultural e ideológica em detrimento da história dos chefes e dos heróis —, Roudinesco promoveu a crítica da historiografia dita oficial da psicanálise, francamente hagiográfica, como a de Ernest Jones, que idealiza suas personagens e, por isso mesmo, as desumaniza para torná-las mais aptas à idolatria. Mas foi preciso também, nesse caminho, estabelecer a crítica da contra-hagiografia dos antifreudianos norte-americanos, que constantemente inventam novas fórmulas para anunciar, uma vez mais, o fim próximo da psicanálise.

O *Livro negro da psicanálise* é a mais recente delas, conforme abordado no presente volume. Lançado há alguns anos na França, ataca Freud e toda a psicanálise da forma mais abjeta e inescrupulosa, para levantar a bandeira das Terapias Cognitivo-Comportamentais (TCC), cujo discurso simplório não parece dizer respeito à mesma complexa realidade do aparelho psíquico do homem estudada pela psicanálise. Mas não é a única: as "molecagens" do Club de l'Horloge, também relatadas por Roudinesco, não ficam nada atrás, com a agravante de difundirem um antissemitismo camuflado.

Hoje, os ataques que a psicanálise recebe são fruto da aliança renovada entre o que há de pior no cientificismo e o que há de mais abjeto no discurso antifreudiano. Perdendo o direito a ter um inconsciente, o homem precisa virar um escravo de seus neurônios e de sua cognição, perder sua posição de sujeito e a possibilidade de escolha a ela inerente — sem afeto, sem sofrimento, sem fala, sem rebelião. Em suma, sem singularidade e movido por um empuxo-à-completude que o anestesia e, cada vez mais, o dissocia de si mesmo.

Preconizando um manual comportamental rumo a uma suposta felicidade, as TCC contemplam agora os mesmos ideais que foram os responsáveis pela deformação da psicanálise nos Estados Unidos, tornando-se uma espécie de profilaxia social. As três correntes ali surgidas — o culturalismo, a Escola de Chicago e a Ego Psychology — sustentam quase sempre o objetivo de adaptar o indivíduo à sociedade e, para isso, privilegiam na doutrina freudiana o eu ao inconsciente, promovendo, como resume Roudinesco, "uma verdadeira religião da felicidade e da integração". Lacan já chamara a atenção para o fato de que Freud introduzira a categoria da pulsão de morte para trazer os psicanalistas de volta à radicalidade de sua descoberta do inconsciente, pois se havia regredido, pondera Lacan, "a uma posição confusa, unitária, naturalista do homem, do eu, e, da mesma feita, das pulsões. Foi, justamente, para reencontrar o sentido de sua experiência que Freud escreveu 'Além do princípio de prazer'."[4] Mas a pulsão de morte foi rechaçada com uma força ainda maior do que o inconsciente havia sido.

Os avanços da psicanálise são, com frequência, sucedidos por recuos que parecem querer desmenti-los. Roudinesco, ao longo de sua obra, pôde mostrar quanto as instâncias psicanalíticas oficiais são muitas vezes, paradoxalmente, as maiores responsáveis pela perda da virulência da disciplina cujo florescimento elas mesmas deveriam sustentar: a International Psychoanalytical Association (IPA), por sua desmesurada estagnação e burocratização da psicanálise e da formação do psicanalista, cujo cunho acentuadamente universitário fomenta a ausência de reflexão própria;[5] o uso sistemático por alguns lacanianos das sessões hipercurtas em psicanálise, que transformam a riqueza e a complexidade da experiência psicanalítica numa caricatura *kitsch* da prática de Lacan;[6] o dogmatismo teórico de certas escolas, que usurpa da psicanálise sua essência e a transforma ora num partido político totalitário, ora numa religião cujo deus não difere de um mestre paranoico. A necessidade de um mestre vivo passível de ser idolatrado parece constituir um elemento estrutural do grupo humano que se infiltra com certa facilidade também na comunidade psicanalítica.

Os artigos deste livro prosseguem as investidas anteriores da autora e tocam em muitas questões candentes: na entrevista a François Pommier, Roudinesco desnuda a visão da psicanálise sobre a homossexualidade através de sua história, colocando o dedo na ferida de muitos preconceitos que nela se infiltraram desde Ernest Jones — com a sua condenação, opondo-se a Freud, à autorização de o psicanalista ser homossexual — até hoje. É surpreendente ver que alguns psicanalistas se esquecem com frequência de que a teoria psicanalítica da sexualidade impede qualquer postura normatizante e negam as bases conceituais da psicanálise que se esteiam nos conceitos de inconsciente e pulsão, ambos amalgamados na noção freudiana de bissexualidade.

Muitas outras questões aparecem: qual a diferença, nas populações migrantes, entre os distúrbios psicopatológicos e as particularidades das culturas (questão que se coloca, por exemplo, quanto às práticas de mutilação corporal, como a excisão clitoridiana)? Qual a história pioneira das primeiras mulheres psicanalistas? Qual a relação de Jung e de todo um segmento da psicanálise com o nazismo? Qual a opinião de Freud sobre a constituição do Estado judeu? Quais as relações da psicanálise com a filosofia e a medicina?

Além de se revelar neste livro uma entrevistada cheia de verve nas conversas com Philipe Sollers, sobre a *História*, com François Pommier, sobre as homossexualidades, e Michel Rotfus, sobre filosofia e psicanálise, Roudinesco é igualmente aquela que conduz uma entrevista: a saborosa conversa com Françoise Dolto nos faz sentir o frescor da palavra doltoniana enunciada numa atmosfera íntima. Suas recordações fluem e episódios singulares de sua vida são narrados em tom direto.

A obra de Roudinesco nos adverte de que as conquistas da psicanálise traduzem o desejo do psicanalista em ato. Lacan associava o passe ao mar que "deve ser sempre recomeçado",[7] pois dizia que "passava a vida a passar o passe". A defesa da psicanálise exige — como sua criação exigiu de seu fundador — o desejo de saber e o amor à verdade. Diante da falta de um

Outro peremptório que dê garantias ao dizer ou impor o que fazer, o ato portará sempre a marca da audácia desejante.

Por isso, na obra *Genealogias*, na qual retraça seu percurso intelectual, Roudinesco se refere a si mesma com uma frase enigmática em sua ambiguidade: "Sempre imaginei que eu tinha nascido sob o signo da liberdade."[8]

Talvez essa fosse a maneira com que a psicanálise se definiria, caso ela fosse uma pessoa e pudesse falar.

* * *

A André Telles, que, em uma conversa informal, "soltou" um comentário sobre os textos que tinha acabado de traduzir; a Cristina Zahar, que o "pescou" no mesmo instante, dando origem ao título; a Kathia Ferreira, que fez a revisão; a Nadiá Paulo Ferreira, que colaborou comigo no texto final da apresentação; a Elisabeth Roudinesco, que desde o primeiro momento em que a ideia deste livro surgiu me apoiou e me confiou seus textos tão amigavelmente; enfim, a todos que se envolveram de forma apaixonada na criação e edição desta obra, agradeço o empenho e os bons momentos de trabalho passados juntos.

1 Polêmicas

Anatomia de um "livro negro"

Em 1º de setembro de 2005, a editora Arènes publicou uma obra coletiva intitulada *Le livre noir de la psychanalyse: vivre, penser et aller mieux sans Freud* [O livro negro da psicanálise. Viver, pensar e melhorar sem Freud]. O livro foi organizado por Catherine Meyer, com a colaboração de Mikkel Borch-Jacobsen, Jean Cottraux, Didier Pleux e Jacques van Rillaer. A partir dessa data, e em virtude de ter sido capa do *Nouvel Observateur*,[1] o livro conheceu certo sucesso: venderam-se dez mil exemplares em 15 dias e toda a imprensa o resenhou sem jamais aprovar seu teor. A quase totalidade dos artigos, em especial os publicados em *Le Monde*,[2] *Le Figaro*,[3] *L'Humanité*,[4] *Libération*,[5] *L'Express*[6] e *Le Point*,[7] praticamente não participou, muito pelo contrário, dessa fúria antifreudiana.

Da minha parte, após ter sido convidada por Laurent Joffrin e Ursula Gauthier, no fim do mês de julho, para debater com um dos autores do livro e depois de expor o meu ponto de vista, preferi abster-me e dar uma entrevista a *L'Express*. Eu não queria contribuir para a difusão de um livro de pura demolição de Freud e da psicanálise que era apresentado sob uma luz favorável pelo *Nouvel Observateur*. Se a manchete de capa da revista tivesse sido outra, eu teria aceitado contribuir para aquele número. Eis por que, aliás, Laurent Joffrin aceitou publicar minha resposta às suas próprias críticas à minha atitude.[8] Nesse livro, os freudianos são levados ao banco dos réus: eles, é o que dizem, invadiram a mídia a golpes de propaganda e mentiras.

São atacados com uma rara violência todos os representantes do movimento psicanalítico desde suas origens: Melanie Klein, Ernest Jones, Anna Freud, Bruno Bettelheim etc. e, pela França, Jacques Lacan, Françoise Dolto, seus discípulos e os principais pioneiros da escola francesa (todas as tendências misturadas, IPA* e lacanianos).

As interpretações às vezes são delirantes e o índice está repleto de erros: metade dos nomes mencionados no corpo do texto não consta ali.

* International Psychoanalytical Association. (N.R.)

Quanto aos números, são curiosamente manipulados. Por exemplo, os autores afirmam que haveria 18 mil psicanalistas na França, ao passo que há seis mil, distribuídos em 19 sociedades. Com uma estatística desse tipo, que pretende incluir na comunidade freudiana todos os psiquiatras com formação psicanalítica — como se isso fosse possível! —, os autores procuraram prejudicar a disciplina, sugerindo que seus adeptos estariam infiltrados por toda parte, exercendo, portanto, uma influência nefasta nas engrenagens das instituições médicas e universitárias.

A dupla temática da influência e do complô acha-se, por sinal, amplamente presente nessa obra, na qual os psicanalistas são apresentados como detentores dos três grandes poderes que caracterizam as sociedades humanas: a economia, o sexo e o pensamento. Eles só pensam, dizem eles, no dinheiro; invadiram, dizem eles, o mundo da cultura e da intelligentsia; e, por fim, só se interessam, dizem eles, pelas pulsões sexuais, pois querem obrigar seus pacientes a confessar abusos recalcados que nunca teriam existido.

A França e os países latino-americanos são tratados como países atrasados, como se a psicanálise neles houvesse encontrado refúgio por razões obscuras, ao passo que, justamente, teria sido banida de todos os países civilizados. Lembro que ela está solidamente implantada em 41 países e em vias de expansão nos países do antigo bloco soviético, onde havia sido proibida, bem como no mundo árabe e islâmico, à medida que se instauram novas liberdades. A crise da psicanálise, real nos dias de hoje, tem causas múltiplas jamais evocadas pelos autores, que deixaram de lado todo espírito crítico para se entregarem a denúncias extravagantes.

Freud é o mais atacado: mentiroso, charlatão, fraudador, plagiador, misógino, dependente de cocaína, dissimulador, propagandista, obcecado sexual, ávido por dinheiro e poder, é apresentado como uma espécie de ditador que enganou o mundo inteiro com uma doutrina falsa. Para resumir, essa doutrina não teria existência (é uma "teoria zero"), uma vez que o inconsciente existia antes de Freud, que teria seduzido uma humanidade crédula ao se colocar como um novo messias.

Freud também é acusado, como todos os seus sucessores, de ter deixado seus pacientes num estado de deterioração atroz e de ter inventado falsas curas. Todos os movimentos psicanalíticos são denunciados como antros de corrupção e os psicanalistas, acusados de crimes: dez mil mortos na França entre os toxicômanos, uma vez que aqueles teriam contribuído para proibir tratamentos de substituição. Nenhuma prova desse gulag imaginário é apresentada pelos autores.

Os responsáveis por esse livro negro conclamam o grande público e a mídia a desconfiar dos tratamentos psicanalíticos. O título, aliás, é eloquente: a expressão "livro negro" remete à existência de complôs ou massacres encobertos. A ideia de "pensar sem Freud" significa claramente que o pensamento freudiano não deve ser ensinado, já que é uma falsa ciência.

Será que devo lembrar que ele figura no programa do *baccalauréat* e que não pertence de forma alguma à comunidade psicanalítica, mas à história da cultura ocidental?

Quanto à proposta de "melhorar sem Freud", significa que os pacientes são estimulados a abandonar seus terapeutas para se juntarem àqueles que, hoje, seriam os únicos capazes de curar a humanidade de seus problemas psíquicos: os adeptos da Terapia Cognitivo-Comportamental (TCC), cerca de mil na França nessa época.

Essa proposta sugere igualmente que a psicanálise seria destituída de qualquer saber clínico. Pretende-se com isso dizer que ela é uma intrusa nos cursos de psicopatologia das universidades? É uma pergunta.

Os psicoterapeutas de todas as tendências são acusados de serem valetes da falsa ciência freudiana e êmulos de seus representantes. Por outro lado, são convocados a juntar-se às fileiras da verdadeira ciência (TCC) e desvincular-se dos freudianos obscurantistas.

Philippe Douste-Blazy (predecessor de Xavier Bertrand no Ministério da Saúde) é espinafrado por ter retirado do site de seu ministério o relatório do Instituto Nacional de Saúde e Pesquisa Médica (Inserm) sobre a avaliação das psicoterapias. É acusado de ter "premeditado" seu gesto — emprega-se geralmente esse termo para um crime ou um delito — com a cumplicidade de lacanianos fanáticos e intelectualizados, seguidores de um mestre que teria levado ao suicídio toda uma população de pacientes.

Antes da publicação, provas do livro circularam na mídia e no Inserm. As famílias de crianças autistas foram aconselhadas a recorrer à Comissão de Ética não contra os charlatães das quais teriam sido as vítimas reais, mas contra uma disciplina (a psicanálise) e contra seus tratamentos, apontados como nocivos. O que se move, portanto, é um processo contra Freud e a psicanálise, e não contra pessoas privadas, presumidamente culpadas de excessos.

Jean Cottraux é um dos redatores do relatório do Inserm. Várias vezes ele se apresentou, em seu site e na imprensa, como um interlocutor privilegiado do gabinete do ministro da Saúde, mas sem provas. Informação desmentida pelo ministério. Jean Cottraux afirmou, depois da publicação do *Livro negro*, que "psicanalistas onipresentes e arrogantes infiltraram-se no poder político para impor seus pontos de vista sectários à saúde pública. Podemos ter uma noção da anemia do Estado que isso revela."[9] Eis a famosa tese conspiratória.

Num subcapítulo do *Livro negro* intitulado "Crônica de uma geração. Como a psicanálise tomou o poder na França", Jean Cottraux fala de si mesmo. Conta que, quando fazia seus estudos de psiquiatria em Lyon, no fim dos anos 60, foi vítima inocente da contaminação freudiana. Testemunhou, diz ele, coisas abomináveis em sua simpática cidade, assistindo, em particular, a três cenas atrozes: uma invasão de "visitantes", como ele diz.

Viu chegar um dia à estação de Lyon-Perrache um monstro chamado Jacques Lacan, recebido por um estranho professor de filosofia, um tanto ridículo, chamado Gilles Deleuze. E, segurem-se nas cadeiras, os dois homens conversaram banalidades: "Ah, meu caro mestre, que prazer etc." Num outro dia, viu chegar outra visita igualmente suspeita, uma senhora, com algo de simplória, chamada Françoise Dolto, e ele guardou dessa visita uma recordação assustadora: "Ela passou um pouco dos limites." O terceiro visitante que preocupou Jean Cottraux era um ogro, um imbecil, um bárbaro chamado Bruno Bettelheim.

Após ter sido assim "visitado", Jean Cottraux passou quatro anos num divã. No fim desse calvário, "mandou às favas a batina analítica" e agora é um homem feliz. Eis, portanto, o que significa para ele a história da psicanálise na França, sua famosa face oculta. Ela se resume à autoficção de um modesto psiquiatra do interior (é assim que ele se designa) que foi vítima de terríveis lobos maus e que agora descobriu finalmente, com as TCC, a solução para seus problemas.

Presidente de diversas associações privadas que oferecem formação em TCC, Jean Cottraux recuperou-se então de suas emoções juvenis: dirige um DU [Diploma Universitário] de TCC, ao mesmo tempo em que é responsável por uma unidade de tratamento de ansiedade num centro hospitalar de neurologia.

Outro psiquiatra, Patrick Légeron, também ficou horrorizado com a contaminação freudiana na França, o que o levou a fornecer uma nova versão da "face oculta" de sua história. Esses profissionais, diz ele em substância, foram em seu conjunto tão nulos e tão incompetentes que são coletivamente responsáveis por um terrível delito: o consumo excessivo de Prozac na França. Trata-se, como constatamos, de uma admirável metodologia histórica, fundada na noção de causalidade única e de uma explicação peremptória digna do sr. Homais* e com a qual os historiadores deveriam ter-se preocupado. Para sair desse "efeito perverso", Patrick Légeron conclama os desafortunados pacientes, vítimas dos tratamentos analíticos, a abandonarem o divã, a pararem de tomar antidepressivos e a confiarem nas TCC, que finalmente lhes trarão uma solução para seus problemas.

A obra é redigida por 40 autores e composta de quatro partes. O tom geral é o de um libelo de acusação que visa reduzir o indivíduo à soma de seus comportamentos e denunciar toda tentativa de explorar o inconsciente. Uma violenta diatribe contra a religião, em particular contra o catolicismo, ao qual Lacan e Dolto são ligados, permite aos autores situar-se, na França, à esquerda do tabuleiro político e jogar a cartada do progresso contra o obscurantismo.

Nas duas primeiras partes, "A face oculta da história freudiana" e "Por que a psicanálise obteve tanto sucesso", acham-se reunidos textos e entrevistas de historiadores majoritariamente anglófonos e conhecidos por suas posições consideradas "revisionistas";** foi assim que eles próprios se designaram, há 20 anos, pretendendo revisar os mitos fundadores da impostura freudiana. São conhecidos atualmente nos Estados Unidos como os "destruidores de Freud". Minoritários, estes terminaram, em virtude de seus excessos, marginalizados, depois de pretenderem impedir em 1996, com ajuda de uma petição, a realização da grande exposição *Freud*, em Washington, considerada (pertinentemente) por demais "ortodoxa". Mas seria razoável lutar contra a ortodoxia de uma disciplina com medidas proibitivas? Certamente não. E foi esse o motivo pelo qual tomei a iniciativa, com Philippe Garnier, de uma petição internacional contra esse tipo de censura.[10]

* O sr. Homais é um célebre personagem do romance *Madame Bovary*, de Flaubert: republicano imbecil e cientista que se acredita investido de uma missão contra a religião e o obscurantismo e que acaba por expulsar todos os mendigos de sua região, sendo recompensado com uma condecoração. (N.R.)

** O tema do revisionismo será retomado em "Crônica de um antissemitismo camuflado" e "A filosofia vista pela psicanálise", neste volume. (N.R.)

Esses historiadores revisionistas distorcem a obra de Henri Ellenberger,[11] pela qual sou responsável na França e cujos arquivos estão depositados na Sociedade Internacional de História da Psiquiatria e da Psicanálise (SIHPP), presidida por René Major. Fazem dele um antifreudiano radical que teria sido o primeiro a desmascarar as pretensas imposturas freudianas, ao passo que Ellenberger foi, muito simplesmente, o fundador de uma historiografia anti-hagiográfica que questionava o trabalho biográfico de Ernest Jones e de seus herdeiros. Sempre que os revisionistas citam essa obra, na reedição que prefaciei, evitam cuidadosamente citar meu nome a fim de omitir o apoio com que contei do grande historiador, como por sinal comprova o recente depoimento de seu filho, Michel Ellenberger:

> O professor Ellenberger colaborou com Elisabeth Roudinesco nessa reedição. Enviou as informações por ela solicitadas. Quando seu estado de saúde não lhe permitiu mais escrever, o contato foi mantido por mim mesmo, que fiz várias viagens entre Paris e Montreal ... Podemos dizer que a edição francesa da *Histoire de la découverte de l'inconscient* (1994) tem valor de edição original, ainda mais que a edição inglesa não é atualizada desde 1970.[12]

Os autores do *Livro negro* apropriam-se, portanto, da historiografia acadêmica — pela qual me pauto e que é oriunda, ao mesmo tempo, de Ellenberger, Canguilhem e Foucault — para misturá-la com um esquema de denúncia que não tem mais nada a ver nem com o estudo crítico, ainda que severo, dos textos teóricos, nem com a necessária atualização da história do movimento psicanalítico: de seus costumes, em geral excessivamente formais, de suas crises, de suas divagações, de sua propensão à adulação dos mestres, de seu dogmatismo, de seu jargão e de seus verdadeiros anos negros (colaboração com o nazismo ou as ditaduras), mencionados em uma linha e de maneira ambígua.

Nada disso é abordado nesse livro, escrito numa linguagem delatora e recheada de uma terminologia que lembra os processos de feitiçaria: mistificação, impostura, possessão, premeditação, assassinatos, complôs etc. É esse o vocabulário que retorna, incessantemente, pela pena acerba daqueles que se apresentam como grandes especialistas em história das ciências, medicina, psiquiatria etc. e que têm como visão única da história o eixo do bem e do mal: o mal é Freud, seus asseclas, seus sacerdotes, seus êmulos, seus idólatras; o bem é o exército vingador de seus detratores, que, associado a uma medicina dos pobres, parte em cruzada contra a arrogância midiática e intelectual dos malvados psicanalistas, acerca dos quais é dito que estenderam seu império sobre o planeta inteiro a golpes de protocolos e mentiras.

Não faço parte daqueles que contribuíram para a psicologização de nossa sociedade. Desaprovo a maneira como psicanalistas e psiquiatras de todas as tendências apoiam-se na doutrina freudiana para emitir, na grande mídia, diagnósticos fulminantes a respeito deste ou daquele político, como recentemente no semanário *Marianne*:[13] "Os 'psis' analisam o caso Sarkozy." Louco para desancar um ministro detestado, o dono dessa publicação apela aos "psis" para que estes declarem, em nome de Freud, da psicanálise e das classificações da psiquiatria, que o ministro do Interior é um psicopata perigoso incapaz de governar a França. A psicanálise ser invocada, por seus próprios praticantes, para servir a tal degradação do debate político — há nisso algo de revoltante.

Voltemos agora ao *Livro negro*. Na realidade, os textos reunidos pela organizadora nesses dois capítulos são resumos de livros já publicados em inglês, alemão ou francês e, portanto, de amplo conhecimento dos especialistas em historiografia freudiana. Apesar disso, são apresentados como reveladores de uma verdade encoberta.[14]

Na terceira parte, "A psicanálise e seus impasses", esta é designada como uma falsa ciência. E é van Rillaer que se encarrega da acusação, reproduzindo quase palavra por palavra o discurso de uma obra já publicada sobre o mesmo tema. Édipo é uma mentira; Lacan, um falastrão; a psicanálise, um delírio ou uma ilusão; Elisabeth Roudinesco, uma autora que escreve em jargão e que se esqueceu de dizer que determinados freudianos haviam sido nazistas e que os fundadores das TCC eram judeus. Freud é qualificado como fraudador de resultados; os psicanalistas franceses, de novos jdanovistas.*

Cabe observar que nenhuma alusão é feita ao livro de Jacques Bénesteau, *Mensonges freudiens* [Mentiras freudianas], cujo destino conhecemos.[15] Dois autores do *Livro negro* (Cottraux e van Rillaer), entretanto, elogiaram-no por diversas vezes.

---

* Jdanovistas: seguidores de um rígido código ideológico conhecido como "jdanovismo", que impunha parâmetros estético-ideológicos para a produção cultural na União Soviética. Foi criado por Andrei Jdanov (1896-1948), político soviético e correligionário de Stalin, e vigorou até a morte deste, em 1953. (N.R.)

Por fim, na quarta parte, são reunidas histórias de vítimas: Tausk, suicidado por Freud, Anna Freud, destruída pelo pai incestuoso, Marilyn Monroe, suicidada por seus psicanalistas. Seguem-se depoimentos de mães de autistas e pacientes vítimas de charlatães.

Entre outras vítimas, encontram-se todas as crianças da França. É a Didier Pleux, psicólogo e diretor de uma associação de TCC, além de especialista na caça a Dolto, que devemos essa estarrecedora revelação, ocultada pelos historiadores oficiais — eu sou visada — e segundo a qual a terrível visitante de Lyon (Dolto) seria responsável pela crise da família ocidental. Ela teria tornado tirânicas e impossíveis de educar todas as crianças francesas contemporâneas. Seus herdeiros — Caroline Eliacheff, Claude Halmos, Marcel Rufo etc. — não passariam, segundo o quarto autor do *Livro negro*, de cúmplices midiáticos desse grande fiasco educativo que apenas as TCC poderiam sanar. Ressaltemos que o nome de minha mãe, Jenny Aubry, não figura nessa lista negra.

O livro, como vimos, foi capa do *Nouvel Observateur*, merecendo várias páginas, vinhetas e excertos sobre as imposturas de Freud. No miolo da revista, Ursula Gauthier conduz um "debate" — responsável pela pesquisa e de longa data favorável às TCC — entre "aquele que acredita" na psicanálise (Alain de Mijolla) como revelação divina e "aquele que não acredita nela", ou melhor, que parou de acreditar após ter sido um fanático lacaniano "desconvertido" (van Rillaer). A Ursula Gauthier coube o artigo, dito de "síntese", destinado a abrir, enfim, um grande debate na França sobre as verdades encobertas etc.

Opõem-se, dessa forma, num pretenso debate objetivo (do tipo pró ou contra a rotação da Terra), o representante de uma religião obscurantista e um verdadeiro cientista, o qual, após ter descido ao inferno de uma seita, voltou finalmente para celebrar os benefícios da ciência e de um novo tratamento testado e avaliado. E que pretende, por exemplo, curar a fobia de aranhas em dez sessões sugerindo aos pacientes confrontarem-se primeiro com uma aranha, depois com um monte de aranhas: a mão, o braço, o corpo inteiro. Lendo essas coisas, pensamos em sugerir ao propagador desse fabuloso tratamento testá-lo em si mesmo durante um *reality-show*, ao vivo e na presença de um exército de jurados.

A propósito, o debate do pró e do contra foi organizado, aqui como em outros lugares, durante o mês de agosto, com psicanalistas que, após terem sido interrogados acerca do lado em que estavam, tomaram a defesa da psicanálise sem terem lido o livro. Alguns conheciam apenas alguns artigos (em provas). Por exemplo, a revista *Psychologies Magazine* já lançara, em setembro de 2005, o "debate" na primeira página, opondo os prós e os contras em relação ao tema: "A guerra dos 'psis': por que tanto ódio?", o que sugeria que os "psis" odiavam-se entre si muito mais que os autores de um pasquim espinafrando Freud e a psicanálise. A nuance é importante, pois permite aos que são favoráveis ao livro valorizá-lo, mantendo a aparência de conservar uma "objetividade". Gérard Bonnet foi entrevistado sem que a jornalista o tivesse avisado da publicação do *Livro negro*.

Ao contrário do *Livro negro do comunismo*,[16] que era um livro coletivo realizado por seis autores (que depois se desentenderam), *O livro negro da psicanálise* não é um livro de autores, mas de organizador, como indica seu título e o nome que figura na capa. É obra de Catherine Meyer, que o realizou para as edições Arènes. Meyer pode ser tudo, menos uma especialista em história da psicanálise. Para produzir esse livro, ela se cercou de três colaboradores (Borch-Jacobsen, van Rillaer e Cottraux) cujas posições violentamente antifreudianas são perfeitamente conhecidas. Dois deles (van Rillaer e Cottraux) não têm nenhuma competência em matéria de história do freudismo. O terceiro faz parte da escola revisionista norte-americana (a dos "destruidores de Freud").

A finalidade dessa operação editorial é, por um lado, causar danos a uma disciplina e a seus representantes — num contexto que se segue, na França, à votação de uma lei sobre o estatuto dos psicoterapeutas — e, por outro, fazer uma operação clássica de propaganda e venda.

Em seguida, a organizadora da edição pediu a contribuição de diversos autores. A maioria — como também os três colaboradores — entregou textos ou entrevistas, decerto inéditos, mas que não passavam em sua grande parte de um resumo de suas próprias obras ou de cópia de artigos já publicados e apenas remanejados para republicação.

Alguns deles entregaram artigos publicados em inglês em outras obras coletivas. Portanto, *O livro negro* é uma montagem editorial de diferentes artigos entre os quais metade não apresenta nenhuma relação com o que é enunciado no título, no prefácio da organizadora ou nas declarações dos colaboradores.

Constatamos que o teor de vários textos dos múltiplos autores que deram sua anuência a esse livro de organizador não corresponde em nada ao anúncio feito por Catherine Meyer. Neles, Freud não é tratado como mistificador nem como plagiador e a psicanálise não é vista como uma disciplina criminosa, tal qual em um punhado de outros artigos ou entrevistas. Em outras palavras, ainda que seus autores tenham concordado em figurar nesse livro negro, nada permite dizer que o conteúdo de seus artigos seja a expressão da vontade destruidora bradada pela organizadora e por seus colaboradores.

Acrescentemos que, embora seja possível falar de crimes cometidos em nome do comunismo ou de crimes perpetrados pelo colonialismo, ou ainda dos complôs orquestrados pelos serviços secretos, é difícil imputar genocídio, massacres, crimes ou complôs à psicanálise enquanto tal e a seus representantes. Ou então é preciso prová-lo.

Em contrapartida, se excessos foram cometidos em nome dessa disciplina — e sabemos que eles existem —, então as vítimas têm o dever de apresentar queixa contra seus molestadores perante a Justiça. Pois, num Estado de direito, ninguém pode processar uma disciplina ou seus representantes a título coletivo, a não ser que se inaugure uma caça às bruxas. Pode apresentar queixa apenas contra pessoas.

Num artigo intitulado "Freud était-il un menteur" [Freud era um mentiroso], encontramos o seguinte trecho da lavra de Frank Cioffi:

> A verdade é que o movimento psicanalítico em seu conjunto é um dos movimentos mais corrompidos da história. É corrompido por considerações políticas e por opiniões indefensáveis que continuam a ser repetidas exclusivamente em virtude de relações pessoais e considerações carreiristas. (p.45)

Uma afirmação desse tipo não visa a uma associação psicanalítica enquanto tal, mas ao conjunto do movimento psicanalítico, incluindo todas as tendências, isto é, todas as associações que reivindicam historicamente a psicanálise e seu movimento. Por conseguinte, todas as associações mundiais ou locais que reivindicam a psicanálise, Freud ou sua herança — freudianos, annafreudianos, kleinianos, lacanianos ou Ego Psychology — estariam no direito de se agrupar ou agir a título individual contra a mencionada afirmação. Esta é endereçada não apenas aos membros das associações que compõem o movimento (a carreira e as relações pessoais) mas às próprias associações e à disciplina que elas reivindicam. Claro que o melhor seria rirmos disso tudo, tamanha a farsa. Porém, em nossos dias, quanto maior a fraude, maior a crença. Não nos esqueçamos do impacto que podem ter na opinião pública os livros que denunciam supostas conspirações.

Editora especializada na denúncia de dossiês negros de tudo, a Arènes ostenta em seu catálogo os seguintes títulos: *Noir Chirac*, *Noir procès*, *Négrophobie* etc. Outros temas conspiratórios são abordados: o inconfessável, os casos atômicos etc.

Não faço parte de nenhuma associação psicanalítica e não tenho a intenção de me intrometer na condução de seus assuntos. Mas me dá pena constatar que há anos os psicanalistas vêm se eximindo da vida pública e de qualquer engajamento político. Para explicar essa retração, invocam simploriamente o fato de estarem concentrados em seu trabalho clínico, doloroso e difícil. É uma atitude respeitável e compreensível. Em todo caso, isso prova que a grande maioria dos psicanalistas é formada por excelentes clínicos, em especial os mais anônimos, que nunca aparecem na mídia.

Mas essa atitude de retração terminou por se revelar nefasta. Pois, ao se recusarem a abordar problemas da sociedade, e abrindo espaço para os que desonram a disciplina com diagnósticos fulminantes ou declarações ridículas sobre as transformações da família, os costumes e as novas práticas sexuais, eles não contribuem para a necessária crítica de sua própria doutrina, preferindo engalfinhar-se publicamente em querelas intermináveis. Não se contentando, pelo menos na França, em menosprezar os psicoterapeutas relacionais, oriundos, aliás, de seus divãs, ei-los agora, por sua vez, confrontados com o que haviam julgado possível evitar. Nesse aspecto, partilho a opinião expressa por Jacques-Alain Miller em *Le Point*, quando afirma com bom humor: "Vou querer um livro desses todos os anos! Faz um imenso bem aos psicanalistas serem esmerilhados, esfregados e esfolados." Desejemos então que esse livro estimule um despertar da comunidade freudiana!

Eu gostaria que a nova geração psicanalítica não se enganasse sobre a significação desse *Livro negro*, que conhecerá a sorte de todos os livrecos desse tipo, da mesma forma que *Imposturas intelectuais*, de Sokal e Bricmont, ou *A terrível impostura*, de Thierry Meyssan. Mas, seja como for, diante do impacto que ele terá na opinião pública, em especial nos pacientes em tratamento, prejudicará o conjunto da comunidade psicanalítica, se esta perseverar em ignorar as querelas historiográficas e os debates promovidos pela sociedade, no mundo inteiro nos últimos 20 anos, e que, por sinal, não dizem respeito apenas à sua disciplina. Há 20 anos eu disse que o ódio à psicanálise era o sintoma de seu progresso impetuoso, e isso se verifica nos dias de hoje. O espectro de Freud continua a assombrar a consciência daqueles que acreditam que ele morreu e que seu cadáver nunca mais irá se mexer. Que ilusão!

O que deve ser combatido é a ideologia do revisionismo radical, pois essa ideologia da anulação e da negação é um dos elementos capitais da pulsão calculadora generalizada que invadiu as sociedades liberais e que reduz o homem a uma coisa e o sujeito a uma mercadoria, ao mesmo tempo em que pretende obedecer aos princípios de um novo humanismo científico.[17]

Para terminar num tom bem-humorado, eu gostaria de recordar a história da relação tempestuosa que mantive com Peter Swales, um dos autores do *Livro negro*. Esse ex-secretário dos Rolling Stones foi, a princípio, um grande apaixonado por arquivos freudianos[18] antes de se converter em um antifreudista radical, o que o levou a forjar uma tremenda invencionice. Trabalhando numa biografia de Wilhelm Fliess, chegou à conclusão, ao pesquisar os arquivos que consultava ou através de minuciosos levantamentos, de que Freud teria sido amante da cunhada, Mina Bernays, e que a teria engravidado. Todos esses fatos imaginários, fomentados pela imprensa nos Estados Unidos, foram invalidados pela totalidade dos historiadores, entre eles Peter Gay, bem como as demais histórias sobre o caso Anna O., forjadas por Mikkel Borch-Jacobsen.[19]

Durante alguns anos Swales me ajudou a conseguir determinados documentos dos quais eu precisava e que estavam arquivados na Biblioteca do Congresso, em Washington. Por minha vez, ajudei-o a decifrar a significação de diversas cartas para o seu trabalho. Porém, depois da publicação de meu livro sobre Lacan, depois de *Genealogias*, em 1994, a obra em que eu criticava a corrente revisionista, ele enfiou na cabeça que eu me tornara sua inimiga e que o perseguia. Assim, começou a me dirigir cartas nas quais me tratava de *bitch* ou *Lisabitch* (filha da puta) e muitos outros termos igualmente "afetuosos". Tempos depois, por ocasião da polêmica em torno da exposição *Freud*, escreveu na imprensa brasileira um artigo ao qual respondi. Nele, eu era denunciada como "vítima estúpida de uma epidemia psíquica" (o freudismo).[20]

Não espanta que *O livro negro* tenha reproduzido um artigo no mesmo tom que Swales escrevera em 1997, no qual denuncia Freud como charlatão patológico ávido por dinheiro e molestador das pacientes para, em seguida, autoproclamar-se psiquiatra, a fim de garantir sua hegemonia no continente americano.

Que "historiadores" desse tipo possam ser atualmente apresentados na França, na capa do maior semanário de esquerda, como honrados representantes de uma historiografia do Iluminismo cuja tarefa é denunciar as mentiras dos propagandistas freudianos, é uma piada. Mas o leitor então compreenderá por que preferi debater essa questão em outro semanário e em melhor companhia. Não é uma recusa ao debate, é o deslocamento do debate para uma cena diferente da que pretendiam me impor os "destruidores de Freud".

Crônica de um antissemitismo camuflado

O Club de l'Horloge e a psicanálise

para Vincent Debrix

Estupefata, em maio de 2003 fiquei sabendo que a Sociedade Francesa de História da Medicina (SFHM) acabava de outorgar seu prêmio científico, por unanimidade, a um livro cujo título é, por si só, revelador das calúnias que contém: *Mensonges freudiens: histoire d'une désinformation séculaire* [Mentiras freudianas: história de uma desinformação secular].[1] O autor, Jacques Bénesteau, é psicólogo clínico no serviço de neuropediatria do CHU [Centro Hospitalar Universitário] de Toulouse e ensina psicologia no Instituto de Formação em Psicomotricidade da Universidade de Toulouse-Rangueil. Quanto ao prefaciador, Jacques Corraze, professor honorário de universidades, é conhecido por diversos trabalhos sobre psicomotricidade.

Como sou membro da SFHM e fui, há dez anos, laureada com esse mesmo prêmio por meu livro *Genealogias*,[2] decido então escrever a Alain Ségal, presidente da mencionada sociedade, para participá-lo do meu embaraço: ou os membros do júri dessa respeitável sociedade não leram o livro de Bénesteau — e cometeram um erro —, ou o leram e cabe-me pedir-lhes explicações.

Aparentemente, esse livro reivindica uma tradição historiográfica norte-americana denominada "revisionista"[3] e inaugurada, por volta de 1970, a princípio por excelentes autores, preocupados em se demarcar da hagiografia freudiana — como Henri Ellenberger, por exemplo. Mas, em seguida, ela foi pervertida por antifreudianos fanáticos que buscam incessantemente, desde os anos 80, demonstrar, "apoiando-se em provas", que Freud teria sido um temível impostor. Suas teorias estúpidas, dizem eles em substância, só foram difundidas durante um século porque a ciência do cérebro, dos processos cognitivos, do comportamento e dos neurônios ainda não demonstrara que o ser humano reduz-se à soma de seus órgãos e nada mais.

Em outros termos, segundo esses autores, a nova ciência da mente do fim do século XX teria conseguido, graças a perícias generalizadas, fabricar um *homo pharmacologicus* pós-moderno finalmente capaz de triunfar sobre o homem trágico freudiano. Esse homem comportamental não teria outro destino senão submeter-se ao imperativo de um fim da história. Para sua maior felicidade, deveria renunciar a toda forma de liberdade para se tornar escravo de seus neurônios e de sua cognição: nem afeto, nem sofrimento, nem fala, nem rebelião. No mundo do cientificismo dominante que nos governa, na medida em que tal programa parece obter os favores de diversos profissionais da saúde mental ligados às novas classificações do *Manual diagnóstico e estatístico dos distúrbios mentais* (*DSM*),[4] ninguém mais tem direito a ter um inconsciente. Pois o inconsciente, no sentido freudiano, tornou-se uma classe perigosa: algo parecido com alguém sem domicílio fixo.

É nessa perspectiva que a psicanálise é apresentada por Bénesteau, como uma "invenção mentirosa", uma "patifaria", uma "prodigiosa retórica de desinformação". Quanto a seus representantes, de Freud a Lacan, passando por Jones, Jung, Melanie Klein, Anna Freud, Bettelheim etc., são comparados a um bando de gângsteres psicopatas que só pensam em encher os bolsos, incapazes de curar quem quer que seja e protegidos por "redes" ou "submarinos" que lhes permitem infiltrar-se nas sociedades ocidentais para nelas espalhar seus "mitos fundadores".

Munidos desse raciocínio, o autor e seu prefaciador não hesitam em afirmar que existiria um verdadeiro "livro negro do freudismo", cujos deslizes, crimes e abusos deveriam finalmente ser revelados.

Como se pode constatar, o vocabulário aqui utilizado remete a uma metodologia conspiracionista que tende a reduzir todas as formas de engajamento a estratégias policialescas fomentadas por lobbies, similar àquela bem conhecida de Roger Garaudy, cujo livro *Os mitos fundadores da política israelense* foi retirado de circulação em 1995 por ter infringido a Lei Gayssot, de 13 de janeiro de 1990.[5]

O autor de *Mentiras* então finge ignorar que a psicanálise foi, em toda parte e sempre, proibida de ser ensinada e praticada por todos os poderes ditatoriais, a começar por aquele instaurado pelos nazistas, que a qualificaram de "ciência judaica", e depois pelos stalinistas, que a transformaram em "ciência burguesa". Diversos representantes dessa disciplina diabólica e mentirosa foram perseguidos, exterminados e torturados em virtude de suas ideias.

Formado na tradição universitária, Jacques Bénesteau dá à sua denúncia um aspecto respeitável, baseando-se em bibliografia impressionante e em fontes indiscutíveis citadas ao final de cada capítulo. Isso lhe permite, por exemplo, apresentar-se como o primeiro pesquisador francês a revelar trabalhos anglófonos supostamente "inacessíveis", em especial os da escola "revisionista". Quando sabemos que mais de 80% desses trabalhos estrangeiros acham-se traduzidos em francês, e que os que não estão traduzidos podem ser consultados em todas as bibliotecas especializadas, perguntamo-nos onde está a impostura. Da mesma forma, podemos nos perguntar qual é a natureza do "livro negro" do freudismo de que fala o autor. Que eu saiba, a psicanálise não engendrou nem gulag nem genocídio, ainda que alguns de seus representantes tenham colaborado com regimes infames.

Passemos agora à maneira como procede Jacques Bénesteau quando cita os trabalhos dos "autores anglófonos antifreudianos" aos quais ele parece recorrer. Escreve ele:

> A publicação do monumento de Henri F. Ellenberger em 1970, *The Discovery of the Unconscious: The History and Evolution of Dynamic Psychiatry*, foi uma desagradável revelação, pois o confronto do exegeta oficial com documentos de época começava a revelar importantes, graves e perturbadoras contradições, no que tange a diversos pontos cruciais, entre as afirmações contidas na literatura freudiana e o que de fato acontecera. Mas as fontes de Ellenberger eram, em sua imensa maioria, extrínsecas ao movimento, pois a documentação intrínseca, submetida ao embargo dos "cães de guarda", achava-se então fora de alcance. Como era de se esperar, o historiador conheceu as piores resistências quando quis publicar seu trabalho.[6]

Que Bénesteau trate Ernest Jones e Kurt Eissler de "cães de guarda" isso é com ele, mas que projete sobre Henri Ellenberger suas fantasias de demonização, isso é inaceitável. Ellenberger criticou, prenhe de razão, a obra de Jones — em especial a monumental biografia de Freud — e teve relações difíceis com Eissler, diretor superortodoxo dos Arquivos Freud na Biblioteca do Congresso, em Washington. Entretanto, nunca considerou esses dois representantes da historiografia oficial do freudismo como "cães de guarda". Quanto às dificuldades que encontrou para a publicação em francês de sua obra, elas são reais. Mas isso de forma alguma autoriza Jacques

Bénesteau a passar sob silêncio a existência das duas edições francesas da obra de Ellenberger. Publicado pela primeira vez em Villeurbanne em 1974, com o título *À la découverte de l'inconscient. Histoire de la psychiatrie dynamique*, esse livro foi efetivamente ignorado pela comunidade freudiana francesa durante vários anos. Mas nunca pelos especialistas em história da psicanálise e psiquiatria. Saudado como uma obra-prima por Henri Ey, que lhe dedicou um artigo ditirâmbico na revista *L'Évolution Psychiatrique*, foi em seguida reeditado sob meus cuidados e de Olivier Bétourné em 1994.[7] Vende atualmente 500 exemplares por ano.

Ao citar apenas a edição norte-americana, esgotada há muito tempo, Bénesteau baseia sua tese numa pretensa "dissimulação da verdade histórica" que teria sido orquestrada pelos demônios freudianos e por suas "redes autoprotetoras". A verdade é muito diferente. Há mais de 20 anos, os trabalhos sobre história da psicanálise são comentados e atacados pelos especialistas do freudismo e em praça pública. E Deus sabe a virulência das polêmicas! Acrescento que o livro do historiador norte-americano Frank J. Sulloway, *Freud, biólogo da mente*, clássico da corrente revisionista norte-americana, cujos méritos são apontados por Jacques Corraze como uma obra "escamoteada" na França, foi igualmente reeditada pela Fayard em 1998, com um excelente prefácio de Michel Plon.

Todos os trabalhos mencionados por Bénesteau em suas notas e sua bibliografia são utilizados da mesma maneira que o de Ellenberger e, portanto, desviados de sua significação. Obcecado por sua busca das "imposturas", o autor qualifica Lacan de Aiatolá-can. E, para fazê-lo, "extrai" do meu livro[8] informações que nele não figuram e opiniões que não são as minhas. Assim, sou pega em flagrante delito por ter defendido as sessões ultracurtas — das quais Lacan era vezeiro no fim da vida —, embora eu mesma tenha fornecido os elementos que permitiam criticar essa prática, agora reduzida por Bénesteau a uma atividade "rentável", sustentada por "ardorosos defensores", e em especial por mim.[9]

Mas a coisa é mais grave. Num capítulo intitulado "A ocultação de um embuste", Bénesteau analisa um episódio conhecido — e não ocultado — da história das origens da psicanálise: a conferência sobre histeria masculina pronunciada por Freud em 15 de outubro de 1886 perante a Sociedade dos Médicos de Viena. Sabemos que, em sua autobiografia,[10] Freud conta esse episódio distorcendo um pouco a realidade, apresentando-se como vítima de ostracismo por parte dos membros da Sociedade, ao passo que estes, acostumados com as discussões acadêmicas, o haviam atacado não em virtude de suas hipóteses sobre a etiologia da histeria masculina — hipóteses às quais, por sinal, renunciará dez anos depois —, mas porque defendia as posições de Charcot. Num artigo de 1968, reeditado sob meus auspícios, Ellenberger[11] mostra que o conflito resultava não de um ostracismo antifreudiano, mas de duas concepções diferentes da histeria: Viena contra Paris.

Fazendo-se de sonso diante da verdade histórica, Bénesteau apodera-se desse evento para efetuar um amálgama entre o relato feito por Freud em sua autobiografia — na qual não há qualquer alusão a antissemitismo a respeito desse episódio — e outro texto da mesma época, dedicado às resistências contra a psicanálise. Nesse artigo, publicado por *La Revue Juive*, Freud assinala que sua "condição de judeu que se recusa a disfarçar sua judeidade foi um fator decisivo para a antipatia generalizada em relação à psicanálise".[12]

Misturando os dois textos, o autor das *Mentiras* afirma não ter existido nenhum antissemitismo em Viena "entre o fim do século XIX e o Anschluss [Anexação]",[13] uma vez que "mais da metade dos médicos e advogados eram judeus, e que a maioria dos bancos e a quase totalidade da imprensa eram controladas por judeus". Munido desse raciocínio que nega a existência de uma realidade não obstante inegável, Bénesteau tem então o desplante de acusar Freud de ser o inventor de uma perseguição antissemita da qual não se encontraria vestígio algum na Áustria até 1938, mas que lhe teria permitido fazer-se passar, como judeu, por vítima de um complô urdido por não judeus.

Escrito por um adepto da corrente cognitivo-comportamental, o livro de Bénesteau mistura, portanto, o procedimento cientificista com a pior retórica de inspiração antissemita e negacionista: "... eles estão em toda parte, armam complôs, agrupam-se em redes para infiltrar-se na sociedade e nela propagar seus mitos fundadores etc." Freud e seus sucessores seriam então "impostores" não apenas porque teriam ocultado o fato de que o ser humano não passa de uma máquina neuronal reduzida a cognições e comportamentos, mas porque, além disso, teriam inventado todas as perseguições de que foram objeto a fim de melhor enganar as massas com seu poderio dito "midiático-político": *eles estão em toda parte.*

Para compreender claramente a significação desses ataques, convém nos darmos um pequeno trabalho de interpretação. Na França, diferentes leis proíbem a manifestação direta de afirmações antissemitas. Por conseguinte, os autores de livros negacionistas ou antissemitas, próximos da extrema-direita francesa , e em especial do Club de l'Horloge, adquiriram o hábito, para apontar seu "inimigo", de substituir a palavra "judeu" pela palavra "bolchevique" ou "comunista". Inscrevem então esse "inimigo" em "listas" e o acusam de complôs "comunitaristas", de criação de "falsas ciências" ou de formação de "redes midiático-políticas". Dessa forma, reatam com a herança de um discurso clássico que, desde o entreguerras, associa sempre o judeu ao bolchevique para fazer desse novo Janus o personagem paradigmático de um prodigioso plano de destruição da nação.

Outrora qualificado como "yupin", o "inimigo invisível", o judeu pode então assumir ora a fisionomia do "judeu maçônico", ora a do "judeu bolchevique", ora, por fim, a do "bolchevique" demonizado em virtude de "desinformação" ou "falsa ciência". Essas designações não são novas. Há mais de dois séculos estiveram presentes em todos os discursos da Contrarrevolução que, do abade Augustin Barruel aos teóricos da Revolução nacional, viram na Revolução de 1789 — e, portanto, na Revolução "bolchevique" de Outubro — ora um "complô maçônico" fomentado por uma "conspiração" de iluminados, ora uma "iniciativa judaica" que pretenderia inocular o vírus do "cosmopolitismo" no corpo saudável da nação.[14]

Herdeiro dessa configuração, Jacques Bénesteau efetua uma síntese entre esse discurso da pretensa conspiração judeu-bolchevique e o cientificismo dominante. Nesse ponto, situa-se na linha direta do ensino de Pierre Debray-Ritzen, o qual publicara, havia 30 anos, um livro tristemente célebre: *La Scolastique freudienne*.[15] Psiquiatra, médico do serviço público, doutrinário da Nova Direita, na época o autor pretendia demonstrar que Freud afastara-se das ciências da natureza para engendrar uma fraude praticada por charlatães mais preocupados em disseminar o divórcio e o aborto do que em tratar pessoas sofredoras. E acrescentava à sua diatribe um violento ataque contra a religião judaico-cristã, hostil, segundo ele, ao desabrochar de uma verdadeira ciência materialista. Daí a reivindicação, contra a "judeidade" da psicanálise, de um ateísmo fanático fundado no culto do paganismo.

Debray-Ritzen tratava a psicanálise de "ciência judaica" da mesma forma que seus atuais detratores a definem como "ciência bolchevique". O livro de Bénesteau não passa da expressão mascarada de um novo retorno do recalcado de uma certa França chauvinista e reacionária que, durante o entreguerras, chamava de "ciência boche" a doutrina criada por Freud, a qual se tornará em seguida, no discurso nazista, uma "ciência judaica" e, finalmente, no contexto atual, uma falsa ciência que propaga complôs bolcheviques.[16]

Logo, na França que é a nossa, novamente às voltas com a escalada de um intenso antissemitismo, não espanta o Club de l'Horloge, órgão intelectual de extrema-direita, me haver discernido, a título de "discípula de Freud e Lacan", um prêmio infamante: o prêmio Lyssenko,[17] relativo ao ano de 2004. Única mulher e única adepta das "mentiras freudianas", encontro-me em excelente companhia, uma vez que, antes de mim, desde 1992, pessoas tão "perigosas" quanto eu — conhecidas por sua luta contra a pena de morte ou por trabalhos sobre assuntos tão "abjetos" quanto o racismo, a miséria, o antissemitismo, a imigração — viram-se igualmente "coroadas". Na "lista" figuram Robert Badinter, Pierre Bourdieu, Albert Jacquard, Jean-Noël Jeanneney, Carlo Ginzburg, Hervé Le Bras, Gilles Kepel, Pascal Perrineau etc.

Recebi o anúncio desse "prêmio" em dezembro de 2003, numa carta assinada pelo presidente do Club, o visconde Henry de Lesquen du Plessis Casso, por sua vez autor de diversas obras "científicas" dedicadas a depreciar o igualitarismo e o antirracismo, os horrores do socialismo, a decadência inelutável e programada da Europa, infelizmente engastada no poder mercantil do euro e de Daniel Cohn-Bendit e seus "cúmplices", Olivier Duhamel e Thierry Vissol:

> O prêmio é uma piada, naturalmente, mas é uma piada séria ... Hoje, o estatismo marxista está desmoronado, mas a utopia igualitária deu origem a uma nova ideologia dominante: o neossocialismo cosmopolita. Como a antiga, esta só mantém suas posições graças ao terrorismo intelectual que impede que a verdade venha à tona.

Em 14 de janeiro de 2004, o "prêmio" me foi entregue oficialmente, na sede da Fundação Dosne-Thiers, em pleno coração de Paris, diante de uma plateia de 150 pessoas bem cercadas por seguranças de cabeça raspada. Os psicanalistas, charlatães e fraudadores do planeta freudiano viram-se na ocasião ainda mais achincalhados, visto que se atreveram a se reunir na Mutualité quatro dias antes para se opor às emendas de um ministro da Saúde.[18] Lesquen afirmou que, uma vez que Freud e Lacan estavam mortos, haviam-me escolhido — sua principal discípula — como destinatária daquele prêmio. Perguntou se eu me achava presente na sala e lamentou que eu não tivesse tido a "coragem" de defender minhas opiniões em tão boa companhia. Com algumas piadas obscenas sobre Freud e o dinheiro, regozijou-se porque, finalmente, graças ao corpo médico, a falsa ciência freudiana poderia ser, no futuro, vigiada, erradicada, expulsa e controlada.

Lesquen elogiou os méritos de Jacques Bénesteau, ausente da sala, mas cujo livro é agora recomendado pelo Club de l'Horloge e incluído numa "lista" ao lado de livros como *Rétablir la sécurité*, *L'Occident sans complexe* ou *L'Identité de la France*. Presente na tribuna a título de membro do júri, o prefaciador das *Mentiras freudianas*, Jacques Corraze, foi aclamado. Tinha tido a "coragem" de se apresentar pessoalmente perante aquele tribunal da Inquisição para confirmar a escolha efetuada por seus colegas: "cientistas" de "alto nível" acerca dos quais é dito, nos documentos distribuídos pelo Club, que preferem conservar o anonimato a fim de não serem espezinhados pelos defensores do "neolyssenkismo generalizado" que se abateu sobre o solo francês.[19] Durante meia hora, Corraze insultou Freud, seus conceitos, suas obras e seus discípulos.

Eu nunca teria levado esse caso ao conhecimento do público se o livro de Jacques Bénesteau não houvesse sido premiado pela SFHM, depois acolhido com fervor por grande parte da imprensa científica e médica francesa e anglófona. Em maio de 2003, num artigo intitulado "Enquête sur les mensonges freudiens" e publicado pelo *Quotidien du Médecin*, era possível ler o seguinte:

> Jacques Bénesteau realizou um trabalho de titã empreendendo um levantamento histórico, único meio capaz de desmontar os mecanismos da desinformação que prevaleceu e continua a prevalecer, segundo ele, para veicular a lenda do inventor do inconsciente.[20]

Algum tempo mais tarde, a revista *La Recherche* dedicou um número especial ao caso. O artigo do jornalista Mathias Pessiglione era de tal forma hostil a Freud que alguns leitores, psicólogos clínicos, ficaram pasmos a ponto de enviarem uma carta.[21] Em seguida, foi na revista *Synapse* que pudemos descobrir, da lavra do psiquiatra Christophe André, adepto das terapias cognitivo-comportamentais, o elogio mais maciço, mais claro e mais "mentiroso" desse livro. Nele, o autor repisava a tese segundo a qual obras anglófonas fundamentais — Sulloway, Mahony, Grünbaum, Gellner e muitos outros — haviam sido ocultadas na França porque seus autores haviam tido a coragem de desmascarar a infâmia freudiana:

> Diversas obras tornaram-se clássicas no estrangeiro, mas poucas existiam na França, afora a mais do que polêmica *Scolastique freudienne* ... Esta é uma nova crítica, que vem complementar as obras precedentes: seu objetivo é desmontar integralmente a mitologia psicanalítica forjada por Freud e seus descendentes ... O conjunto do livro baseia-se num trabalho crítico de grande precisão.[22]

Num livro de janeiro de 2004 escrito num estilo menos virulento, Jean Cottraux, psiquiatra especialista em terapias comportamentais, docente na Universidade de Lyon I, ataca, contudo, Freud, dando-lhe o apelido de "Sigmund *Fraude*" e enaltecendo os méritos do grande Bénesteau e de sua maravilhosa erudição:

> Fatos mais graves surgem nas reavaliações históricas mais recentes. Para diversos historiadores bem documentados, a teoria psicanalítica é uma impostura que ninguém ousa mais denunciar. Em particular, assistiríamos a uma camuflagem sistemática dos fracassos com vistas a preservar a "descoberta" julgada capital da sexualidade infantil nas neuroses.[23]

Enfim, num artigo venenoso enviado ao *Times Literary Supplement* e difundido na internet em abril de 2003, Robert Wilcocks, por sua vez autor de um livro antigo sobre as "mentiras freudianas", presta homenagem ao imenso mérito de Bénesteau ao fazer da França um país de retardados e, dos intelectuais parisienses, uma quadrilha de impostores bons apenas para figurar na famosa lista estabelecida por Sokal e Bricmont:[24] "À exceção de Jean-François Revel e Michel Houellebecq", pode-se ler ali, "o mundo literário francês, em especial Julia Kristeva, listada por Sokal, tomou a propaganda freudiana por uma verdade revelada." Não contente em se entregar a uma diatribe chauvinista contra a França, o autor termina seu artigo ressaltando que Freud, o guru, e seu acólito, Lacan, morreram "multimilionários".[25]

Fechou-se então o círculo. Após ter sido tachada de "ciência boche" pela direita francesa chauvinista do entreguerras; depois, de "ciência judaica" pelos nazistas; depois, de "ciência burguesa" pelos stalinistas; e, por fim, de "ciência bolchevique" pelo Club de l'Horloge, eis que a psicanálise tornou-se, sob a pena de um autor anglófono fanaticamente antifreudiano, uma "ciência francesa", mais preocupada em fazer proliferar impostores milionários e intelectuais midiáticos do que cuidar do sofrimento psíquico.

Que especialistas no domínio psiquiátrico-psicológico possam subscrever tal ódio por Freud isso nada tem de espantoso. Mas que não percebam o tipo de literatura com que estão lidando, eis o que é bem mais inquietante. Ou não querem enxergar nada, ofuscados por seu fanatismo, e não merecem o título de "cientistas" que se outorgam, ou compreenderam plenamente sua significação e preferiram silenciar. Mas por quê? Em ambos os casos, são culpados de não terem informado ao público o verdadeiro teor desse livro, o qual, após ter sido coroado por historiadores da medicina, serviu de modelo de referência para um dos aparelhos mais perigosos da extrema-direita francesa.

Atualmente fala-se muito do antissemitismo dos islamistas, que causa sensação nas fileiras de determinada esquerda radical. E, se por um lado me alegro porque finalmente conseguiram desmascarar o antissemitismo de Tariq Ramadan, "teólogo" de postura moderada, por outro espero que permaneçamos vigilantes no que se refere ao outro antissemitismo, que precipitadamente declaram extinto. Pois é efetivamente aqui, na França, e em nenhum outro lugar, na França de Freud e Lacan, que se consuma, diante de nossos olhos, uma aliança renovada entre o que há de pior no cientificismo e o que há de mais abjeto no discurso antifreudiano.

É proibido proibir?

Sobre a etnopsiquiatria

Entrevista à revista *Politis*

Politis: Quais são as raízes da etnopsiquiatria e como a senhora se situa em relação a essa disciplina?

Elisabeth Roudinesco: A etnopsiquiatria nasceu com Emil Kraepelin no fim do século XIX. É herdeira da psicologia dos povos. Sua finalidade é encontrar semelhanças e diferenças, de acordo com as culturas, nas doenças mentais. Teve suas cartas de nobreza, com Henri Ellenberger, Georges Devereux, Kraepelin... Depois da publicação de *Totem e tabu*, de Freud, em 1912-13, que tratava das culturas ditas primitivas, veio à tona um grande debate sobre o culturalismo e o universalismo, com Bronislaw Malinowski e Geza Roheim. Malinowski defendia a ideia segundo a qual as teses de Freud não eram válidas para as sociedades de tipo matrilinear, e Geza Roheim, que defendia o ponto de vista freudiano, respondeu-lhe partindo para analisar melanésios, in loco, com posições kleinianas (referência à psicanalista Melanie Klein). Daí nasceu a etnopsicanálise e foi Georges Devereux quem promoveu a fusão entre a etnopsicanálise e a etnopsiquiatria, isto é, a classificação das doenças e o tratamento pela fala. Devereux é um pensador complicado. É lévi-straussiano, freudiano ortodoxo e universalista. Voltemos um pouco atrás. Os freudianos abandonam qualquer ideia de inferioridade dos povos ditos primitivos. Este é o grande debate do fim do século XIX. Com a antropologia moderna e a psicanálise, não se cultiva mais a ideia de que haveria povos primitivos inferiores e povos civilizados superiores. Abandona-se a velha tradição da psicologia dos povos, com inferioridade e superioridade. Nesse aspecto, a etnopsicanálise, a etnologia e a etnopsiquiatria separam-se radicalmente da psiquiatria colonial, que inferioriza o "indígena". Esse desenvolvimento não é nem etnocentrista nem colonialista. Alguém consideraria Lévi-Strauss um colonialista nos dias de hoje? A antropologia moderna (Paul Rivet, o Museu do Homem...) é fundamentalmente anticolonialista, em nome do progresso e da ciência. Em

Freud, subsiste a teoria evolucionista: ele pensa que cada um de nós tem seu lado primitivo, civilizado, animista, religioso etc. Portanto, trata-se de um extenso debate até chegar a Devereux, que adotará um procedimento distinto. Sua ideia é menos fazer um estudo de campo acerca dos povos ditos primitivos do que se debruçar sobre os povos minoritários, nos Estados Unidos. Ele faz a análise de um índio das planícies em 1950, isto é, de um homem americano e índio, que se inscreve em duas culturas (ver *Psychothérapie d'un Indien des plaines*, reeditado pela Fayard, cujo prefácio é de minha autoria). É a ideia de não mais ir ao terreno, uma vez que o terreno é aqui, e sim estudar os fenômenos de aculturação, de integração, de não integração etc. Isso se deu nos Estados Unidos e constituiu a grandeza da psicanálise norte-americana — temos que lhe prestar essa homenagem. Em Topeka, no Kansas, a partir de 1940, houve a famosa clínica fundada por Karl Menninger, capital da psiquiatria, da etnopsiquiatria e da psicanálise, para onde se dirigiam os emigrados da Europa Central expulsos pelo nazismo. Ali eram tratados os veteranos de guerra, índios, com todo o movimento da antropologia norte-americana — tendo como pano de fundo a culpa em relação ao genocídio dos índios. Todos os grandes antropólogos norte-americanos quiseram redimir-se desse "erro" americano dedicando-se aos índios. Topeka é marcada por isso.

Devereux aporta lá, ele próprio emigrado húngaro, freudiano "americano", bastante universalista, mas levando em conta a diferença das culturas. Na França, mais tarde, dará aulas na École des Hautes Études e terá como alunos Tobie Nathan e Fethi Benslama, entre outros. Ora, Nathan empurra o ensino de Devereux no sentido oposto do que ele é.

P: Há uma ideia de culpa ocidental...

ER: Sim, segundo ele, se o Ocidente é culpado pela colonização, a psicanálise também o é. Para Nathan, a psicanálise é a ciência dos brancos e dos ocidentais, sendo, portanto, por essência, hostil às culturas ditas não ocidentais, que ela procura degradar, abolir. Para redescobrir a identidade perdida das populações migrantes, é preciso então reinstalá-las em seu gueto, obrigá-las a reintegrar sua cultura de origem, ainda que elas não queiram e que ela não exista para elas. Daí a defesa da excisão.*

* A excisão feminina é uma mutilação genital, praticada em países da África e da Ásia, que consiste na amputação do clitóris para que a mulher não possa obter prazer durante o ato sexual. (N.R.)

E, na minha opinião, essa é uma tese que devemos combater atualmente. Não tem nada a ver com Devereux, era uma adaptação ao terreno. Nathan é a nova deriva da psicologia dos povos: parte-se da crítica da colonização, mas é tão grande a identificação com a imagem que se forma do colonizado que se afirma que a civilização ocidental é, por essência, culpada de etnocídio, portadora do que existe de pior e que toda tentativa de integrar um emigrado equivale a uma colonização. E Tobie Nathan considera a psicanálise um instrumento de opressão dos emigrados. O problema é que ele também é formado pela psicanálise e derivou para o ódio de sua própria formação, assim como outros renegam suas origens. Por exemplo, ele utiliza a palavra etnopsicanálise num sentido antiuniversalista, mas não como os culturalistas norte-americanos, não como Malinowski, mas segundo uma deriva que corre o risco de levar a um racismo invertido. Isto é: o negro é superior ao branco.

Por outro lado, Tobie Nathan partiu da crítica dos lacanianos, da crítica do dogma e do jargão lacanianos — o que não é falso, aliás —, mas joga fora o bebê com a água do banho. Portanto, atualmente, Tobie Nathan, que é psicanalista, psicólogo clínico, fundador do Centro Georges Devereux, tornou-se um daqueles que fazem campanha contra a psicanálise. Não adianta ele dizer que, a seu ver, a psicanálise é culpada de ser uma teoria ocidental. Ele exprimiu muito bem tal ideia em sua peça teatral *La damnation de Freud*. Aliás, ele diz isso em tudo que é lugar. Em *L'Influence qui guérit*,[1] ele escreve:

> Os psicanalistas brancos ou, o que é mais grave, os psicanalistas africanos embranquecidos, nas universidades e institutos ocidentais, antes de terem inclusive recebido os primeiros rudimentos de uma formação referente às técnicas terapêuticas tradicionais, às quais suas práticas sempre recorrem, julgando instalar-se numa terra inculta imaginam-se frequentemente pioneiros ou missionários. Em virtude desse fato, e todo mundo sabe disso, contribuem ativamente, em nome de uma glória efêmera fácil e por alguns trocados, para a destruição de edifícios psicoterapêuticos cuja harmoniosa complexidade estão longe de imaginar.

Por conseguinte, irá opor as técnicas xamanísticas tradicionais à psicanálise, demonstrando que elas são superiores. É uma inversão. A civilização branca é culpada, ela só faz explorar e, em vez de integrar os emigrados, é preciso tratá-los com suas próprias técnicas...

P: Além do aspecto teórico, isso não apresenta graves inconvenientes no plano clínico e prático? Pois esses homens e mulheres procuram integrar-se em nossas sociedades...

ER: Não apenas é grave quando eles procuram integrar-se, como é grave quando não querem isso! Na França, como em todos os países, devemos estimular a integração — o que Devereux mostra claramente em seu trabalho é que, se não estimularmos a integração, acentuaremos as patologias. E, principalmente, instala-se o cultural no lugar do psíquico, como apontou Benslama. Não se pode atribuir um delírio paranoico a uma cultura. Há invariantes no domínio do psíquico. Há diferenças culturais na forma de se exprimir, mas a loucura é universal. É preciso saber fazer a diferença nas populações migrantes entre os distúrbios psicopatológicos e os problemas de cultura. Em segundo lugar, as migrações favorecem certo número de traços patológicos, necessariamente. Então é preciso saber identificar o que é do âmbito da cultura e o que é do âmbito do psíquico.

Por outro lado, a República francesa promulga leis, e é nesse aspecto que vamos chegar ao problema da excisão. De toda forma, tenha ou não havido desonestidade jornalística, Tobie Nathan deu essas declarações, que estão em xeque, uma vez que não as desmentiu. Com uma teoria desse tipo, Nathan estimula a ideia de orientar sujeitos para costumes condenáveis e que irão infringir a lei, graças aos movimentos de mulheres africanas que se revoltaram. A excisão deixa de ser uma "cultura", sendo percebida como uma opressão, até mesmo na África.

E depois, como se não bastasse, há a poligamia e o incesto. Eu gostaria de citar um texto de Tobie Nathan num livro coletivo publicado pela PUF em 1995, *Les enfants victimes d'abus sexuels*. Nesse artigo, Tobie Nathan examina a situação de uma adolescente bambara muçulmana de 13 anos, molestada sexualmente pelo marido de sua irmã e posta sob a custódia da Aide Sociale à l'Enfance, em Seine-Saint-Denis. Ele preconiza como solução, em vez da custódia, o casamento da vítima com seu agressor, de maneira a reunir as duas irmãs. Na França, considera-se que tal abuso é da ordem do incesto, e isso é condenado por lei. O psicoterapeuta é obrigado a denunciar esse ato. Nathan, por sua vez, preconiza um casamento polígamo, com retorno ao país nativo, o que, segundo ele, teria sido melhor do que obedecer às leis da República. Obrigar o cunhado a tomar a jovem como segunda esposa oficial devia conferir-lhe um status explícito e lhe permitir prosseguir seus laços de ternura com sua irmã! Ora, a religião muçulmana proíbe a reunião de duas irmãs como coesposas, pois isso caracterizaria incesto. Ele então preconiza práticas impossíveis, mas, mesmo que isso fosse possível, essa posição é dificilmente aceitável.

Essas coisas, então, foram efetivamente declaradas! Mas Tobie Nathan, na medida em que é atacado, passa o tempo dizendo que não fez isto nem aquilo. No que se refere a Devereux, ele terminou por extrapolar dizendo que era um judeu vergonhoso. Devereux, húngaro, realmente adotou esse nome emprestado (de um romance) a fim de se afrancesar. Era assimilacionista, como boa parte dessa geração de judeus húngaros e romenos dos anos 30. Ele, de forma alguma, renegou suas origens! Para Tobie Nathan, alguém é ele mesmo e descobre sua identidade quando redescobre as próprias raízes. Oponho a isso que podemos ser nós mesmos recusando-nos a nos redescobrir em nossas raízes, num território, numa raça, numa identidade cultural. Prego o direito de cada um descobrir suas raízes em si mesmo, onde bem entender, em sua genealogia ou sua história, e ser, por exemplo, um judeu cosmopolita, universal, "desjudeizado", sem laços etc. Defendo que todos possam ter a liberdade "sartriana" de não serem levados, obrigatoriamente, a uma origem não desejada.

É uma deriva bem conhecida: de tanto militar contra uma civilização colonizadora, terminamos, se não tomarmos cuidado, por militar contra a própria civilização. No momento em que os ex-colonizados querem ter acesso a novos direitos e não mais serem tratados como ex-colonizados, talvez devamos defender a civilização contra as novas barbáries, das quais faz parte o etnicismo.

P: Há uma refutação da ideia mesma de ciência e de qualquer hierarquia nos saberes...

ER: Tobie Nathan refuta a ciência dita ocidental, à qual opõe as terapias clássicas xamanísticas, dizendo ser possível colocá-las no mesmo plano. Mas a ciência é a ciência, não é nem ocidental, nem não ocidental. Isso se encaixa perfeitamente no que critiquei em meu livro *Por que a psicanálise?*. Penso que o cientificismo, isto é, as mitologias explicativas que reduzem o homem a uma máquina, alimenta as práticas mágicas e todas as teorias da "influência que cura". Pois ao imperialismo do cientificismo podemos então opor a multiplicidade das práticas xamanísticas, julgadas mais aptas a cuidar do indivíduo do que a medicina científica.

Da minha parte, afirmo que há uma superioridade da ciência... mas é para evitar o cientificismo que é preciso estar o mais perto possível da ciência! A ciência não é o cientificismo, não são as classificações internacionais da psiquiatria. Na verdade, o que incomoda Tobie Nathan é a psicanálise, isto é, sua própria formação. Se a psicanálise é o eixo de seu ataque, é porque ela encarna um universal — na diferença — que ele recusa, e porque está ligada a um procedimento científico no sentido do racional, a uma concepção do inconsciente que não é o "subconsciente das culturas" ou da psicologia dos povos.

P: Por que ele fez tanto sucesso? Ele não teria se aproveitado das falhas do sistema republicano?
ER: Se ele fez esse sucesso é, em primeiro lugar, porque é produtivo. E depois, no início, ele pôs o dedo em problemas efetivamente pouco abordados, maquiou as negligências da República. Nesse sentido, temos que tirar o chapéu para ele. Mas não podemos aceitar que um debate intelectual seja substituído por processos judiciais. Temos que poder criticar Tobie Nathan sem insultá-lo, sem que ele persiga seus adversários perante os tribunais. Ele desenvolveu teses perfeitamente criticáveis.

P: Qual é o futuro da etnopsiquiatria?
ER: Penso ser o momento de renunciar ao termo. O termo etnopsicanálise (ou etnopsiquiatria) teve sua grandeza, mas percebemos, estudando os textos de toda essa tradição, especialmente os de Devereux, que não precisamos dessa palavra. O que fazem os psiquiatras que trabalham com populações diferentes no plano cultural? Fazem psiquiatria! No início, a palavra ia de par com etnologia, essa nobre disciplina que, por sinal, transformou-se na antropologia, mas não precisamos mais dessa palavra "etno", e sobretudo dessa disciplina, na medida em que ela veicula um "etnicismo" que pode ser perigoso para a igualdade dos sujeitos. A psiquiatria e a psicanálise integraram as diferenças culturais. O verdadeiro perigo, nos dias de hoje, é o comportamentalismo. Não é mais a abolição da diferença das culturas, é a abolição do próprio homem. A luta de hoje não é a da defesa dos imigrantes contra os opressores, é a da defesa do sujeito contra a redução do humano a uma máquina comportamental. Diversos psicanalistas trabalham atualmente com os imigrantes e não precisam de teorias etnopsicanalíticas. Não há necessidade de convocar feiticeiros para respeitar as crenças e os modos de vida dos imigrantes. O que é preciso defender, na minha opinião, é a abordagem do psiquismo pela fala e não pelo condicionamento ou influência.

Psicanálise e homossexualidade

Entrevista a François Pommier

François Pommier: Historiadora e psicanalista, seu campo de estudos abrange uma ampla gama de disciplinas. Como a senhora mesma diz, em especial em seu mais recente livro, sua esfera de atuação situa-se entre a filosofia, a ciência dos textos e a história. A senhora ensina na École Pratique des Hautes Études e é autora de diversas obras publicadas pela Fayard, entre as quais *História da psicanálise na França* (dois volumes), *Por que a psicanálise?*, *Dicionário da psicanálise* (com Michel Plon), sem falar de seu livro mais recente, *De que amanhã... Diálogo*, no qual a senhora dialoga com Jacques Derrida sobre a psicanálise e seu futuro, sobre o antissemitismo, sobre a família, que a senhora chama de "desordenada".

A senhora considera que, a partir do momento em que uma realidade toma corpo, a psicanálise, como qualquer outra disciplina, é o que a senhora diz, deveria pensá-la, interpretá-la e levá-la em conta sem condená-la por antecipação. A senhora diz isso a propósito do problema muito específico dos filhos de casais homossexuais. Mas nem por isso deixa de tomar partido a respeito da homossexualidade em geral e dos psicanalistas homossexuais em particular. Freud conciliou uma concepção estrutural da homossexualidade com dados antropológicos. Com efeito, uma de suas grandes lutas foi desvincular a homossexualidade das noções de tara, de fazer dela uma escolha sexual como outra. Nem por isso deixava de vê-la como um drama e parece que só a tirou da doença para inseri-la no quadro das tragédias. Podemos então considerar, como a senhora faz, que Freud se inscreve na longa linhagem dos defensores dos homossexuais? Esta será minha primeira pergunta.

Elisabeth Roudinesco: Sempre considerei Freud um emancipador do homem em geral e das mulheres em particular. Claro, ele não podia imaginar o que viria a ser o destino dos homens e das mulheres no século XXI. Porém, nas reuniões da Sociedade Psicológica das Quartas-Feiras, realizadas em sua casa no início do século XX, Freud reprovava, por exemplo, a misoginia de alguns de seus discípulos. Assim, numa conferência de 1907 dedicada à questão das "mulheres médicas", encontramos posições extravagantes. Fritz Wittels, por exemplo, declara que uma mulher que pretende ser médica e, portanto, exercer uma profissão semelhante à dos homens, procura na realidade sair de sua condição "natural", correndo então o risco de prejudicar-se a si mesma: é obrigatoriamente "histérica", neurótica e nunca deveria ser autorizada a realizar seus estudos. A mulher, para ele, destina-se exclusivamente a procriar. Além disso, se uma mulher é psiquiatra, ainda segundo Wittels, ela nunca poderá compreender a psicologia dos homens. A isso, Paul Federn opõe a ideia de que as mulheres têm pleno direito de trabalhar, mas não demora a afirmar que uma mulher médica não deveria ser autorizada a apalpar os órgãos genitais de um homem. A discussão é apaixonante, pois mostra a que ponto os primeiros discípulos de Freud estão divididos sobre a questão da emancipação das mulheres e quanto são ingênuos.

Quanto a Freud, é resolutamente moderno. Após ter criticado Wittels por sua falta de fidalguia, afirma que a civilização destinou à mulher um fardo muito mais pesado que o dos homens (a reprodução) e, ao mesmo tempo em que continua convencido de que as mulheres não podem igualar os homens na sublimação da sexualidade — e, portanto, na criatividade —, denuncia na misoginia dos homens uma atitude infantil.[1] Observemos que ele mudará de opinião sobre a possibilidade de sublimação das mulheres e que mais tarde não cessará de admirar mulheres excepcionais, tanto por seu talento intelectual (Lou Andreas-Salomé) quanto por sua virtude "viril" (Marie Bonaparte).

Em se tratando da homossexualidade, Freud adota idêntica atitude. Dá um grande passo ao se recusar a classificá-la entre as "taras" ou "anomalias" da sexualidade, como faziam os sexólogos de sua época. Não acha que os homossexuais cometam "atos contra a natureza". Recusa qualquer forma de estigmatização fundada na noção de "degenerescência". Em outros termos, não separa os homossexuais dos outros seres humanos e considera que cada sujeito pode ser portador dessa escolha, em virtude da existência de uma bissexualidade psíquica em cada um de nós. Em determinados momentos, Freud não exclui a existência de uma predisposição orgânica na gênese da homossexualidade, embora permaneça convencido de que, tanto para um homem quanto para uma mulher, o fato de ser criado por mulheres favorece a homossexualidade. Ou seja, se o homem no sentido freudiano é marcado pela tragédia do desejo, o homossexual não passa, do ponto de vista da tragicidade humana em geral, de um sujeito ainda mais trágico do que o neurótico comum, uma vez que sua escolha sexual instala-o à margem da sociedade burguesa. Seu único recurso então é tornar-se um criador, a fim de assumir o próprio drama. Encontramos essa posição no ensaio que Freud dedica a Leonardo da Vinci.[2] E é nesse livro de 1910 que ele desiste de utilizar a palavra "invertido" em favor do termo "homossexual".

Freud não classifica a homossexualidade *enquanto tal* na categoria das perversões sexuais e condena todas as formas de discriminação que oprimem os homossexuais de sua época. Nesse aspecto, universaliza a categoria da perversão e não a limita aos homossexuais, embora os homossexuais sejam, a seu ver, frequentemente perversos. Ela é partilhada pelos dois sexos, uma vez que não se resume a uma perversão sexual. O universalismo freudiano é, portanto, muito mais progressista do que o diferencialismo dos sexólogos e psiquiatras do fim do século XIX, que tratam os homossexuais como "anormais" ou doentes mentais, reintroduzindo assim a categoria cristã do sodomita, maldito entre os malditos, e culpado de todos os pecados.[3]

O homossexual freudiano é um sujeito civilizado, um sujeito do qual a civilização precisa, uma vez que é, de certa forma, a encarnação do sublime. Freud alia-se aqui a certa concepção grega da homossexualidade. Nesse sentido, é um emancipador. Mas é mais do que evidente que ele não pode imaginar que um dia os homossexuais irão querer se "normalizar" a ponto de não mais recalcarem seu desejo de criança e projetarem-se no modelo de um familiarismo burguês outrora abominado e rejeitado. A propósito, podemos sugerir a hipótese de que Freud renunciaria atualmente a numerosas teses que adotou, em especial aquela segundo a qual o fato de uma criação por mulheres inclinaria a criança a uma escolha homossexual. A experiência mostra não ser esse o caso, e Freud, sempre apegado a determinada concepção da experiência (não experimental), teria levado em conta as experiências atuais dos casais homossexuais que criam filhos.

Em 1920, a propósito de uma moça vienense[4] por ele analisada porque amava uma mulher e seus pais queriam obrigá-la a casar-se, Freud fornece sua definição canônica da homossexualidade, que recusa todas as teses sexológicas sobre o "estado intermediário", o "terceiro sexo" ou "a alma feminina num corpo de homem". A seu ver, a homossexualidade é consequência da bissexualidade humana e existe em estado latente em todos os heterossexuais. Quando se torna uma escolha de objeto exclusivo, tem como origem na menina uma fixação infantil na mãe e uma decepção a respeito do pai. Nesse texto, Freud joga uma luz clínica sobre essa questão ao mostrar que é inútil procurar "curar" um sujeito de sua homossexualidade quando esta se acha instalada e que o tratamento psicanalítico não deve, em hipótese alguma, ser empreendido com essa finalidade.

Um ano mais tarde, em *A psicologia das massas e a análise do eu*,[5] ele fornece uma definição mais clara da homossexualidade masculina: ela sobrevém depois da puberdade, quando se produziu, durante a infância, um laço intenso entre o filho e a mãe. Em vez de renunciar a ela, ele identifica-se com ela, transforma-se nela e procura objetos suscetíveis de substituir seu eu aos quais ele possa amar como foi amado pela mãe. Enfim, numa carta de 9 de abril de 1935 dirigida a uma mulher norte-americana cujo filho é homossexual, e que se lamenta por isso, ele escreve:

> A homossexualidade, evidentemente, não é uma vantagem, mas não há por que ter vergonha disso, não é nem um vício, nem um aviltamento e não poderia ser qualificada como doença; nós a consideramos uma variação da função sexual provocada por uma interrupção do desenvolvimento sexual. Vários indivíduos altamente respeitáveis dos tempos antigos e modernos foram homossexuais, e entre eles encontramos alguns dos mais ilustres (Platão, Michelangelo, Leonardo da Vinci etc.). É uma grande injustiça perseguir a homossexualidade como um crime e é também uma crueldade. Se não acredita em mim, leia os livros de Havelock Ellis.[6]

Acrescenta ainda que é inútil querer transformar um homossexual em heterossexual.

Na história do movimento psicanalítico, foram Ernest Jones, de um lado, e Anna Freud, de outro, ao contrário de Freud, os defensores de um retrocesso a respeito da homossexualidade.

Naturalmente, podemos nos perguntar por que a filha de Freud tomou dessa forma uma posição contrária à de seu pai, reinserindo a homossexualidade na categoria das doenças mentais, a ponto, aliás, de afirmar que um tratamento analítico bem realizado poderia curar o homossexual de sua homossexualidade. Anna, por sua vez, foi acusada de homossexualidade em razão de seu status de mulher solteira que nunca conhecera relação carnal com um homem e que procurava, preferencialmente, amizades femininas. Há, portanto, em sua condenação de homossexualidade uma espécie de "ódio de si", uma rejeição daquilo pelo que talvez se sinta culpada.

Como em inúmeras famílias da sociedade burguesa do século XIX, Anna ocupou o lugar de "tia", da moça à qual é atribuído o papel de se encarregar não apenas do pai, mas da herança patriarcal: foi uma réplica de Antígona. Freud foi terrivelmente apaixonado por ela, e repressor. Preservou-a ciosamente para si, afastando dela todos os discípulos que tivessem pretendido cortejá-la, em especial Jones. Fez inclusive questão de analisar a filha (em 1921-22), o que foi sentido por seus discípulos como uma inacreditável transgressão, como uma apropriação de natureza edipiana.

Porém, ao mesmo tempo, estimulou-a a assumir o destino moderno de uma mulher intelectual. Anna fez estudos e conseguiu impor-se no movimento psicanalítico como autêntica chefe de escola. Foi uma das pioneiras da psicanálise de crianças e deu origem a uma corrente que leva seu nome: o annafreudismo. No *Dicionário da psicanálise*, essa corrente é mencionada lado a lado com o kleinismo (Melanie Klein). Anna Freud é uma "filha do pai", de certa forma guardiã da herança e da tradição e, portanto, necessariamente conservadora em matéria de costumes sexuais. Foi uma ortodoxa da doutrina. Dito isso, houve entre seu pai e ela uma história de amor intenso digno das tragédias antigas.

FP: 1921 é justamente o ano em que, sob a influência de Jones, de quem a senhora falava há instantes, e contra a opinião de Freud, os homossexuais são banidos do exercício da psicanálise.

ER: A partir de dezembro de 1921 e durante um mês, a questão divide efetivamente os membros do famoso Comitê que dirigem secretamente a International Psychoanalytical Association (IPA). Os vienenses mostram-se muito mais tolerantes que os berlinenses. Apoiados por Karl Abraham, estes últimos consideram de fato que os homossexuais são incapazes de ser psicanalistas, uma vez que a análise não os "cura" de sua "inversão". Apoiado por Freud, Otto Rank opõe-se aos berlinenses. Declara que os homossexuais devem ter acesso normal à profissão de psicanalista de acordo com sua competência: "Não podemos afastar essas pessoas sem outra razão válida, assim como não podemos aceitar que sejam perseguidas pela lei." Lembra, a propósito, que existem diferentes tipos de homossexualidade e que é preciso examinar cada caso particular. Jones recusa-se a levar em conta essa posição. Apoia os berlinenses declarando que, aos olhos do mundo, a homossexualidade "é um crime repugnante: se um de nossos membros o cometesse, seríamos objeto de um grande descrédito". Nessa data, portanto, a homossexualidade é banida do império freudiano por uma regra não escrita, a ponto de ser novamente considerada uma "tara".

Com o correr dos anos e durante mais de meio século, sob a influência crescente das sociedades psicanalíticas norte-americanas, a IPA reforça seu arsenal repressivo. Após ter-se desviado das posições freudianas a favor do acesso dos homossexuais à psicanálise didática, não hesitará, sempre no sentido contrário à clínica freudiana, em qualificar os homossexuais como perversos sexuais e julgá-los ora inaptos ao tratamento psicanalítico, ora curáveis com a condição de que a cura tenha como objetivo orientá-los para a heterossexualidade.

FP: Essa decisão terá sido tomada sob a influência de Anna Freud?
ER: Não, de Jones.

FP: De Jones, mas Anna Freud também interveio nessa decisão?
ER: Anna Freud interveio mais tarde. E, por todas as razões que acabo de citar, tem um papel capital na deturpação das teses de seu pai, militando contra toda possibilidade de acesso da análise didática aos homossexuais. Apoiada por Jones e pelo conjunto das sociedades norte-americanas da IPA, ela teve nesse domínio uma influência considerável que não foi contrabalançada pela corrente kleiniana. Nesta, ainda que mais liberal, a homossexualidade (latente ou consumada) era vista, em sua versão feminina, como uma identificação com um pênis sádico e, em sua versão masculina, como um distúrbio esquizoide da personalidade ou como um meio de fazer face a uma paranoia excessiva. Em seguida, foi assimilada a uma patologia dita *borderline*,* o que permitia diluí-la, ao mesmo tempo em que os pacientes homossexuais continuavam a ser classificados numa categoria de doentes acometidos por distúrbios gravemente patológicos e inatos, e de natureza em todo caso psicótica.

Em sua prática, Anna Freud teve sempre como objetivo transformar seus pacientes homossexuais em bons pais de família heterossexuais, daí

* *Borderline*: estado-limite entre neurose e psicose. (N.R.)

o desastre clínico. Em 1956, sugeriu à jornalista Nancy Procter-Gregg que não citasse no *Observer* a famosa carta de seu pai de 1935:

> Há diversas razões para isso, uma das quais é que hoje podemos tratar muito mais homossexuais do que julgávamos possível no início. A outra razão é que os leitores poderiam ver nisso uma confirmação do fato de que tudo que a análise pode fazer é convencer os pacientes de que seus defeitos ou "imoralidades" não são graves e que eles deveriam aceitá-los com alegria.[7]

Quanto a Jones, sua atitude repressiva é explicada de diversas maneiras. Ele mesmo havia sido acusado de pedofilia na Grã-Bretanha, numa Inglaterra vitoriana e puritana, simplesmente porque falava de sexualidade às crianças das quais tratava num hospital. Emigrado em seguida para o Canadá, foi denunciado por ligas puritanas porque vivia em concubinato com Loe Kann. Temos que compreender o que foram os primórdios da psicanálise para os primeiros freudianos acusados incessantemente de quererem corromper a sociedade com suas teorias sexuais.

Querendo normalizar a IPA e livrar-se de seus analistas mais "desviantes" (psicóticos e perversos, notadamente), Jones, que era por sua vez um sedutor de mulheres (ao contrário de Freud), defendia que o movimento psicanalítico formasse clínicos "impecáveis", clínicos que ninguém pudesse atacar por práticas sexuais consideradas "desviantes". Pode-se dizer que Jones agia assim contra si mesmo em seu desejo de normalização, da mesma forma que Anna Freud lutava contra seu desejo culpado ao instaurar regras repressivas contra os homossexuais. É interessante observar que Freud, esse grande descobridor da sexualidade, não foi nem um libertino nem um transgressor. Não tinha relações sexuais com suas pacientes e não se sabia de nenhuma amante sua. Por conseguinte, foi mais liberal em matéria de sexualidade. Não tinha que se defender contra si mesmo. Seu ponto cego nesse domínio refere-se à filha, pela qual sentia um amor imoderado, a ponto, como eu disse, de ter ciúme de todos os amantes que ela pudesse vir a ter.

Observemos, entretanto, que a British Psychoanalytical Society (BPS), fundada por Jones em 1919, tinha em suas fileiras clínicos pouco conformistas. James Strachey, ilustre tradutor de Freud, irmão do famoso Lytton Strachey, era um homossexual confesso. Praticava a psicanálise no seio da sociedade antes de se casar com Alix Strachey, por quem se apaixonou porque ela se parecia com um "efebo melancólico".

Só em nossos dias é que a famosa regra não escrita implantada pelo Comitê secreto em 1921 foi progressivamente "apagada" (e não abolida), paralelamente às lutas do movimento gay norte-americano e, sobretudo, à exposição de alguns psicanalistas do outro lado do Atlântico, membros da IPA, que começaram a se declarar abertamente homossexuais, em especial no Congresso de Barcelona de 1997. Foi o caso de Ralph Roughton, didata da Sociedade Psicanalítica de Cleveland, membro da poderosa American Psychoanalytic Association (APsaA), filiada à IPA. Numa conferência bombástica, ele retraçou a luta travada pelos analistas homossexuais norte-americanos que acabaram sendo reconhecidos pela IPA, enquanto elaboravam as condições de uma abordagem clínica capaz de dar conta da existência "inegável de mulheres e homens homossexuais e maduros".[8]

Pela primeira vez, finalmente, e apoiando-se ao mesmo tempo nos trabalhos de Freud e do grande Robert Stoller, psicanalista californiano especialista em perversões e transexualismo, psicanalistas homossexuais demonstraram, a partir de casos concretos, que a homossexualidade era uma opção sexual, uma orientação sexual que não devia, em hipótese alguma, ser qualificada como patologia.

Em outras palavras, essa tese permitia reatar com o universalismo freudiano segundo o qual um homossexual é um sujeito à parte que pode apresentar virtualmente distúrbios neuróticos, psicóticos, perversos ou *borderlines*, da mesma forma que qualquer outro indivíduo heterossexual. Logo, tratava-se, no caso, de retirar definitivamente a homossexualidade do registro da patologia ou das perversões sexuais, como o fetichismo, o sadismo, o travestismo ou a pedofilia etc. Escreve Roughton:

> Conhecer a orientação sexual de uma pessoa não nos diz nada sobre sua saúde ou sua maturidade psicológica, nem sobre seu caráter, seus conflitos interiores ou sua integridade. Um paciente homossexual *borderline* terá mais em comum com um paciente heterossexual *borderline* do que com um indivíduo homossexual psicologicamente saudável.

Devemos saudar a coragem desses psicanalistas. Aliás, sua luta ainda não terminou. Eles não conseguiram erradicar a homofobia presente na IPA, mas mudaram sua estratégia repressiva. Hoje em dia, ninguém mais na IPA ousa confessar-se publicamente homofóbico. Decerto o ódio contra a homossexualidade persiste com a mesma violência. Assume, entretanto, uma fisionomia diferente daquela de antigamente, enunciando-se sob a forma de uma denegação, um pouco como o antissemitismo das sociedades democráticas de hoje:[9] "Não, não sou hostil aos homossexuais", dizem os psicanalistas homofóbicos da IPA. "Sim, eu condeno a homofobia, mas, de toda forma, não é possível aceitar que psicanalistas homossexuais sejam militantes da causa gay." É assim que se exprime o psicanalista francês Gilbert Diatkine em sua resposta a Roughton, quando denuncia a atitude "proselitista militante"[10] deste, em nome de uma pretensa neutralidade da psicanálise. Encontramos a mesma argumentação denegadora em César Botella,[11] outro psicanalista francês que não hesita em declarar que a militância seria uma "negação do drama pessoal do homossexual", subtendendo-se que este seria acometido por uma "patologia narcísica" que a psicanálise não pode de forma alguma resolver. Por que então psicanalistas perseguidos não teriam o direito de militar? Em que o fato de ser um militante seria sinal de uma deficiência da ética psicanalítica? Ademais, se a psicanálise não pode resolver a questão da homossexualidade, como aponta Botella, pode, em todo caso, tratar determinadas patologias narcísicas que não são específicas da homossexualidade.

Encontramos a mesma argumentação em Simone Korff-Sausse, em um artigo em que ela explica que a união homossexual, concretizada pelo Pacs,* não passa da tradução no plano jurídico do que a clonagem promete no domínio da biologia. "Pacs e clones: a lógica do mesmo".[12] Não podendo opor-se à lei francesa, Simone Korff-Sausse reivindica a psicanálise para chamar os homossexuais de clones — isto é, indivíduos vítimas de distúrbios narcísicos — e, portanto, incapazes de respeitar a diferença anatômica entre os sexos. Além do caráter injurioso do artigo, o que é interessante é que a autora admite sua derrota face ao progresso da sociedade em matéria de clonagem e avanços jurídicos. E, ao mesmo tempo, longe de triunfar, anuncia a vitória de uma espécie de apocalipse que apenas a psicanálise poderia conter. Claro, diz ela em substância, não sou homofóbica e não proíbo aos homossexuais unirem-se, uma vez que eles têm a lei a seu favor. Mas prevejo a pior das catástrofes para a sociedade ocidental, um mergulho no monstruoso que consistiria em fazer do casal homosse-

* Pacs (Pacte Civil de Solidarité): forma de união civil legalizada na França em 1999. Trata-se de uma parceria contratual entre duas pessoas maiores de idade, independentemente do sexo, cujo objetivo é organizar a vida em comum, passando a ter direitos e deveres no que diz respeito a heranças, impostos, seguridade social, habitação etc. (N.R.)

xual uma nova norma social aplicável aos heterossexuais: "Não se trata de ser pró ou contra o Pacs, nem pró ou contra a clonagem. Eles se darão de toda forma, pois estão inscritos na lógica evolutiva de nossa sociedade."

Aqui aparece a fraqueza da argumentação denegadora. Após ter dito que não se pode ser contra o progresso, a autora "alucina" uma realidade que não existe: ela "imagina" uma inversão das normas de acordo com suas obsessões. Vemos aqui muito bem que o discurso patológico não é emitido pelos militantes da causa homossexual, mas pela representante de uma sociedade psicanalítica (a Sociedade Psicanalítica de Paris, SPP), que brande uma pretensa "norma" da psicanálise para defender o contrário da norma. Isso prova claramente que as piores torpezas e os discursos mais patológicos emanam sempre dos comportamentos mais aparentemente "normais".

A nova homofobia da IPA caracteriza-se então, com relação às teses antigas, por não ter nenhum fundamento teórico e ser afetiva e patológica. Vemos claramente a utilidade das lutas do movimento gay: este tornou "vergonhosa" a expressão pública da homofobia. Isso não espanta, e eis por que são indispensáveis todas as leis que suprimam as discriminações. Elas obrigam os homofóbicos a empregar artifícios e isso é um progresso.

FP: Veja o que acabou de acontecer na Sociedade Suíça de Psicanálise (filiada à IPA). Na revista *Médecine et Hygiène*, dedicada à "sexologia clínica", Nicos Nicolaïdis, membro didata da SSP, declarou que "a homossexualidade abole a diferença dos sexos e das gerações e que, considerando seu complexo de Édipo inacabado, o homossexual tem uma pulsionalidade mais forte, que o torna propenso à violência e à criminalidade".[13] O presidente dessa sociedade, Juan Manzano, respondeu-lhe no jornal *Le Temps*, condenando suas declarações mas considerando, não obstante, que "a homossexualidade é uma questão muito difícil de tratar fora de um contexto científico". O que acha que ele quer dizer com isso?

ER: Aqui, o raciocínio não repousa numa denegação prévia. Isso se deve ao fato de que na Suíça as leis são mais repressivas do que na França e o Pacs não existe.

Consequentemente, os argumentos homofóbicos não se manifestam disfarçados, como em nosso país. Eles são diretos. Entretanto, as declarações desse psicanalista foram publicadas depois do Congresso de Barcelona, que obrigou a IPA a abrir um debate sobre a homossexualidade. Por conseguinte, eles foram condenados pelo presidente da SSP, Juan Manzano. Numa entrevista ao jornal *Le Temps*, este último afirmou também que as declarações de Nicolaïdis comprometiam exclusivamente ele próprio. Depois acrescentou que a SSP não praticava nenhuma discriminação. À pergunta da jornalista relatando um caso recente de discriminação com um psicanalista homossexual, cuja candidatura fora recusada, ele respondeu: "Eu não era presidente e não posso me pronunciar. Mas, se as coisas ocorreram dessa forma, um caso desses não se repetiria hoje da mesma maneira." Em outras palavras, o destempero verbal de um de seus membros levou a SSP a questionar publicamente a famosa regra não escrita de 1921.[14]

Seria bom perguntar a Daniel Widlöcher, atual presidente da IPA, o que ele pensa disso e como vê o futuro.

FP: Escrevi para ele, mas não recebi resposta. Agora eu gostaria que abordássemos a posição de Jacques Lacan. Em 1945-46, ele efetua uma mudança radical de perspectiva.

ER: Sim. No imediato pós-guerra, as sociedades norte-americanas tornaram-se cada vez mais repressivas e obedeceram aos princípios da psiquiatria, que classificava a homossexualidade na categoria das doenças mentais. Quanto à escola inglesa, fosse de inspiração kleiniana ou annafreudiana, sua atitude em relação aos homossexuais foi terrível. Nos kleinianos, a homossexualidade foi associada, como acabo de apontar, a um distúrbio esquizoide, como um "meio" de fazer face a uma paranoia e, portanto, de toda forma, como uma perversão de tipo sádico ou masoquista. No limite, a homossexualidade não existe para os kleinianos. É uma variante de um estado psicótico mortífero e destruidor. Assim, ela continua a não figurar nos dicionários do pensamento kleiniano,[15] o que significa manter os homossexuais na categoria dos "desviantes", dos doentes, e, portanto, vedar-lhes o acesso à profissão de psicanalista.

Nessa época, na França, obedeciam-se às regras da IPA e os homossexuais eram banidos da formação didática. Enquanto pacientes, eram considerados doentes, devendo ser reeducados para se tornarem heterossexuais. Nesse contexto, os homossexuais que pretendiam fazer uma análise fugiram dos divãs da IPA, exceto quando uma "perversão" particular levava-os a odiar sua própria homossexualidade a ponto de quererem erradicá-la. Os outros, na maioria pertencentes a um meio intelectual ou artístico, preferiram divãs menos repressivos. Vários deles reencontraram-se fazendo análise com Lacan, que nunca procurou transformá-los em heterossexuais.[16]

Não apenas Lacan tomou em análise homossexuais sem nunca pretender reeducá-los ou impedi-los de se tornarem psicanalistas, caso o desejassem, como, quando fundou a Escola Freudiana de Paris (EFP), em 1964, aceitou o próprio princípio de sua integração enquanto analistas da escola (AE) ou analistas membros da escola (AME). Eu mesma fui membro da EFP e posso afirmar que nesse aspecto existia uma enorme tolerância, ainda que, naturalmente, inúmeros psicanalistas detestassem homossexuais. A homofobia "privada" e pessoal é uma coisa, a instauração de regras discriminatórias é outra. Foi porque essa tolerância existia que homossexuais que não teriam tido nenhum futuro nas sociedades da IPA afluíram para a EFP. Evoquei em minha *História da psicanálise* o itinerário de Robert Lander, que subsiste em todas as memórias. Quanto a François Peraldi, instalado em Montreal, foi muito mais bem recebido pelos lacanianos do que pelos outros freudianos, ao passo que efetuara sua análise no seio da SPP.[17]

Dito isto, Lacan não tinha a mesma concepção de Freud da homossexualidade. A seu ver, com efeito, ela não é em absoluto uma orientação sexual. Personagem altamente transgressivo, Lacan era marcado pela leitura das obras de Sade e por seu contato com Georges Bataille. Sua fascinação pela homossexualidade grega levava-o, por um lado, a fazer da figura do perverso a encarnação da mais elevada intelectualidade — ainda que maldita — e, por outro, a olhar toda forma de amor — ou de desejo — como algo perverso. Assim como Lacan "psicotiza" a clínica das neuroses, da mesma forma tende a ver perversão em todas as manifestações do amor. É nesse contexto que ele faz da homossexualidade, *enquanto tal*, uma perversão e não uma orientação sexual. Se quisermos compreender como Lacan reintroduz a homossexualidade na categoria não das perversões sexuais, mas de uma estrutura perversa, devemos partir desse a priori. Ele nunca restabeleceu o antigo dispositivo da sexologia, da psiquiatria ou da teoria da degenerescência. No fundo, não se distancia do que serão mais tarde as posições de Michel Foucault ou de Gilles Deleuze. Ambos, não vamos esquecer, valorizaram a perversão, na medida em que ela seria, na opinião deles, um meio de contestar radicalmente a ordem social burguesa caracterizada pela família edipiana, herdada de Freud.

Mas existe uma diferença fundamental entre Lacan e Foucault: o primeiro faz da perversão uma estrutura universal da personalidade, da qual o homossexual seria a mais pura encarnação, ao passo que o segundo privilegia o estudo das práticas concretas da sexualidade perversa sem se preocupar em encerrá-las numa estrutura ou numa categoria particular.[18] Para Lacan, o homossexual é um perverso sublime da civilização; para Foucault, é um personagem que deve escapar, por uma prática subversiva ou inventiva, ao rótulo infame que o discurso normativo endossa. Vemos claramente em que a posição de Lacan é radicalmente diferente daquela dos clínicos homofóbicos da IPA. Lacan liga a homossexualidade (feminina e masculina) à perversão, mas recusa qualquer atitude discriminatória.

Eis por que, em seu discurso, o reconhecimento da homossexualidade enquanto perversão não conduz nem a uma intolerância nem à instauração de regras segregadoras. A propósito, eu acrescentaria que Lacan, pelas mesmas razões, não condena os homofóbicos. De uma maneira geral, sua tolerância em relação aos comportamentos considerados mais "desviantes", mais injuriosos, mais virulentos, é às vezes difícil de compreender. Provavelmente é consequência da violência que ele carregava dentro de si. Nunca será demais dizer o quanto ele foi um mestre transgressivo, sensível a todas as manifestações mais exacerbadas da loucura, da mística, do gozo, e lúcido acerca de todas as torpezas humanas. Porque faz da homossexualidade uma perversão, Lacan considera que os homossexuais não são "curáveis". Distingue a homossexualidade feminina, que ele puxa para a histeria e a rivalidade sexual, da homossexualidade masculina, na qual identifica um dos fundamentos do laço social. Em seu seminário *As formações do inconsciente*, declara que, se o homossexual preza tanto sua posição de homossexual, é porque para ele a mãe faz a lei no lugar do pai, ou melhor "faz a lei para o pai". Lacan retoma aqui a temática freudiana do Édipo invertido,[19] mas sistematiza no âmbito da invenção de sua própria tópica (imaginário, simbólico, real).[20]

FP: Em suma, Lacan faria da perversão uma espécie de protótipo da sexualidade. Mas então a senhora acha que não se pode interpretar como um discurso homofóbico o comentário dele sobre *O banquete* de Platão, no qual fala a propósito de uma "assembleia de tias velhas"?

ER: Essa passagem do seminário sobre a transferência fez correr muita tinta.[21] Antes de entrar no detalhe, eu responderia que Lacan, em 1953, faz do amor homossexual o protótipo do amor e que, como o amor homossexual é a seu ver uma perversão, há necessariamente para ele uma disposição perversa no amor em geral, o que ele exprime com esta máxima inesquecível: "O amor é dar o que não se tem a alguém que não o quer." Mais do que isso, o "desejo perverso" que, segundo ele, caracteriza a homossexualidade — mas não se esgota nela — só se sustém a partir de uma "captação inesgotável do desejo do outro".[22] Para mostrar claramente que o desejo perverso caracteriza tanto a homossexualidade quanto a heterossexualidade, Lacan comenta a obra de Proust: "Lembrem-se da prodigiosa análise da homossexualidade que se desenvolve em Proust no mito de Albertine. Pouco importa que esse personagem seja feminino — a estrutura da relação é eminentemente homossexual."[23]

É nessa ótica que é preciso ler o comentário de Lacan sobre *O banquete*. Ele compara o lugar atribuído à homossexualidade na Grécia ao ocupado pelo amor cortês na sociedade medieval. Ambos teriam uma função de sublimação que permitiria perpetuar o ideal de um mestre/senhor no seio de uma sociedade incessantemente ameaçada pelas devastações da neurose. Em outras palavras, o amor cortês instala a mulher numa posição equivalente àquela que o amor homossexual grego atribui ao mestre/senhor. Por conseguinte, o desejo perverso, presente nessas duas formas de amor em que se associavam a sublimação e a sexualidade carnal, é designado como altamente favorável à arte, à criação e à invenção de novas formas do laço social. E Lacan irá lamentar que esse amor não exista mais na homossexualidade dos anos 50, "quando os colegiais têm espinhas e são cretinizados pela educação que recebem".

Fiz questão de lembrar essa concepção lacaniana da homossexualidade a fim de responder aqui às acusações de homofobia que foram proferidas e às quais o senhor faz alusão a propósito da frase sobre as "tias velhas". Essas acusações emanam de Michel Tort, de um lado, e de Didier Eribon, de outro.[24] As posições defendidas por esses dois autores têm o mérito de propor um verdadeiro debate. Tort tenta "salvar" Freud de qualquer imputação de homofobia para melhor desancar Lacan, ao passo que Eribon fustiga o conjunto da teoria psicanalítica para opor à noção freudiana de inconsciente "psíquico" e à noção lacaniana de "simbólico" a concepção de um inconsciente "socialmente construído", inspirada nas teses de Pierre Bourdieu e nos trabalhos americanos sobre o gênero. Eribon é meu amigo e partilho várias de suas críticas a respeito dos psicanalistas, mas não todas.

Não creio, da minha parte, que se possa apontar Lacan como homofóbico sob o pretexto de algumas frases injuriosas contra as "tias". Lacan manipula a injúria contra todo mundo. Em seus seminários, não cessa de insultar seus adversários, de amaldiçoar seu avô, de tratar de "cretinos" aqueles que não lhe agradam. Em suas cartas privadas, é pior ainda. E quando elogia alguém, a injúria volta e meia está presente. Por exemplo, quando qualifica positivamente Melanie Klein de "balofa genial", trata-se de uma injúria, tanto mais equivocada, por sinal, na medida em que Melanie Klein não foi em nada balofa. Poderíamos multiplicar os exemplos. O vocabulário do ódio está presente no discurso de Lacan. Eribon deveria ter analisado a injúria em Lacan com a mesma sofisticação que demonstra em seu livro precedente a respeito principalmente da injúria homofóbica proferida pelos próprios homossexuais.[25]

Lacan tampouco é homofóbico quando faz do amor homossexual uma perversão e do desejo perverso a quintessência do amor sublimado. Em seu discurso, o termo "perversão" não é utilizado de forma degradante ou pejorativa. Assim como Freud, Lacan mantém essa palavra esvaziando-a de qualquer conteúdo infamante. E nele, mais do que em Freud, a perversão é valorizada. Nesse aspecto, como eu disse, ele é mais herdeiro de Sade e contemporâneo de Bataille do que o continuador da doutrina freudiana. A não ser querendo confiscar a perversão das características da paixão humana, não vejo como se pode fazer de Lacan o assecla de um discurso homofóbico. Seu olhar sobre a homossexualidade aparenta-se àquele de Proust, que faz do homossexual um personagem sublime e maldito, um perverso da civilização.

Sei muito bem que habitualmente alguns adeptos da normalização consideram Proust um homofóbico, obcecado pelo ódio de si. Outros revisam toda a literatura do passado para nela detectar vestígios de homofobia. E encontram! Em Shakespeare, em Balzac, em Genet e em diversos outros escritores. Eles vão de par com uma judeofobia e uma misoginia. E daí? Toda análise de texto, digna desse nome, deve evitar tal reducionismo. Ora, Eribon e Michel Tort adotam uma posição, redutora, delatora, às vezes parecida com o discurso homofóbico que eles combatem. Esquecem simplesmente de ser justos, honestos e objetivos com o texto de Lacan.

Omitem, por exemplo, que Lacan foi *concretamente*, em sua prática tanto na clínica quanto nas instituições psicanalíticas, um emancipador e um homem de progresso: repito que foi o primeiro a autorizar os homossexuais a se tornarem psicanalistas, sem a menor discriminação. Quanto à sua concepção da homossexualidade, não merece tanto opróbrio. Claro, ela exclui a ideia de que o homossexual possa querer se "normalizar", a ponto de imitar as formas mais burguesas e, portanto, as mais neuróticas das estruturas de parentesco. Mas tem o mérito de prestar homenagem a esse lugar ocupado pelo personagem do homossexual na sociedade ocidental: um personagem maldito e sublime. É provável que Lacan tivesse achado decepcionante os homossexuais de hoje não pleitearem mais esse lugar, optando dessa forma por se assemelharem àqueles que não haviam cessado de persegui-los desde a noite dos tempos. Mas nunca teria adotado, nas circunstâncias atuais, esse discurso homofóbico que denunciei acima. Em contrapartida, acho que teria sido interpelado, como todos nós, pelo desejo de normalização que se exprime atualmente nos homossexuais.

FP: O que acha do ódio católico da perversão de que fala Michel Tort a respeito de Lacan?

ER: A argumentação de Tort — aliás, repetida por Eribon — não se limita a essa acusação de homofobia. Pretende encontrar para esta um fundamento teórico e antropológico. Assim, os dois autores fazem da concepção lacaniana da família, tal como a encontramos enunciada em *Os complexos familiares* (1938),[26] uma espécie de teologia fanática, saída diretamente do fundamentalismo católico e visando impedir os homossexuais de terem acesso a direitos elementares: Pacs, adoção etc. Porém, pior ainda, segundo Michel Tort, Lacan teria sido apontado culpado de simpatia antecipada pelo governo de Vichy. Pois a tese da neurose familiar e da decadência do patriarcado não seria, cito, senão "a etiologia do sintoma social nos anos 30, que assumirá toda a sua importância ideológica durante o período de Vichy com o personagem do marechal — que devia ser seguido pelo general (sic)".[27]

Independentemente dessa comparação absurda, que tende a pôr no mesmo saco duas figuras radicalmente antagônicas de "pais da nação" — Pétain e De Gaulle, um traidor e um herói —, ficamos estupefatos ao ler tais contraverdades.

Em meu livro sobre Lacan, eu observara que este havia sido o primeiro, antes dos especialistas na história de Viena (Carl Schorske e Jacques Le Rider), a ficar impressionado com o fato de a psicanálise ter nascido do declínio da família patriarcal no Ocidente. Diante desse declínio, simbolizado em Viena pela agonia da monarquia dos Habsburgo, Freud constatou uma nova forma de subjetividade ao comparar o homem do século XX a Édipo e Hamlet, isto é, ao ator solitário de um drama da consciência, condenado a representar permanentemente a cena de um assassinato originário a fim de desemaranhar o novelo de sua genealogia.

Observemos que, embora a psicanálise atribua ao pai um lugar central nessa configuração, não é para reivindicar a postura caricatural de um chefe de horda criminoso e tirânico — como o farão os regimes fascistas e o nazismo —, mas para revalorizar simbolicamente uma paternidade derrotada, sempre em busca de si mesma.

Em Freud, o pai é uma figura fragilizada pelo crescente impulso da emancipação das mulheres e é efetivamente essa tradição que Lacan reivindica. Com sua teoria conhecida como Nome-do-Pai, ele situa, em 1953, a posição simbólica da paternidade no cerne da constelação familiar. Longe de ser um agente do fundamentalismo, vinculado a um patriarcado de fachada, e longe de fazer da função simbólica do pai uma "essência", Lacan pretende-se um pensador iluminista dissociado de sua cultura católica, mas capaz de integrá-la à sua *démarche*, como Freud o fez com sua judeidade. Aliás, é por essa razão que ele aproveitará de Lévi-Strauss a noção de função simbólica (do pai, da paternidade), esclarecendo sua intenção de nunca assimilá-la a uma instância nominalista ou essencialista.

Dito isso, há em Lacan uma referência constante à teologia cristã. Porém, fazer dele um representante ortodoxo e rigoroso da Igreja católica romana significa esquecer que ele foi ateu, nietzschiano, spinozista, hegeliano, depois estruturalista, e que se designou a si mesmo, em sua juventude, como um "anticristo". Seu "catolicismo" barroco e flamejante, tingido de ódio sagrado, era mais próximo do de um Salvador Dalí ou de um Luis Buñuel do que dos preceitos dos bons padres. E ainda que a noção de Nome-do-Pai fosse diretamente inspirada na teologia, ela também teve por fundamento as categorias modernas da antropologia oriundas de Durkheim, de Mauss e de Lévi-Strauss. Nesse aspecto, não há nenhuma confusão em Lacan, ao contrário do que pretende Michel Tort[28] entre uma lei antropológica (o interdito do incesto) e uma estrutura familiar "paternalista".

Da mesma forma, não existe contradição de princípio entre o modelo edipiano elaborado por Freud (e retomado por seus sucessores) e o movimento de emancipação dos homossexuais iniciado no fim do século

XIX com a decadência do patriarcado. Se o pai no Ocidente foi progressivamente destituído de suas funções autoritárias tradicionais, nem por isso a família deixa de permanecer, hoje como em 1938, uma entidade indestrutível. Seja "natural", "recomposta", "monoparental" ou "homoparental", ela é efetivamente análoga à tragédia edipiana reinventada por Freud. Com a condição de não fazer do Édipo um simples "complexo". A família serve de filtro tanto para a afirmação de uma normalidade social e simbólica quanto para o surgimento das maiores pulsões criminosas ou a eclosão das transgressões e de todas as patologias conscientes e inconscientes ligadas à construção da subjetividade humana.

Portanto, não vemos em que a teoria lacaniana, que reivindica essa concepção de família, poderia se parecer de perto ou de longe com qualquer tomada de posição homofóbica comparável à de Tony Anatralla, padre psicanalista, conselheiro do cardeal Lustiger, que, recentemente, constituiu-se em paladino, assim como Simone Korff-Sausse, de uma cruzada inquisitorial contra os homossexuais, qualificados de "adeptos de uma genitalidade infantil".[29]

Para fazer de Lacan um representante do catolicismo mais reacionário, Michel Tort baseia-se numa carta que Lacan escreveu a seu irmão Marc-François Lacan, monge na ordem dos beneditinos, em setembro de 1953, logo depois da redação de seu famoso "Discurso de Roma".[30] Michel Tort não leu essa carta, da qual hoje sou a única a deter a cópia e cujo teor efetivo evoquei por duas vezes: no segundo volume de minha *História da psicanálise na França* (1986) e em meu livro sobre Lacan (1993): "É compreensível o tom já neotestamentário do célebre 'Discurso de Roma' de 1953", escreve Tort, "rumo à Santa Sé para obter uma audiência do Santo Padre."[31]

Descrevi o contexto em que Lacan pedira a seu irmão para intervir junto a Pio XII para conseguir uma audiência. Nessa época, exaltadíssimo com sua "reconquista" do movimento psicanalítico, Lacan quer encontrar o papa. Mas dirige também seu "Discurso" a Lucien Bonnafé para que ele o transmita a Maurice Thorez. Enfim, envia sua conferência a personalidades importantes do campo intelectual da época. Em outras palavras, e é o que tento explicar, quer fazer desse "Discurso", pronunciado em Roma, cidade altamente simbólica, um acontecimento no sentido político do termo. E sabe que nessa data tem diversos alunos católicos entre os jesuítas,[32] que estão em vias de se abrirem para a psicanálise, da mesma forma que os comunistas emergem da cortina stalinista.

Diante do poder médico, representado pela Sociedade Psicanalítica de Paris, e de Daniel Lagache, que encarna, na Sociedade Francesa de Psicanálise, a entrada da psicanálise na Universidade, Lacan recorre a duas outras grandes instituições promissoras para a psicanálise: o Partido Comunista Francês e a Igreja. Nada mais normal. Não se trata, portanto, de uma tentativa de aproximar a psicanálise do catolicismo, ou de se converter à fé, mas de uma vontade de *fazer vir a ele* os cristãos e, por que não?, o papa ou as mais altas autoridades da Igreja. Lacan não hesitava diante de nada para seduzir os grandes deste mundo. Tentará também, mais tarde, encontrar-se com Mao Tsé-tung após ter feito diversas vezes a viagem de Freiburg para conversar com Heidegger. Em todos os casos, trata-se de "ser reconhecido" e demonstrar que "sua doutrina pode iluminar o mundo". Definitivamente, Lacan não procurava enxertar-se como um feudo num discurso, numa instituição. Ao contrário, queria sempre trazer os outros a si.

O papa não concederá nenhuma audiência a Lacan, que, despeitado, irá passear com Serge Leclaire pelos jardins de Castelgandolfo. O quiproquó vem do fato de que Marc-François Lacan interpretou essa carta como um retorno de seu irmão à fé. Quando ele me deu a carta para ler, tentou me convencer de que tratava disso. E em vão eu lhe disse que Lacan trabalhava no mesmo sentido com o Partido Comunista Francês — não adiantou nada. Quanto à carta, é redigida com habilidade, uma vez que se trata para Lacan de fazer seu irmão acreditar que ele retornava à fé cristã e obter dele a audiência pretendida. Diz ele:

> Fundei com Lagache uma nova sociedade, arrastando conosco a maioria dos alunos ... Tudo isso é muito tonificante para mim, pois finalmente vou poder fazer o ensino que quero. Por ora, o núcleo situa-se em Roma, onde apresentarei um relatório sobre a linguagem da psicanálise em toda a sua amplitude. Acho que isso causará certo efeito. Meus alunos mais sensatos e autorizados me pedem para eu obter uma audiência com o Santo Padre. Devo dizer que estou bastante inclinado a fazê-lo e que é com um profundo interesse pelo futuro da psicanálise na Igreja que levarei ao pai comum minha homenagem. Acha que pode fazer alguma coisa nesse sentido?

Numa outra carta de 1953, um pouco anterior (não datada), Lacan escreve:

> Minha posição em relação à religião é de uma importância considerável para o momento sobre o qual comecei a falar com você. Há religiosos entre meus alunos e, sem dúvida, terei que estabelecer relações com a Igreja nos anos vindouros acerca de problemas a respeito dos quais as mais altas autoridades irão querer ver claro para tomar partido. Basta eu lhe dizer que será em Roma, em setembro, que apresentarei o relatório de nosso congresso deste ano e que não é por acaso que ele tem como tema o papel da linguagem (entenda "logos") na psicanálise.

Na sequência de nossas conversas e trocas epistolares, que começaram em março de 1983 e se prolongaram por dez anos, Marc-François admitiu que seu irmão não era "cristão", mas que "toda a sua obra era estimulada por uma busca da transcendência". Daí a fazer de Lacan um adepto dos papistas e, pior ainda, de Maurras, da Action Française, ou mesmo de Vichy (Tort), existe um abismo.

Em 1917 e 1918, no colégio Stanislas, Lacan foi aluno de Jean Baruzi, na época em que este redigia sua tese de doutorado sobre san Juan de la Cruz. Mostrei que esse ensino, associado à descoberta precoce da obra de Spinoza, teve como efeito operar no itinerário de Lacan uma transição entre o catolicismo devoto de sua família e um catolicismo erudito e aristocrático, servindo de instrumento crítico na apreensão da religião. É na mesma perspectiva que convém situar a fascinação sentida por Lacan entre 1923 e 1924 por Charles Maurras, justamente no momento em que frequentava o grupo surrealista e a livraria de Adrienne Monnier. Nessa época, durante uma grave crise de melancolia, rejeitou com maior veemência ainda todos os valores cristãos nos quais fora criado. Sem aderir em absoluto às ideias maurrasianas, quis porque quis conhecer Maurras (como mais tarde o papa ou Mao), pretendendo engajar-se no monarquismo. Manifestamente, admirava a linguagem de Maurras e um certo radicalismo monárquico, o que o afastava ainda mais de seu meio.[33]

Para transformá-lo num maurrasiano, e reler dessa forma *a contrario* o texto de 1938 sobre *Os complexos familiares*, e a fim de ali encontrar a presença das teses da Action Française, Eribon baseia-se numa carta de 1924 enviada a Maurras pela mulher de Léon Daudet:[34]

> Um rapaz, amigo de Maxime, que se chama Jacques Lacan (23 anos, estudante de medicina, pressionado, penso, como tantos outros, pela necessidade de ganhar a vida), me pede há semanas para obter uma entrevista com o senhor ...

> Foi recentemente conquistado pelas nossas ideias, e pensa, naturalmente, que sua adesão tem uma grande importância e que ele poderá fazer muita coisa ... Poderia recebê-lo por cinco minutos? Eu disse a ele para lhe escrever. Quando o tiver visto, o senhor o conhecerá e terá apenas que lhe responder oralmente: isso o fará ganhar tempo. Ele me parece culto e inteligente, mas, repito, bastante presunçoso. Entretanto, penso que ele pode servir à nossa causa sagrada ... Até breve, querido amigo, e por favor, não conceda a esse pequeno Lacan senão uma curta entrevista, ele não vale mais que isso.

Essa carta manifesta a hesitação da sra. Daudet. Ela não sabe dizer se Lacan pode ou não ser útil à "causa sagrada", mas o que me impressiona é ela afirmar que Lacan "não vale mais do que cinco minutos". Lacan, cuja fala era interminável e os pedidos ilimitados, foi frequentemente compelido à moderação por seus interlocutores — "só uns minutinhos" —, embora exigisse mais e se julgasse "indispensável". Como não ver nessa atitude tão frequente a ele dispensada — pensamos em Ernest Jones[35] — a resposta à maneira como Lacan vivia sua relação com o tempo e com a qual construiu em seguida a duração de suas sessões?

O fato é que Lacan não foi de forma alguma maurrasiano. Todo o seu itinerário posterior comprova isso. E, por sinal, no momento de sua publicação, o texto sobre a família, do qual Eribon e Tort fazem a linha de frente do combate reacionário de Lacan em prol da família patriarcal cristã e autoritária, foi comentado num sentido rigorosamente inverso por Lucien Febvre e, sobretudo, por Édouard Pichon, psicanalista e gramático, maurrasiano e membro da Action Française.[36] Este último criticou Lacan por seu hegelianismo, sua ausência de consideração pela moral católica e, finalmente, por sua concepção excessivamente antropológica e modernista da família patriarcal. Em suma, deplorava que aquele cujo talento ele reconhecia houvesse se afastado do caminho reto da civilização cristã, e bem francesa, em prol de uma adesão à *Kultur* alemã.[37] Na realidade, de acordo com o verbete da *Encyclopédie Française*, Lacan só conservava de Maurras duas teses, pouquíssimo "maurrasianas": uma, herdada do positivismo comtiano, segundo o qual a sociedade se divide em famílias e não em indivíduos, a outra, inspirada em Aristóteles e referente à identidade social do sujeito.[38]

FP: Para voltar ao que acontece nos dias de hoje com as relações entre psicanálise e homossexualidade, vou lhe fazer uma pergunta em três vertentes. O que podemos pensar do fato de a homossexualidade ser objeto de tantos debates nas instituições psicanalíticas? Como é possível que a homossexualidade seja a tal ponto fonte de angústia que uma discriminação desse tipo se opere no meio analítico como se nada houvesse mudado em 80 anos? O que houve de tão violento na decisão da IPA daquela época para que isso fosse mantido até hoje? Podemos considerar que existe homofobia no seio das escolas de psicanálise?

ER: Para responder às suas três perguntas, direi simplesmente que as instituições psicanalíticas e seus membros reagem exatamente "como todo mundo". A vontade dos homossexuais de se integrar às normas da família fez emergir por toda parte uma nova forma de homofobia "por denegação", como eu disse. O desagradável é que os psicanalistas homofóbicos pretendem falar em nome da psicanálise, em nome de Freud ou de Lacan, ao passo que não fazem senão exprimir sua opinião de cidadão. Daí as críticas que lhes são dirigidas e que nos obrigam, naturalmente, a refletir seriamente sobre o futuro e a capacidade da psicanálise de levar em conta as transformações da família ocidental. Coloquei esse problema no meu discurso de abertura dos Estados Gerais da Psicanálise em julho de 2000. Parece-me, portanto, normal que todos os grupos estejam mobilizados em torno dessa questão.

FP: Constatei, escutando diversos membros de diferentes escolas de psicanálise aos quais pedi a redação de um texto para esse número de *Cliniques Méditerranéennes* sobre "Os homossexuais nos dias de hoje", que, na maioria das escolas, parece, não existe posição de consenso sobre a questão da homossexualidade. Fala-se de bom grado de personalidades muito diferentes entre os homossexuais. Apesar de tudo, alguns analistas preferem evitar o tema da homossexualidade gay ou genital, para falar em homossexualidade psíquica. Thierry Bokanovski, por exemplo, fala de "homossexualidade primária", de "Édipo invertido" ou "estruturante" ou de tipo "inversivo". Outros psicanalistas adotam posições mais radicais, como Charles Melman na *Encyclopédie Universalis*,[39] tanto em relação à homossexualidade masculina — omito as particularidades clínicas e detalhes de seu artigo — quanto à homossexualidade feminina, que tampouco seria isenta de perversão. Foi o que ele disse em 1990. Charles Melman escreve que tende a considerar hoje que, se a homossexualidade constitui de fato uma perversão, em contrapartida a homossexualidade feminina não deixa de ser uma, na medida em que não existiria. Seria uma "histeria bem-sucedida", diz ele. Eu gostaria de saber o que a senhora pensa de tudo isso.

ER: Todas essas "teorizações" me parecem mais uma vez a expressão de uma homofobia que se insinua disfarçada. Por que não chamar um gato de gato? Sabemos efetivamente que a homossexualidade "psíquica" existe ou que a homossexualidade latente está presente nos heterossexuais. Podemos igualmente, como fez Lacan, supor que a homossexualidade feminina seria mais "histérica" do que a masculina. Apesar de... não sabermos nada sobre isso! E Lacan nunca disse, como Melman, que "a homossexualidade feminina não existe".

Na realidade, para além das interrogações clínicas desse tipo, não é a definição da homossexualidade ou das homossexualidades que obceca atualmente a comunidade psicanalítica, é seu "real" (no sentido lacaniano) de um lado e sua realidade social de outro. O que a incomoda, o que a perturba, o que a torna às vezes paranoica, violenta, injuriosa, é que homossexuais *praticantes*, isto é, casais do mesmo sexo tendo relações carnais queiram comportar-se como neuróticos comuns: ter filhos e viver em família, obter direitos etc. Isso parece inaceitável para os psicanalistas homofóbicos. Eles temem, de certa forma, que um ato sexual de natureza diferente do coito entre um homem e uma mulher venha substituir a cena primitiva, *sua cena primitiva* freudiana. Temem que a cena primitiva fundada na diferença anatômica dos sexos seja substituída por um real estranho e quase "monstruoso". Como se essa diferença anatômica corresse o risco de ser suprimida ou de desaparecer sob o peso de uma pretensa "homogeneização" dos sexos. Que curiosa fantasia! Essa diferença sexual não está prestes a ser abolida nem as outras diferenças correm o risco de encobri-la.

Porém, muito felizmente, nem todos os psicanalistas são homofóbicos e inúmeros deles são agora capazes de escutar *de outra forma* a fala desses novos homossexuais, que semeiam a desordem na comunidade freudiana em virtude de seu desejo de norma e não de seu desejo perverso. Em todo caso, fico perplexa quando vejo que essa comunidade tolera melhor os psicanalistas psicóticos ou perversos heterossexuais do que os psicanalistas homossexuais "comuns" ("neurotizados"), não apresentando nenhuma patologia particular. Isso mostra claramente que existe no seio da comunidade freudiana um desejo de conservar a ideia de que a homossexualidade seria, em si mesma, a essência da perversão.

Um dia será inevitável aceitar a nova realidade, uma vez que ela existe e que, em breve, serão votadas leis que legalizarão o desejo de normalização dos homossexuais. Logo, é preciso pensar essa realidade e levá-la em conta sem medo de revisar nossas categorias psicanalíticas de ponta a ponta. Além disso, é preciso tomar partido em prol dos homossexuais contra todas as discriminações das quais são vítimas. Se a psicanálise quer permanecer freudiana, deve prosseguir a missão civilizadora e emancipadora de que estava imbuída em sua origem.

Nesse aspecto, penso que a concepção lacaniana da homossexualidade não convém à analise das homossexualidades de hoje, uma vez que o homossexual, na medida em que encarnaria a raça maldita do perverso sublime, está em vias de extinção. Os homossexuais contemporâneos não podem mais ser classificados globalmente na categoria dos perversos. Da mesma forma, a homossexualidade *neurótica* de hoje não é, enquanto tal, uma perversão: nem uma perversão sexual, nem uma perversão no sentido estrutural. Em contrapartida, o que subsiste da teoria lacaniana é a ideia, magistral a meu ver, de que existiria no amor em geral um componente, até mesmo uma estrutura de natureza perversa, uma estrutura "homossexual sublimada" comum aos homossexuais e aos heterossexuais. E, se a tese lacaniana da existência necessária de um real irredutível à norma for exata, é grande a probabilidade de o personagem do perverso e maldito manter-se em nossa sociedade sob novas formas.

Portanto, devemos ser vigilantes diante do desencadeamento da violência homofóbica dos psicanalistas. No que se refere à obra de Lacan, estamos num período de inventário. É preciso fazer uma escolha, e não ficar repisando de maneira interminável as belas palavras do mestre. Ora, este deixou como herança para alguns discípulos — minoritários, ainda bem — de um lado uma inclinação pronunciada pela injúria, de outro uma leitura dogmática de sua teoria do Nome-do-Pai e da função simbólica que merece efetivamente as críticas que lhe dirigem Tort e Eribon. Mais do que Freud, Lacan suscitou, até mesmo estimulou, uma leitura regressiva de sua obra. Tive oportunidade de explicar isso em outras circunstâncias.

Charles Melman e Jean-Pierre Winter, que, em nome do lacanismo e da psicanálise, lançaram-se numa verdadeira cruzada midiática contra os homossexuais, recorrem efetivamente à concepção lacaniana de paternidade simbólica com fins de restaurar a figura perdida do pai autoritário, a qual estaria, a seu ver, ameaçada pela nova ordem homossexual.

Essa atitude, semelhante àquela que invadira a sociedade vienense do fim do século XIX, apenas reproduz um terror conservador e hostil à própria ideia de "progresso". Encontramos seu vestígio nos textos de Otto

Weininger e de Bachofen, mas nunca nos de Freud. Esses autores, de um conservadorismo estranho e niilista, temiam uma feminização generalizada da sociedade, na esteira da emancipação das mulheres. E, ainda nos dias de hoje, os lacanianos homofóbicos, juntando-se por sinal a seus colegas da IPA, são vítimas de um terror equivalente. Têm um medo que se pelam que uma espécie de apocalipse venha devastar o conjunto da sociedade para "homossexualizá-la", "homogeneizá-la".

Ao mesmo tempo, exprimem seu terror sob a forma de insultos, reivindicando para si antes um patriarcado autoritário de tipo "mosaico" do que um paternalismo cristão. Winter, por exemplo, adotou a linha de um judaísmo caricatural para estigmatizar as mulheres homossexuais que adotassem crianças. Elas seriam, diz ele em substância, as representantes de um cristianismo maternal, uma vez que, assim como a Virgem Maria, teriam cometido o pecado de engendrar uma descendência sem nenhum coito heterossexual.[40] "Cristãos" até certo ponto: aqui a injúria anticristã é de natureza igual à do insulto antijudaico. Ela supõe que a função paterna "judaica" estaria em condições de restaurar a verdadeira "Lei do Pai" psicanalítica, face a um paternalismo cristão decadente. Na mesma perspectiva, Winter acusou os casais homossexuais de quererem fabricar "filhos simbolicamente modificados".[41]

Por sua vez, Charles Melman lançou anátemas contra Martine Gross ao acusar os pais homossexuais de serem adeptos de uma espécie de narcisismo primário do qual estaria excluída toda relação verdadeira com o outro. Os filhos desses casais seriam, a seu ver, "brinquedos de pelúcia, destinados a satisfazer o narcisismo de seus pais". Impossível, nessas condições, acrescentou ele, que tal projeto seja "honrado". Quanto à definição melmaniana da família "normal", é bem estranha: "Entendo por família normal a que permite à criança enfrentar as verdadeiras dificuldades." Quando sabemos que em 1938 Lacan mostrava que as piores torpezas e as maiores anomalias surgiam sempre nas famílias aparentemente mais normais, podemos fazer uma ideia agora do que separa o mestre de seus adeptos homofóbicos. Ousaria eu dizer que, na minha opinião, eles são a desonra do lacanismo e da psicanálise?

Eu acrescentaria que eu mesma fui qualificada por Melman, depois da publicação de minha *História da psicanálise na França* (em 1986), de "robô com pés de Lacan", esperando que "seu rabo balance para mim", depois de ter sido organizadora do "*psychopride*", após eu ter tomado, em julho de 2000, a defesa dos casais homossexuais.[42]

A posição mais grave é a assumida por Pierre Legendre. É injuriosa, mas não mobiliza argumentação denegatória. Na medida em que o autor é um pensador importante, tendo publicado numerosos livros científicos sobre sua filiação, sua responsabilidade parece-me mais pesada que a dos outros. Obcecado, ele também, pelo terror de uma decadência ou de uma "dessimbolização" do Ocidente, ou de "uma escalada do obscurantismo", sustenta que o desejo de normalização dos homossexuais derivaria de um hedonismo ilimitado, de uma recusa de qualquer interdito ou tabu.

Por que os homossexuais seriam responsáveis por esse hedonismo, que existe por toda a parte nas sociedades ditas "pós-modernas" e que podemos efetivamente criticar? E por que designar esse hedonismo como uma herança do nazismo, quando essa corrente filosófica existe desde a Grécia arcaica? Aqui Pierre Legendre abre a guarda, e seu terror parece fruto de uma perseguição: "Pensem nas iniciativas tomadas pelos homossexuais", diz ele.

> O banal episódio do Pacs é revelador de que o Estado se desonera de suas funções de garante da razão. Freud mostrara a onipresença do desejo homossexual como efeito da bissexualidade psíquica ... Instituir a homossexualidade com um status familiar é colocar o princípio democrático a serviço da fantasia. Isso é fatal, na medida em que o direito, fundado no princípio genealógico, dá lugar a uma lógica hedonista, herdeira do nazismo.[43]

Francamente, não vejo em que o desejo de normalização dos homossexuais poria em risco o princípio democrático. Que este tenha sido associado ao casamento heterossexual e, portanto, à diferença dos sexos, é ponto pacífico. Mas isso não quer dizer que a diferença dos sexos seja fundadora da democracia. Na medida em que a homossexualidade refere-se a esse princípio como a um modelo, ela está longe de ameaçar a democracia. Muito pelo contrário, reivindica mais democracia. Até o presente, aliás — e a atualidade acaba de dar um exemplo retumbante disso —, o que refreia a democracia são as formas bárbaras e autoritárias de um patriarcado arcaico. Nesse aspecto, as análises de Freud sobre a horda primitiva e as de Lacan sobre a família conciliam-se. Por ora, o único apocalipse que parece ameaçar a sociedade ocidental — e o próprio Islã — é o do islamismo radical e terrorista. Ora, eu saliento que as ameaças islâmicas são proferidas por barbudos polígamos e bárbaros que recalcam o corpo das mulheres e lançam injúrias contra os homossexuais, julgados responsáveis por uma degradação dos valores viris de Deus pai.

E depois, de toda forma, a homossexualidade não é assimilável aos costumes sádicos ou "hedonistas" dos guerreiros da SA ou da SS. Os homossexuais, enquanto "raça inferior e degenerada", foram exterminados nos campos da morte, marcados como os judeus e os ciganos com o selo da infâmia. Hoje, são assassinados na Arábia Saudita e martirizados no Egito sem que ouçamos qualquer protesto da comunidade psicanalítica.

FP: Uma palavrinha, por gentileza, a respeito dos psicanalistas homossexuais. No fim de uma entrevista dada à revista *Ex Aequo* em abril de 1999,[44] a senhora diz que um analista homossexual não deve ostentar sua própria sexualidade pela simples razão de que a regra dita que o paciente não conheça a vida privada de seu analista. O que acha dessa ideia e da constituição de redes de psicanalistas homossexuais?

ER: Penso que é preciso aplicar regras universais no tratamento. Sabemos que os pacientes, na transferência, conhecem rapidamente a natureza das escolhas sexuais de seus analistas. Mas é preciso manter o interdito atual, segundo o qual o analista não deve dar nenhuma informação ao analisando sobre sua "vida privada". Os analistas homossexuais devem também evitar o princípio do "gueto" e aceitar em tratamento tanto homossexuais quanto heterossexuais. Se um paciente diz a seu analista que sabe ou acha que este é homossexual, e que isso é verdade, o analista não deve, a meu ver, negar essa realidade. Mas, nem por isso deve ostentar suas escolhas sexuais. A não resposta a esse tipo de demanda pode ser, de fato, uma resposta em forma de interpretação.

Inúmeras questões deverão ser levantadas no futuro, em virtude da transformação da homossexualidade em nossas sociedades. Por exemplo, como procederá um analista confrontado, num tratamento de criança, com sinais evidentes de homossexualidade precoce? Deve fazer de maneira com que a criança evolua para outra opção sexual? Penso que sim, caso se trate de uma criança pré-púbere, submetida a uma fetichização por parte da mãe, por exemplo. Mas como o analista poderá agir dessa forma num mundo em que a homossexualidade será reconhecida como uma sexualidade comum e não mais como uma patologia? Quais serão então as fronteiras entre a norma e a patologia?

2 Pioneiros

Lacan, a peste

É um prazer estar aqui a convite de August Ruhs para comemorar o cinquentenário de uma das conferências mais brilhantes, mas, acima de tudo, a mais atual e enigmática, de Jacques Lacan: "A Coisa freudiana ou Sentido de um retorno a Freud em psicanálise", proferida na Clínica Neuropsiquiátrica de Viena. A clínica era dirigida, na época, pelo professor Hans Hoff, que não sabia muito bem quem era efetivamente Lacan e por que este insistira em ser convidado para dar essa conferência nesse lugar.

Na realidade, Lacan devia o convite ao Instituto Francês e a Igor Caruso, um dos maiores psicanalistas vienenses, que se afastara da International Psychoanalytical Association (IPA), que ele julgava excessivamente médica na época e, portanto, excessivamente engastada numa visão pragmática da psicanálise essencialmente norte-americana. Como Lacan, Caruso queria dar uma orientação mais intelectual à reflexão freudiana. Próximo da corrente fenomenológica, fundara o Círculo de Psicologia das Profundezas.

Como sempre, em se tratando de Lacan, as coisas nunca são simples. Sempre achei que ele tinha proferido essa conferência em alemão — isto é, naquele alemão bizarro que emanava de sua leitura de Heidegger e que era inaudível para seus ouvintes, como de resto seu inglês. E é isso, aliás, que mostra o texto do anúncio desse simpósio. Mas estou de posse de outra informação. Embora houvesse efetivamente feito anotações em alemão para essa conferência, na hora Lacan improvisou um texto em francês que foi objeto de uma tradução simultânea, a cargo de Peter Berner, na época residente em psiquiatria na equipe de Hoff.[1] Eu gostaria muito de escutar o original, pois é possível que Lacan também tenha falado em alemão, ou talvez em "franco-alemão", como lhe ocorria fazer. Em todo caso, de volta a Paris, ele reconstituiu essa conferência, cujo texto leu durante seu seminário sobre as psicoses em 21 de dezembro de 1955.[2] Em seguida, ela foi publicada em *L'Évolution Psychiatrique*, em 1956, e depois reproduzida nos *Escritos*, em 1966, com diversas modificações e uma dedicatória a Sylvia.[3] O original, portanto, não existe, a menos que essa conferência tenha sido gravada, o que é possível, mas teríamos que pesquisar nos arquivos da Clínica de Viena.

Há um enigma que sempre me impressionou. Em 21 de dezembro, Lacan conta aos ouvintes de seu seminário uma história de, literalmente, dormir em pé, sobre um incidente ocorrido quando estava em Viena. Num dado momento em que os ouvintes pareciam dormir escutando a prosa possivelmente intraduzível de Lacan, o púlpito diante do qual ele se achava começou a falar. "E", disse ele, "tive toda a dificuldade do mundo para retomar a palavra dele." Lacan compara então esse fenômeno a "essas declarações recentes que ouvimos de um dos meus amigos da Sorbonne, que nos contou coisas espantosas sábado passado, por exemplo sobre a metamorfose da rendeira em chifres de rinoceronte e finalmente em couve-flor".

Não resta dúvida de que, nesse caso do púlpito falante, vêm à tona reminiscências da época surrealista, entre elas *Os campos magnéticos* de André Breton e Philippe Soupault. É sob o signo do primeiro Surrealismo — o dos sonos artificiais, dos médiuns e das mesas giratórias — que Lacan pretende instalar seu discurso sobre a Coisa freudiana, como se esse grande apelo à renovação de um freudismo europeu, do qual Viena seria a origem histórica e Paris a capital moderna, estivesse ali para lembrar o mal-entendido que opôs Freud a André Breton durante a visita que este último fez ao mestre no outono de 1921.

Nessa data, Breton, entusiasmado, fizera uma visita a Freud, que o recebera em seu horário de consulta da tarde, fazendo-o esperar junto com seus pacientes. Logo se viu diante de um velhinho sem atrativos, que não se interessava pela arte moderna e menos ainda pelo dadá e que emitiu banalidades sobre a juventude. Decepcionado, Breton descrevera o gabinete do doutor Freud como um lugar povoado "por aparelhos de transformar coelhos em cartolas e pelo determinismo azul do mata-borrão. Não me aborreci ao saber que o maior psicólogo de nossa época mora numa casa de aparência medíocre num bairro perdido de Viena".[4]

O estranho púlpito falante, portanto, não passa dessa nova revanche de Breton sobre Freud, de Paris sobre Viena, mas de uma Paris que viria reacender a chama vienense do início do século, do Freud de 1900, dinâmico e criativo, sobre o Freud de 1921, em parte destruído pela Grande Guerra. E em sua conferência Lacan não se exime de evocar essa Grande Guerra, de se fazer de certa forma historiador da psicanálise, um historiador que se colocaria a si próprio como herói fundador de uma nova saga. Pois é disso que se trata. Porém, ao mesmo tempo, no âmago da conferência reconstruída, isto é, escrita a posteriori, o púlpito deixa de pertencer ao mundo do Surrealismo para tornar-se uma espécie de "objeto mau" contra o qual Lacan projeta todas as suas fantasias de abominação referentes à Ego Psychology.

Dois anos após haver pronunciado seu "Discurso de Roma" e no momento em que, no âmbito da Sociedade Francesa de Psicanálise (SFP), está prestes a se tornar o guru de uma nova geração, Lacan vai então a Viena, não com o desígnio de superar a teoria freudiana, como queriam os modernistas da época — em especial os anglófonos e os psicanalistas norte-americanos —, mas de restaurar seu caráter subversivo. Designei esse retorno ao sentido de Freud como "levante ortodoxo do freudismo". Levante — ou *Aufhebung* em alemão —, porque se trata de um gesto revolucionário, ortodoxo, já que Lacan pretendia redescobrir no texto freudiano, no que chama de "a Coisa", a essência dessa renovação: "O retorno significa ao mesmo tempo uma renovação a partir dos fundamentos."[5]

Um gesto que significa que é na ortodoxia do texto, na letra do texto, ou num texto relido ao pé da letra, que encontramos como elaborar a obra vindoura. O devir resulta assim de um retorno ao passado, um retorno crítico, do qual Lacan se faz porta-voz. Porém, com o risco do dogmatismo, uma vez que dessa forma julga deter A Verdade da obra freudiana, ao passo que sabemos muito bem que toda grande obra deve sua grandeza precisamente ao fato de suscitar uma pluralidade de leituras e interpretações. Mas compreendemos o gesto e o risco que supõe esse gesto, uma vez que a escola anglófona tentava não retornar de forma crítica à obra de Freud, mas fazer dela alguma coisa do passado, alguma coisa fora de moda que não tivesse mais nada a ver com o futuro ou mesmo com o presente.

Daí a lição de história fornecida por Lacan, que fala da história do movimento psicanalítico de duas formas. Em primeiro lugar, em termos de geração e de maneira subjetiva, uma vez que se designa como aquele que, após a Segunda Guerra Mundial, efetua uma revolução para a geração vindoura, uma revolução que recomeça em Viena, isto é, ali onde o pai fundador efetuara por sua vez a dele: e Lacan julga-se então o novo Freud da modernidade. Depois, numa espécie de geopsicanálise: com efeito, Lacan opõe a velha Europa carregada de uma cultura de mitos — os mitos gregos aos quais ele se refere em sua conferência — ao novo mundo do outro lado do Atlântico, que aponta como anti-histórico e que acusa de ter suprimido os "princípios de uma doutrina" muito mais que "os estigmas de uma proveniência". Lacan critica aqui um certo modelo norte-americano de integração, não aquele que permite ao indivíduo integrar-se conservando os traços de sua identidade de origem, mas aquele que transformou uma doutrina numa administração das almas, num higienismo, de certa forma.

Porém, mais ainda do que simplesmente opor a velha Europa das culturas à América do *melting-pot*, ele enfatiza que, em virtude desse triunfo dos Estados Unidos — ligado às duas Guerras Mundiais —, a própria Europa foi afetada em seus fundamentos, uma vez que, em contrapartida, pelo menos no caso da história da psicanálise, dobrou-se ao a-historicismo da superação de Freud e de seu esquecimento. Lacan ataca então os psicanalistas franceses, ao mesmo tempo em que finge atacar os psicanalistas norte-americanos. À batalha contra o inimigo externo, ele associa aquela contra seus inimigos internos. E estes dividem-se em dois campos: alguns, da Sociedade Psicanalítica de Paris (SPP), permaneceram filiados à IPA (sendo, portanto, designados como "inimigos" por Lacan); os demais, os da SFP, saíram, mas querem entrar de novo: estes são desprezados, mas Lacan toma o cuidado de dissimular sua contrariedade, pois ele mesmo pretende reintegrar-se à IPA.

Daí toda uma utilização, nessa conferência, do vocabulário heideggeriano referente ao esquecimento do ser e ao encobrimento das verdades fundamentais. Assim, nessa perspectiva, a Coisa é também o enigma, a Esfinge, a besta assassina, mas também a verdade que sai da boca de Freud para pegar a citada besta "a unha".[6] Um dia seria preciso fazer o levantamento de todas as metáforas animalísticas utilizadas por Lacan. Cães, gatos, touros, aves, ratos, teríamos nesse bestiário a projeção de suas fobias e de certa paixão darwiniana pela mutação das espécies, pelo monstruoso, mas também pelo cotidiano da vida humana animalizada: entre Max Ernst e La Fontaine.

A Coisa, segundo Lacan, são os fundamentos ontológicos do humanismo freudiano, um humanismo designado como "inumano" (encontramos aqui a crítica do humanismo típica de toda a geração dos pensadores pós-Auschwitz), fundamentos dissimulados sob os ouropéis dos homens transformados nas fantasias de seu eu. Mas, naturalmente, não é a um retorno à essência do solo europeu que Lacan nos convida, mas a uma Europa ao mesmo tempo clássica e barroca, a do século XVII, que ele tanto ama: Balthasar Gracian e La Rochefoucauld.

Em outras palavras, e em especial citando Gracian, por sinal associado a Hegel, Lacan coloca-se como quem se pretende o herói destruidor, ambíguo — um jesuíta disfarçado, de certa forma obrigado a ser o cortesão perverso da comunidade em que ensina. Pois Lacan, nessa época, no seio da SFP, é efetivamente um guru, mas um guru sem comando, obrigado a difundir seu ensino sob a governança de um sistema político que ele não respeita. É obrigado a usar de astúcia, não nomear seus adversários, atacá-los sem dar na vista, subverter os quadros de um grupo ao mesmo tempo em que finge respeitar suas regras. Nessa data, com efeito, a SFP é uma associação em gestação, uma associação cujos membros deixaram a legitimidade freudiana, a da IPA, mas para a qual estão todos ansiosos para regressar, inclusive Lacan.

Daí a contradição existente entre uma política defendida por Lacan, que consiste em querer reintegrar essa comunidade freudiana dominada pelas regras inspiradas no modelo anglo-americano e o desejo de subverter seus princípios, sonsamente, por meio da fala violenta, audível mas disfarçada quanto às suas intenções. No fundo, embora Lacan não cesse de ameaçar os mestres da psicanálise mundial, o que ele pretende é resgatar sua legitimidade, que perdeu em 1953 durante a primeira cisão do movimento psicanalítico.

Aponta seus inimigos sem nomeá-los, enquanto nomeia sempre seus amigos (aqui, Michael Balint, por exemplo). Ameaça seus inimigos, mas para isso exerce o fingimento, a mentira, o não dito, correndo o risco de ser flagrado corrompendo uma geração psicanalítica, que ele torna rebelde à ordem freudiana do momento com uma profusão de referências a autores vindos de fora do campo da psicanálise: "O adversário escarnece: 'Vê-se logo do que se trata. O senhor se entrega à filosofia. Daqui a pouco, entram Platão e Hegel...'"[7]

Dessa forma, designa seus inimigos de todos os quadrantes como adeptos de um "imbróglio pré-edipiano" com objetos "em forma de merda e pregas do cu" (reconhecemos os kleinianos), ou como os "zelotas de uma psicanálise pretensamente clássica". Mas ele também designa a psicanálise como que para inverter suas figuras clássicas, a ponto de quase apontá-la como uma experiência perversa:

> A psicanálise é a ciência das miragens ... aliás bastante abjeta, mas que é impossível recomendar em demasia aos que pretendem introduzir-se no princípio das loucuras do homem, pois, por se mostrar aparentada com toda uma gama de alienações, ela as esclarece.[8]

Lacan ainda precisará de muitos anos e de uma verdadeira rejeição por parte da IPA para sair dessa ambiguidade na qual se instalara. E é esse o sentido desse elogio bem estranho que ele faz da verdade. Com efeito, é nessa conferência que ele pronuncia seu aforismo: "Da minha parte, falo a verdade." Lacan faz a verdade falar através dele, isto é, através de um ensino, através de um ensino que, ao mesmo tempo em que pretende ser um "retorno ao sentido de Freud", assume na realidade uma significação programática: retornar ao sentido de Freud é iniciar-se na releitura lacaniana da obra freudiana, uma leitura centrada, nessa época, na questão da estrutura e das contribuições da linguística saussuriana (o significante, o significado, a cadeia, a foraclusão, o Outro etc.), toda uma conceitualidade vinda da linguística e da filosofia e que Lacan injeta no corpus freudiano.

Daí o novo aforismo: "O sentido do retorno a Freud é o retorno ao sentido de Freud." Mas de que natureza é o sentido desse duplo sentido? É compreensível Lacan dispensar Nietzsche, apesar de ser, justamente, um nietzschiano de primeira hora, para recorrer a autores da astúcia e do fingimento. Nada de Zaratustra, nada de profecia sobre o futuro do super-homem, do homem livre desvencilhado de suas coerções, mas sim anúncios em semitons, dissimulações, contorções. O que não impede Lacan de introduzir em sua conferência um longo trecho bastante nietzschiano sobre a Verdade que fala e que se põe a falar a linguagem de uma profecia.

Obrigado a mentir incessantemente sobre a realidade de sua prática, em especial sobre suas famosas sessões curtas, que todos constatam mas cuja existência ele nega, Lacan adota como modelo os teóricos da astúcia e da dissimulação. Para sobreviver, para vencer, é preciso mentir fingindo dizer a verdade, mas, melhor ainda, é preciso dizer a verdade dissimulando-a e zombando do adversário, mentindo por sua vez, mentindo para si mesmo, lutando contra o que se é.

É dessa forma que esse pensador profundamente cínico e egocêntrico que era Lacan consegue pensar contra si mesmo para reinventar a grande utopia freudiana da devastação e da subversão. Transmitir sua própria doutrina, sua singular leitura de Freud como a única possível, como a única verdadeira, como a única capaz de encarar o desafio de um pensamento europeu ancorado nos mitos gregos, num mundo designado como o da astúcia e da administração das almas — era este o projeto de Lacan em 1955 em Viena.

Compreendemos então por que Lacan preferiu expor as diversas traduções da famosa frase de Freud "*Wo es war, soll Ich werden*" ("É um trabalho civilizatório mais ou menos como a secagem do Zuydersee"). Inicialmente traduzida em francês por: "*Le moi doit déloger le ça*" ["O eu deve desalojar o isso"], essa frase foi então entendida como se segue: o eu, ou seja, a psicologia do eu, deve recobrir, anulando-o, o isso, ou seja, a outra cena do inconsciente, a fim de fabricar sujeitos adaptados à sociedade ou à sua subjetividade consciente. Em outras palavras, essa frase havia sido "psicologizada" pelo movimento psicanalítico a fim de fazer esquecer Freud, esquecer a força de sua descoberta, que fazia do homem um sujeito do inconsciente. Ao voltar à literalidade do texto alemão perante um auditório germanófono — mas não sei se ele realmente falou sobre isso em sua conferência antes da reconstituição —, Lacan enunciava os princípios de seu famoso programa de renovação ou de substituição. E sugeria, assim, uma tradução que, para ser perfeitamente exata do ponto de vista teórico, nem por isso era menos impossível de aceitar em francês. Tratava-se de um autêntico jargão franco-heideggeriano. Lacan interiorizava de certa forma o isso num eu tornado "si" transitivo para mostrar que, como Freud o enunciara em sua segunda tópica, grandes partes do eu e do supereu são inconscientes: "Ali onde isso era, devo eu advir" ["*Là où c'était, dois-je advenir*"].

Mas lembro que essa segunda tópica pode perfeitamente ser interpretada no sentido da Ego Psychology. Esta privilegia o eu como devendo finalmente dominar o isso ao término de uma análise bem empreendida. E é de fato essa interpretação que Lacan pretendia invalidar, inventando um verbo inexistente na língua francesa: *s'être* [ser-se]:

> Assim o c' elidido que vai aparecer, se nos ativermos à equivalência aceita, sugere-nos a produção de um verbo — *s'être* [ser-se] —, onde se exprimiria o modo da subjetividade absoluta, tal como Freud propriamente a descobriu em sua excentricidade radical: "Ali onde isso era", como se pode dizer, ou "ali onde se era", gostaríamos de fazer com que se ouvisse, "é meu dever que eu venha a ser".[9]

Nessa tradução, Lacan introduz uma noção de subjetividade absoluta que não existe sem Freud: o *s'être* seria um equivalente desse lugar do inconsciente, o isso, ao qual o eu tem o dever de se juntar, sob pena de permanecer um eu inerente à psicologia. Lacan promove aqui uma verdadeira torção. Identifica-se de certa forma com a figura muito pouco freudiana do ideal revolucionário francês. Um ideal que voltaria a passar por Viena para regressar a Paris.

Freud, como sabemos, preferia a monarquia constitucional inglesa à soberania republicana do ano II instaurada pela Convenção Nacional (24 de junho de 1793): a primeira encarnava, a seu ver, uma cultura do ego,[10] um eu puritano capaz de controlar suas paixões, uma retidão moral, uma ética do dever; a outra, ao contrário, representava para ele o território do isso, a estética da desordem, da libido e da multidão pulsional; em suma, uma irrupção de forças incontroláveis mas não destituídas de sedução. O masculino, de um lado, com a admiração por Cromwell, o feminino do outro, com o fascínio por Charcot e as demonstrações na Salpêtrière.

Ora, com sua tradução, Lacan faz-se porta-voz, no lugar de Freud e a favor de Freud, de um isso que, nada mais tendo de pulsional, nem assim deixa de representar a irrupção de uma rebelião, de uma peste que invade a pólis, de uma nova epidemia. Decerto, com o *s'*, Lacan acrescenta a Freud um sujeito extraído da filosofia alemã, um sujeito que não figura na tópica freudiana. E, da mesma forma, o isso que ele reivindica no *c'était* [isso era] não é mais em absoluto freudiano, uma vez que se trata de um *isso fala*, de um inconsciente estrutural ou estruturado como uma linguagem, mas é não obstante um isso, quer dizer, uma força incontrolável, alguma coisa que subverte a ordem dominante: um real, uma coisa, um heterogêneo, uma estranheza, uma autêntica "outra cena".

Em Viena, então, Lacan ressuscita o isso freudiano reivindicando a peste. Daí a famosa frase que vou comentar aqui:

> É assim que o dito de Freud a Jung, de cuja boca o ouvi, quando, ambos convidados da Universidade Clark, avistaram o porto de Nova York e a célebre estátua que ilumina o universo — "Eles não sabem que lhes estamos trazendo a peste" —, é-lhe devolvido como sanção por uma arrogância cuja antífrase e perfídia não extinguem seu brilho perturbador. A Nêmesis só precisou, para apanhar seu autor na cilada, tomá-lo ao pé da letra de seu dito. Seria de se temer que ela juntasse a ele uma passagem de volta na primeira classe.[11]

Consegui estabelecer que Freud nunca pronunciou essa frase e que Jung, se fez essa confidência a Lacan, não a fez a mais ninguém. Sabemos que Jung era um grande fabulador e que passava o tempo inventando histórias que se encaixavam de tal forma com a realidade que ninguém duvidava delas. Tinha sido graças a Roland Cahen que Lacan encontrara Jung a fim de recolher suas lembranças de Freud. E, de fato, todos os historiadores são unânimes em afirmar que, ao chegar aos Estados Unidos, Freud dissera simplesmente: "Eles ficarão surpresos quando souberem o que temos a dizer."

Lacan conseguiu dar um valor mítico a uma frase atribuída a Freud a ponto de todos na França se convencerem de que Freud realmente a pronunciou. Na realidade, essa frase tornou-se para todos os lacanianos e para todos os franceses o mito fundador de uma representação subversiva da teoria freudiana que se encaixava perfeitamente com o que chamei de exceção francesa. Com efeito, a França é o único país no mundo onde, através dos surrealistas e do ensino de Lacan, a doutrina de Freud foi vista como "subversiva" e assimilada a uma "epidemia" semelhante ao que foi a Revolução de 1789 e, de toda forma, irredutível a qualquer forma de psicologia adaptativa.

A própria estrutura dessa frase é espantosa. Ela é construída como uma obra em *trompe l'œil*, como uma pintura barroca com arabescos, contorções, alusões, que fazem dela uma espécie de código secreto para letrados e iniciados. Parece encerrar um segredo cuja significação é preciso decifrar. Assim, sugere que aqueles que pretenderem ingressar no círculo dos renovadores do freudismo devem vestir a armadura dos combatentes da nova epidemia. Lacan fala aqui como um general dos jesuítas que desafiasse tanto a Igreja dos notáveis quanto os adeptos de Satã, paramentando-se a si próprio com os traços de uma perfídia diabólica.

Coloca-se ora como inquisidor, ora como libertador, segundo uma espécie de ética do claro-escuro que alia a escuridão à claridade, a sombra à luz. Faz de Freud um herói vítima da desmedida (*hybris*) que desafia a deusa da razão e da liberdade. Em vez de nomear a estátua da Liberdade, ele diz: "a célebre estátua que ilumina o universo", e fala em seguida da escuridão, do brilho, da antífrase, transformando Freud numa espécie de Prometeu barroco, adepto da seita de iniciados que foram aos Estados Unidos a fim de desafiar os ideais dos puritanos. E o mesmo Freud é então condenado pelos deuses que desafiou, por intermédio de Nêmesis, a grande deusa da Vingança, a ser enganado e a ver sua descoberta inverter-se (a passagem de volta). Ele, que devia conquistar o Novo Mundo foi engolido pelo Novo Mundo, que fez de sua doutrina o oposto do que era: uma ideologia da felicidade a serviço da livre-empresa.

Com essa frase, e sem sequer suspeitar disso, Lacan resume o que foi o episódio dos Estados Unidos. A frase foi recebida com entusiasmo, e muito mais como uma terapêutica da felicidade do que como um sistema de pensamento. Era-lhe atribuído um grande poder de cura e foi porque ela não cumpriu as promessas que fez e não podia cumprir que foi em seguida rejeitada com uma paixão tão forte quanto a demonstrada em sua acolhida. Após ter sido celebrada pelo que não era, a psicanálise foi rejeitada por não ter estado à altura do que esperavam dela. Houve nesse caso um forte menosprezo, semelhante um pouco ao seguinte aforismo de Lacan: "O amor é dar o que não se tem a alguém que não o quer."

Para concluir, tentarei responder à pergunta colocada por este colóquio. Estariam atualmente reunidas as condições para um retorno ao sentido de Freud que fosse uma reatualização da ideia de subversão ou de peste? Aparentemente, assistimos no mundo inteiro a um fenômeno idêntico ao descrito por Lacan em 1955.

A psicanálise conquistou o mundo ao preço de uma transformação, até mesmo de uma traição, do ensino freudiano original. Tornou-se, em virtude de seus profissionais, uma ferramenta de psicologização da sociedade. Por toda parte, nas sociedades democráticas, viu-se afogada ora na psicologia, ora na psiquiatria, sendo hoje vista como simples psicoterapia. Porém, ao mesmo tempo, enquanto disciplina-rainha na abordagem do psiquismo, suscita permanentemente um ódio específico que não existe em outras disciplinas. Tudo leva a crer que, mesmo quando parece ter-se tornado uma ferramenta de adaptação, ela continua carregada com uma imagem diabólica, a ponto de quererem incessantemente expulsá-la da pólis como uma mácula, como um *pharmakos* contaminado por micróbios, como a peste. Periodicamente, é atacada: como ciência judaica pelos nazistas, ciência burguesa pelos stalinistas, falsa ciência para os adeptos contemporâneos do comportamentalismo.

É fácil então imaginar que não era preciso muito para surgir um discurso semelhante ao de Lacan em 1955. Por outro lado, percebemos claramente que toda transformação ortodoxa de Freud, todo retorno à Coisa freudiana no sentido lacaniano, não está mais em voga atualmente. Pois aqueles que preconizam isso são imitadores de Lacan, achando-se congelados no passado. Creio que se retorno houver em termos de peste, em termos de subversão, ele só se dará com um retorno crítico do pensamento psicanalítico sobre si mesmo, um retorno fundado sobre o desejo de Freud.

Não superar Freud, não retornar a Freud, não se tomar por Lacan ou igual a Lacan, mas colocar de forma crítica a questão da herança e do desejo que temos ou não temos de receber uma herança. Com efeito, o que resta atualmente das grandes questões suscitadas pela revolução freudiana, para além de um simples aparato clínico? Os primeiros psicanalistas haviam se preocupado em inscrever a descoberta freudiana no âmbito de uma filosofia da liberdade ligada a uma concepção estrutural do psiquismo. Tinham um projeto político semelhante ao dos socialistas ou das feministas. Queriam mudar o mundo pela via de uma revolução subjetiva. Queriam explorar o lado noturno do homem expondo-se ao risco do desejo e da morte.

Penso profundamente que, se a psicanálise foi amputada de sua potência emancipadora e de sua força desejante por parte de seus representantes, foi porque estes abandonaram toda forma de engajamento na pólis. Renunciaram aos sonhos e utopias dos fundadores, seja isolando-se num retraimento clínico, seja soçobrando no corporativismo, seja adotando um estilo de vida niilista ou estético, um desengajamento profundo, um ceticismo. Seja muito simplesmente aceitando sobreviver no regaço de um sistema que os coage à submissão.

Em suma, perderam o desejo de fazer a psicanálise existir. Não têm mais desejo verdadeiro pela psicanálise enquanto movimento emancipador e, em consequência disso, a psicanálise deixou de ser desejável no próprio coração da Europa, que a engendrara como objeto de desejo. Mas nem por isso a descoberta freudiana deixou de ser vista por seus inimigos como um objeto de ódio e, portanto, de desejo, um desejo negativo. Precisaria ela do grande medo por ela própria suscitado para despertar do torpor seus adeptos, que não cessam de esquecer que ela pode, mais uma vez, lhes trazer a peste?

As primeiras mulheres psicanalistas

No fim do século XIX, por ocasião do surgimento da psicanálise, as mulheres não estavam presentes na história das disciplinas psicopatológicas senão a título de pacientes: mulheres loucas ou histéricas, tratadas na Salpêtrière ou nos diversos hospícios da Europa, depois "escutadas" por Josef Breuer e Sigmund Freud[1] no segredo de um consultório médico, entravam em cena pela doença psíquica. O feminino era então assimilável a um corpo confinado em coerções e convulsões e esse corpo punha-se a falar, fosse nos gritos da mulher do povo, como na Salpêtrière, em Paris, fosse nas confidências das mulheres da burguesia vienense. Nesse aspecto, existe uma diferença radical entre a histeria das mulheres do povo e a histeria das mulheres da burguesia. As mulheres loucas ou semiloucas saídas da periferia constituíam um desafio para a elaboração de uma clínica do olhar — a de Charcot —, ao passo que as mulheres vienenses, dissimuladas no segredo do consultório particular, ajudavam na construção de uma clínica da escuta, uma clínica da interioridade e não mais da exterioridade.

Ao contrário das mulheres do povo, essas burguesas tiveram direito a uma vida privada, num sentido íntimo. Existiam porque seu sofrimento permitia aos homens da ciência elaborar uma nova teoria da subjetividade. Até recentemente, todas essas mulheres, independentemente de sua origem, foram apontadas como "casos" e designadas por prenomes inventados: Augustine, Anna O., Emmy von N. etc. A partir dos anos 60, os trabalhos da historiografia científica permitiram identificá-las, dar-lhes um nome e atribuir-lhes um lugar à parte na história da psicanálise e da psicopatologia. Em outros termos, para que essas mulheres pudessem adquirir finalmente um status na história geral da psicopatologia, foi preciso que se desenvolvesse nesse domínio uma crítica do saber clássico e que se construísse uma "história das mulheres".

As primeiras mulheres psicanalistas foram tanto ex-pacientes, tratadas em geral por graves problemas psíquicos, quanto mulheres marcadas por um destino excepcional: psicose, assassinato, suicídio, violências diversas.

Seus sofrimentos e sua vontade de serem reconhecidas exprimiam um protesto e uma revolta contra sua condição no seio da sociedade ocidental do fim do século XIX. Nesse aspecto, convém comparar a situação dessas mulheres com a dos primeiros homens psicanalistas.

Graças ao trabalho da historiadora Elke Mühlleitner, conhecemos com alguma exatidão a composição da primeira sociedade de psicanálise fundada por Freud, em 1902, em Viena. A esse primeiro grupo de discípulos reunidos em torno dele, Freud deu o nome de Sociedade Psicológica das Quartas-Feiras.[2] Os "homens da quarta-feira", primeiros freudianos da história, reuniam-se nas noites de quarta-feira na casa de Freud. Verdadeiro banquete platônico imerso no espírito vienense do início do século, essa sociedade foi um laboratório de ideias novas. Durante cinco anos, até 1907, esses homens tiveram a impressão de inventar uma utopia dos tempos modernos, um método capaz de iluminar o lado noturno da alma humana e de compreender a significação profunda da dialética da vida e da morte.

Exploradores das profundezas do inconsciente, esses herdeiros de um romantismo que se tornou científico pretendiam-se representantes de uma nova ciência que, a seus olhos, encarnava o ideal da filosofia iluminista. Quase todos eram judeus e oriundos de uma diáspora que recusava o comunitarismo e o gueto, em nome dos grandes princípios da Haskalá.* Preocupados em interpretar o presente em função dos mitos de um passado atemporal, cultuavam a Grécia antiga e viam nela a fonte original mais fecunda do pensamento ocidental.

Ligados por uma insatisfação comum a respeito da ciência de sua época, pareciam-se com os pacientes dos quais tratavam. Assim como eles, eram frequentemente acometidos por distúrbios psíquicos e, quando expunham seus casos clínicos, referiam-se também à sua vida privada, a seus problemas, a seus desejos. A vontade de compreender seus semelhantes era para eles uma interrogação sobre sua infância, sua sexualidade ou sua genealogia. Nenhuma mulher estava presente nas fileiras desse cenáculo masculino, que contava com 24 membros. Dezoito deles eram judeus, 18 eram médicos e dez eram vienenses de cepa. Os demais membros eram

---

* Haskalá (ou Haskalah, em hebraico, "iluminismo", "intelecto"): nome dado ao Iluminismo judaico, movimento surgido dentro do judaísmo, no século XVIII, que visava incentivar a integração com a sociedade europeia e a valorização da educação secular, aliada ao estudo da história judaica e do hebraico. (N.R.)

provenientes da Europa Central: austríacos, poloneses, tchecos ou húngaros. Sete deles pereceram de morte violenta: quatro foram exterminados pelos nazistas, três se suicidaram.

À exceção de dois homens (Isaac Sadger e Fritz Wittels), os primeiros freudianos foram em geral adeptos da emancipação feminina, favoráveis tanto à generalização da contracepção quanto ao acesso das mulheres à liberdade sexual ou às profissões até então reservadas aos homens. A imagem de um Freud misógino, tal como veiculada pelos movimentos feministas, é, nesse aspecto, completamente falsa, até mesmo ridícula. No âmbito da Sociedade das Quartas-Feiras, Freud não deixou de combater a tendência antifeminina de seus dois discípulos misóginos. Da mesma forma, opôs-se às teses de Karl Kraus e de Otto Weininger, que associavam o antifeminismo ao "ódio de si judeu".[3]

Em 1907, Freud anunciou a dissolução da Sociedade das Quartas-Feiras, que se transformou numa associação, a Wiener Psychoanalytische Vereinigung (WPV), primeira instituição psicanalítica do mundo. A partir dessa data, a febre do começo e a utopia dissiparam-se em prol de uma razão institucional e de uma organização da profissão de psicanalista. À horda "selvagem" do início sucedeu então uma associação liberal moderna regida pelas regras de um consenso democrático. Em 1910, por ocasião da fundação por Freud e Sandor Ferenczi da International Psychoanalytical Association (IPA), a WPV tinha 58 membros, entre os quais uma única mulher, que acabara de se filiar naquele ano. Na sequência, a progressão do número de mulheres aumentou. Em 1938, dos 149 membros da WPV, 42 eram mulheres, ou seja, um pouco menos de um terço dos membros.[4]

É forçoso constatar que o destino das primeiras mulheres psicanalistas não foi em nada diferente do dos primeiros homens do círculo freudiano. Tinham em geral a mesma origem social e geográfica (burguesia judaica e Leste europeu) e houve entre elas tantas mortes violentas (suicídio ou extermínio) e a mesma proporção de distúrbios psíquicos quanto entre os homens.

Não sabemos quase nada sobre Emma Eckstein (1865-1924), a primeira mulher psicanalista. A relação mantida por Freud com essa paciente vienense, em parte a heroína do sonho original da "injeção de Irma",[5] é uma das mais espantosas da saga psicanalítica. Como muitas outras, mostra que os laços entre os doentes e seus médicos têm uma importância crucial na gênese das teorias clínicas.

Aparentada de Paul Federn, que se tornou em seguida um dos membros eminentes da Sociedade das Quartas-Feiras, Emma Eckstein foi tratada por Freud em virtude de distúrbios histéricos no momento em que este, em sua longa correspondência com Wilhelm Fliess, havia aderido às suas teses ao mesmo tempo românticas e organicistas sobre os laços entre as mucosas nasais e as atividades genitais. Procurando saber se uma patologia do sínus podia explicar os sintomas abdominais de Emma, Freud pediu a seu amigo que fosse a Viena operá-la. Após a intervenção, realizada em fevereiro de 1895, a jovem mulher teve sangramentos. Freud então descobriu que Fliess esquecera na cavidade deixada pela retirada do corneto e a abertura do sínus, por desatenção, uma faixa de gaze de 50 centímetros. A paciente quase morreu e Freud quase desmaiou. Em julho, sonhou com a "injeção de Irma".

Na primeira edição de sua correspondência com Fliess, organizada em 1950 por Ernst Kris, Anna Freud e Marie Bonaparte, as cartas referentes a esse caso foram omitidas. Entretanto, nessa data, o sobrinho de Emma, Albert Hirst, manteve, com Kurt Eissler, responsável pelos Arquivos Freud na Biblioteca do Congresso de Washington, várias conversas a respeito de sua tia, que foram imediatamente arquivadas na série Z, reservada aos papéis secretos. Hirst também entregou a Eissler 14 cartas escritas por Freud a Emma, entre 1895 e 1910.

O caso foi revelado pela primeira vez por Max Schur em 1966, depois comentado novamente em seu livro de 1972, *A morte na vida de Freud*.[6] Ele mostrava que provavelmente Emma fora a primeira paciente a ter fornecido a Freud a matéria-prima que lhe permitiu desistir de sua famosa teoria da sedução. Por meio disso, com efeito, ele tomou consciência de que o que ela descrevia como seduções reais podia muito bem tratar-se de fantasias. As cartas de Freud, depositadas nos Arquivos pelo sobrinho de Emma, foram em parte exumadas por Jeffrey Moussaïeff Masson.[7] Mostram que ela foi a primeira mulher a aceitar pacientes e a ser, de certa forma, "supervisionada" por Freud após ter sido sua doente. Associada à figura sonhada de "Irma", essa mulher histérica torna-se então, na lenda negra do movimento freudiano, um personagem mítico.

Ela escreveu artigos até 1905, depois se retirou do mundo para viver solitária num quarto abarrotado de livros. Paralisada por uma doença inexplicável, não deixava sua cama. Morreu de apoplexia cerebral.

Se o destino de Emma Eckstein foi esquecido pela história oficial, o de Margarethe Hilferding (1871-1942), primeira mulher membro da WPV, é, ao contrário, conhecido. Nascida em Viena e oriunda de família judia, Margarethe Hilferding interveio na WPV em novembro de 1910, depois de uma conferência de Wilhelm Stekel intitulada “Escolha de uma profissão e neurose”, na qual este “aplicava” a psicanálise de maneira selvagem para explicar a escolha de uma profissão. Falava dos jornalistas e dos médicos comprometidos com sua profissão, uns em virtude de sua paixão pelas prostitutas e outros por sadismo, voyeurismo e exibicionismo.

Sendo ao mesmo tempo médica e mulher de um brilhante economista de Weimar, igualmente jornalista, Margarethe rechaçou educadamente aquelas tolices. Em janeiro de 1911, expôs na WPV suas ideias sobre “Os fundamentos do amor materno”, mostrando de maneira premonitória que este não é inato mas adquirido. Freud parabenizou-a, recusando assim toda a representação tradicional de uma natureza feminina fadada à maternidade.

Como seu marido, fundador da revista *Marx Studien*, Margarethe tornou-se militante social-democrata e, no momento da ruptura entre Freud e Alfred Adler, seguiu este último. Seria depois deportada pelos nazistas para o campo de Theresienstadt e exterminada em Maly Trostinec. Quanto a Rudolf Hilferding, morreu em Auschwitz.

Foi igualmente em Viena que se desenrolou a trágica história de Hermine von Hug-Hellmuth (1878-1924), primeira mulher psicanalista de crianças. Filha de um oficial do exército austro-húngaro cuja família, alimentada pelo antissemitismo, havia sido arruinada pela crise financeira e econômica de 1873, aos 12 anos Hermine viu sua mãe morrer de uma longa doença. Durante toda a infância foi marcada pela violenta rivalidade que a opunha à irmã mais velha Antonia. A princípio professora de primário, foi admitida como estudante na Universidade de Viena, onde defendeu uma tese de doutorado sobre alguns aspectos da radioatividade. Voltou em seguida à profissão inicial e foi então que empreendeu, aos 36 anos de idade, uma análise com Isidor Sadger, que era médico de sua família. Com esse analista, misógino e extravagante, Hermine viu-se confortada em sua própria patologia: dogmatismo, rigidez, sensação de perseguição.

Em 1913, filiou-se à WPV logo depois da atormentada ruptura entre Freud e Carl Gustav Jung. Freud confiou-lhe uma coluna sobre psicanálise de crianças na revista *Imago*. Foi assim que ela se transformou, depois dele e logo antes de Anna Freud e Melanie Klein, na primeira profissional nesse domínio. Desenvolveu atividades de jogos e desenhos e publicou artigos a respeito.

Fascinado por essa mulher, que era de uma ortodoxia infalível, Freud e seus fiéis não perceberam — ou não quiseram perceber — que Hermine von Hug-Hellmuth aplicava as teses do mestre ao "caso" de seu jovem sobrinho, entregando-se a interpretações selvagens. Assim, quando este lhe contou numa carta que matara cinco vespas com a ajuda de uma vara enfiada num ninho depois que fora picado, ela comentou esse episódio em jargão: "Ele nos trai uma boa parte de sua curiosidade sexual e de seu sadismo, expressa no ato de perfurar o ninho ... Revela o desejo que sente por sua mãe e seu espírito sinuoso etc."

Nascido em 1906, Rolf Hug era filho natural de Antonia, meia-irmã de Hermine. Quando ela morreu, ele foi entregue a uma ama de leite, mudou 18 vezes de domicílio e teve quatro tutores sucessivos, entre eles Sadger. Aos 13 anos, acabou indo morar com a tia. Esta, de tanto testar nele as teses freudianas, foi vítima de sua cobaia. Em setembro de 1924, ao tentar roubar-lhe dinheiro e vendo que ela se punha a gritar, Rolf estrangulou-a após enfiar-lhe uma mordaça.

A comunidade psicanalítica vienense viu-se enlameada por esse escândalo. Condenado a 12 anos de prisão, Rolf foi libertado em 1930 e foi logo pedir dinheiro a Paul Federn, então presidente da WPV. Dessa forma, pretendia ser indenizado por ter servido de material humano para as experiências interpretativas da tia.

Hermine von Hug-Hellmuth não foi apenas heroína desse folhetim. Pioneira da psicanálise de crianças, mostrou-se também notável impostora, fabricando de ponta a ponta o que subsistiria como sua obra mais importante: o *Diário de uma adolescente de 11 a 14 anos e meio*. Tinha, aliás, a quem puxar, uma vez que em sua família sempre se escondera furtivamente a verdade e se falsificara o estado civil. Assim, Antonia passava por irmã de Hermine, ao passo que era uma filha ilegítima e disfarçava sua idade real.

Realizado a partir das autênticas recordações de infância de Hermine, o *Diário* foi apresentado ao público em 1919, por uma editora anônima, como o autêntico diário de uma adolescente real chamada Grete Lainer. O nome da autora era calcado no da mãe de Hermine (Leiner). A obra era acompanhada de uma carta-prefácio de Sigmund Freud, datada de 1915, onde se podia ler que se tratava de uma joia que atestava a sinceridade de que era capaz a alma infantil no estado presente da civilização. Que Freud tenha se deixado iludir por essa trapaça, que ilustrava perfeitamente suas teses, não impediu Cyril Burt, membro da British Psychoanalytical Society

(BPS), de denunciá-la. Era do ramo, uma vez que ele próprio recorrera à fraude para teorizar suas hipóteses sobre a hereditariedade da inteligência.

Elogiado por Stefan Zweig e Lou Andreas-Salomé, o diário conheceu um sucesso considerável. Para a reedição de 1923 e para responder às acusações, Hermine von Hug-Hellmuth apresentou-se então, num novo prefácio (datado de 1922), como a editora do documento acerca do qual afirmou ser o "verdadeiro" diário de uma "verdadeira" adolescente, e não uma ficção escrita por ela. Em todo caso, foi retirado de circulação por Freud.

Após a morte de sua autora, o caso do assassinato e do falso diário foi inteiramente apagado dos anais do movimento freudiano, a ponto de ainda hoje psicanalistas acreditarem que não existiu, não passando de boato forjado pelos inimigos de Freud. Foi preciso esperar os trabalhos do historiador norte-americano Paul Roazen, do historiador austríaco Wolfgang Huber, da psicóloga suíça Angela Graf-Nold e, por fim, do germanista francês Jacques Le Rider para que fosse finalmente conhecido em detalhes.[8]

Primeira mulher a se engajar ao mesmo tempo no freudismo, no marxismo e no feminismo, Tatiana Rosenthal (1885-1921) também teve um destino trágico. Nascida em São Petersburgo em uma família judia, participou em 1905 da luta em favor do movimento operário. Um ano mais tarde, foi para Zurique, para a clínica do Burghölzli, onde descobriu as teorias freudianas, obtendo seu doutorado em psiquiatria. Ao regressar, concentrou toda a sua energia em implantar a psicanálise na Rússia, ao mesmo tempo em que participava, a partir de 1911, das reuniões da WPV.

Foi sobretudo no domínio da educação e da psicanálise de crianças que ela se fez notar, primeiro em 1919, no Instituto de Pesquisas sobre Patologia Cerebral dirigido pelo célebre psiquiatra Vladimir Bekhterev, depois numa clínica para crianças deficientes. Foi a idealizadora do Lar Experimental, que seria fundado por Vera Schmidt, outra pioneira da psicanálise na Rússia, e foi a primeira, em 1920, sete anos antes de Freud — que não citará seu trabalho — a estudar a obra de Fiodor Dostoievski de um ponto de vista psicanalítico. Frágil e inquieta desde a mocidade, suicidou-se aos 36 anos de idade.[9]

Se o destino de Tatiana Rosenthal é pouco conhecido, o de Sabina Spielrein agora integra a saga do freudismo, graças à publicação em 1980, por Aldo Carotenuto e Carlo Trombetta, de um dossiê inteiro a seu respeito, acompanhado de sua correspondência com Freud e Jung, de seu diário e de diversos de seus escritos.[10]

Ao mesmo tempo paciente e estudante de psiquiatria, Sabina Spielrein participou, no início do século XX, do debate sobre a esquizofrenia em torno de Eugen Bleuler. Experimentou em seguida o princípio da transferência e do tratamento pelo amor, depois tornou-se a testemunha privilegiada da ruptura entre dois homens (Jung e Freud, dos quais um foi seu amante e seu analista e o outro seria seu mestre). Forjou mais tarde a noção de pulsão destrutiva e sádica, da qual se originaria a de pulsão de morte. Atravessou, enfim, as duas grandes tragédias que marcaram a história do século XX: o genocídio dos judeus na Europa e a passagem da Rússia do comunismo ao stalinismo.

Nascida em Rostov, Sabina Spielrein era oriunda de uma família judia rica e culta. Criada de maneira tradicional, desde a infância manifestou uma imaginação fértil, até o dia em que foi tomada por uma alucinação: viu surgirem sobre sua cômoda dois gatos ameaçadores, o que a levou em seguida a sentir angústias noturnas e uma fobia de animais e doenças. Por volta dos quatro anos de idade, foi vítima de uma intensa desordem mental: "Ela começou a reter as fezes", escreve Carotenuto, "até o momento em que era obrigada a defecar. Mais tarde, adquiriu o hábito de sentar-se sobre os calcanhares de maneira a fechar o ânus e impedir a defecação até duas semanas sucessivamente." Aos sete anos, abandonou essas práticas, substituindo-as pela masturbação. Em todas as refeições, pensava na defecação e imaginava que todos à sua volta pensavam a mesma coisa.

Sabina foi vítima de violentas crises de depressão com alternância de lágrimas, risadas e gritos convulsivos. Um ano mais tarde, passou por um episódio psicótico. Seus pais decidiram então encaminhá-la para tratamento na Suíça, na clínica do Burghölzli, de Zurique, onde ficou internada de 17 de agosto de 1904 até 1º de junho de 1905.

Sob os cuidados de Jung, que aplicou o tratamento psicanalítico abordando o caso como sendo de histeria, curou-se integralmente dos sintomas. Continuou então seus estudos de medicina e enveredou pelo caminho da psiquiatria. Porém, o tratamento terminou com uma paixão incontrolável entre terapeuta e paciente. Como Sandor Ferenczi, e como muitos freudianos dessa época, Jung não conseguia distinguir claramente entre amor e transferência, na medida em que tinha um caso com uma moça de uma inteligência excepcional que ele conseguira curar ao seduzi-la.

Constrangido com essa situação e não sabendo mais como sair dela, Jung confessou o caso a Freud numa carta de 7 de março de 1909:

> Ela fez um tremendo escândalo, só porque recusei o prazer de conceber um filho com ela. Sempre me mantive, com ela, nos limites de um gentleman, mas apesar de tudo não me sinto muito limpo aos olhos de minha consciência muito sensível, e é isso que piora as coisas, pois minhas intenções sempre foram puras. Mas o senhor sabe muito bem que o diabo pode carregar as melhores coisas para produzir lama.[11]

Num primeiro momento, Freud considerou o caso com bom humor. Zombava do estilo "teológico" de Jung e de seu medo do diabo e das fogueiras. Porém, mais tarde, quando recebe em maio de 1909 uma carta de Sabina Spielrein solicitando uma entrevista, foi de fato obrigado a intervir. Em vez de repreender Sabina, Freud aconselhou-a a resolver seu problema com independência, sem recorrer a terceiros. No fundo, tentava persuadi-la o mais racionalmente possível a fazer o luto de uma relação passional sem futuro e investir outro objeto de amor.

Diplomada em 1911 com uma tese sobre esquizofrenia, apresentou em seguida à WPV suas teses sobre a pulsão de destruição, em que Freud ia se inspirar em "Além do princípio de prazer". Nesse ano, Sabina Spielrein, completamente curada de seu episódio psicótico, casou-se com um médico judeu russo: Pavel Naumovitch Scheffel. Freud alegrou-se com esse casamento e, em 1914, sabendo da gravidez de Sabina, saiu de sua neutralidade para lhe comunicar sua hostilidade em relação a seu ex-herdeiro, com o qual rompera. Escreveu-lhe:

> Da minha parte, como a senhora sabe, estou curado de toda sequela de predileção pelos arianos e quero crer que, se o seu filho for menino, ele se tornará um inabalável sionista. Convém que seja moreno ou que, em todo caso, torne-se moreno; chega de cabeças louras ... Somos e permanecemos judeus.[12]

Durante dez anos, Sabina Spielrein prosseguiu seus trabalhos e atividades clínicas na Alemanha, na Suíça, na Áustria, e em especial no Laboratório de Edouard Claparède, em Genebra. Agora estava integrada ao movimento psicanalítico e ensinava a doutrina freudiana. Seu aluno e analisando mais célebre seria o psicólogo Jean Piaget. Seus últimos artigos conhecidos abordam a linguagem infantil, a afasia e a origem das palavras "papai" e "mamãe".

Em 1923, com o apoio de Freud, decidiu retornar à Rússia. Instalada em Moscou, no momento em que a situação da psicanálise se degradava, participou da experiência educativa do lar de crianças criado por Vera Schmidt, ao mesmo tempo em que ocupava o cargo de chefe de seção em pedologia na Universidade do Estado.

Em 1924, voltou a Rostov, onde se juntou ao marido e ao pai com as duas filhas. Oficialmente, exercia funções de clínica geral, mas, na realidade, sob o rótulo da pedologia, cuidava de crianças delinquentes e difíceis por meio da psicanálise.

A partir de 1935, com toda a família, viu-se presa na engrenagem do sistema totalitário. O marido morreu de infarto em 1937 e os dois irmãos, levados pelos expurgos, desapareceram no gulag.

Em 1942, após diversos confrontos entre o Exército Vermelho e as tropas alemãs, os nazistas conseguiram ocupar a cidade de Rostov e semearam o terror. Em 27 de julho de 1942, Sabina Spielrein foi massacrada com as duas filhas na ravina da Viga da Serpente, em meio a cadáveres boiando no sangue.

Após a publicação do livro de Carotenuto, o historiador antifreudiano transformará Sabina Spielrein em vítima de uma manipulação "masculina" astuciosamente orquestrada por Jung e Freud.

Ao examinar o destino das cinco primeiras mulheres psicanalistas, constatamos que quatro delas morreram de morte violenta. Uma suicidou-se (Tatiana Rosenthal), duas foram vítimas do nazismo (Sabina Spielrein, Margarethe Hilferding), uma quarta foi assassinada (Hermine Hug-Hellmuth). Quanto à quinta, foi suprimida da história de outra forma, sendo riscada da historiografia oficial até 1966 (Emma Eckstein).

A essas cinco primeiras mulheres, é preciso acrescentar outra cuja história é célebre: Lou Andreas-Salomé. Já reconhecida como escritora antes de seu encontro com Freud em 1911, nunca foi tributária da psicanálise por sua emancipação e, nesse sentido, foi uma exceção.

Dessas seis primeiras mulheres, quatro eram judias, três de origem russa, mas falando a língua alemã, outras três vienenses. Observemos que apenas três submeteram-se a análise (Hug-Hellmuth, Spielrein e Eckstein). Hilferding continuou médica, Tatiana praticou a psicanálise sem ser analisada e, naturalmente, Lou Andreas-Salomé tornou-se psicanalista sem que lhe pedissem sequer que passasse pelo divã. A questão de sua formação nem mesmo se colocava, de tal forma o círculo vienense estava deslumbrado ao receber tal personalidade, que parecia, por sua trajetória, estabelecer um laço entre Nietzsche e Freud. Lou era adorada por Freud, de quem foi amiga, chegando a tornar-se, em determinados momentos, confidente de Anna Freud, quando esta sentiu dificuldades durante a análise com o pai.

À exceção de Emma Eckstein, as cinco mulheres cujo destino acabamos de evocar estiveram diretamente ligadas à primeira geração psicanalítica mundial, isto é, ao primeiro círculo dos discípulos diretos de Freud fundadores da Sociedade das Quartas-Feiras. Nascidas entre 1860 e 1885, fizeram parte da WPV graças a seu valor pessoal e independentemente de qualquer laço conjugal com um discípulo do círculo. As outras mulheres psicanalistas que participaram posteriormente das reuniões da WPV eram, em muitos casos, esposas dos primeiros vienenses. Com efeito, várias fizeram carreira no freudismo através do casamento. Dessa forma, a história do movimento psicanalítico é em grande parte a história de uma família em que os cônjuges — e frequentemente as crianças nascidas do casamento de dois psicanalistas — tornavam-se psicanalistas. Podemos dizer que as seis primeiras mulheres psicanalistas tiveram destinos bem dessemelhantes. Foram personagens excepcionais, no infortúnio e na felicidade. Logo, é possível concluir que, para participar enquanto mulher da aventura do primeiro freudismo, era preciso ser ou uma brilhante intelectual (fenômeno raro na época), ou uma louca, ou uma individualidade fora das normas.

Devemos agora falar das outras mulheres que cercaram Freud[13] e foram as pioneiras da segunda geração psicanalítica mundial. Nascidas depois de 1880, puderam tornar-se autoridades na matéria da mesma forma que os homens numa época em que as mulheres estavam em plena expansão no corpo do movimento psicanalítico.

Essas mulheres foram, em geral, alunas de Freud que se dirigiram à análise não para curar-se de seus distúrbios psíquicos — ainda que os tivessem —, mas porque se interessavam pela doutrina e pela prática e queriam tornar-se psicanalistas. Provenientes quase sempre de um meio abastado ou culto, puderam ter acesso a estudos de medicina, pedagogia ou literatura. Logo, não se emanciparam por ingressarem na psicanálise, mas pela dedicação aos estudos. Entre elas, a primeira foi Anna Freud, filha do pai fundador. Vieram, em seguida, Helene Deutsch, Marie Bonaparte, Ruth Mack-Brunswick, Jeanne Lampl de Groot. Originárias de diferentes países — Alemanha, Estados Unidos, Holanda, França —, convergiram para Viena a fim de serem analisadas por Freud ou fazer parte de seu círculo. Percorreram, portanto, o mesmo itinerário que os homens da segunda geração. Conheceram Freud a partir de 1920, depois da Primeira Guerra Mundial, e desempenharam papel determinante em seguida, seja orientando-se para a psicanálise de crianças, seja desempenhando funções políticas nas instituições freudianas. Essas mulheres formaram um grupo mais homogêneo que as da primeira geração. Conheciam-se e viveram entre si violentos conflitos, da mesma forma que os homens. De uma maneira geral, foram menos individualistas e menos marginais ou fora das normas do que as mulheres da primeira geração.

Vieram em seguida, ainda nessa segunda geração, as mulheres que não fizeram parte dos discípulos diretos de Freud em Viena, embora o tenham conhecido. Em diversos campos, foram pioneiras da psicanálise (de crianças em geral) em seus respectivos países. Citemos Eugénie Sokolnicka e Sophie Morgenstern na França (vindas da Polônia), Alfhild Tamm na Suécia e, naturalmente, a maior de todas, Melanie Klein, a única que elaborou um sistema de pensamento capaz de renovar o primeiro freudismo. Originária da Hungria, foi a verdadeira fundadora, a partir de 1925, da escola inglesa de psicanálise. Observemos que, dentre todas essas mulheres, houve igualmente mortes violentas por suicídio, o que parece ser uma constante, bem como os estados melancólicos ou depressivos. De maneira geral, elas conheceram uma infância difícil e tiveram relações tempestuosas com as mães (à exceção de Karen Horney). Engajando-se na psicanálise, procuraram tanto existir profissionalmente quanto "reparar" os infortúnios de uma vida. Foi nessa geração que as mulheres tiveram um papel predominante, frequentemente superior ao de seus pares masculinos. Com efeito, sabemos que a principal controvérsia que dividiu o movimento psicanalítico durante o entreguerras, opôs duas mulheres, ambas fundadoras de escola: Anna Freud (escola vienense) e Melanie Klein (escola inglesa). Quanto à controvérsia em si, tinha como objeto questões ligadas, de um lado, à feminilidade (a sexualidade feminina); de outro, à maternidade (relações arcaicas com a mãe, lugar da análise de crianças). Assim, o feminino sob todas as suas formas e em todos os seus estados foi o núcleo principal de uma expansão da psicanálise que assumiu o aspecto de uma derrota da imago paterna contra um fundo de decadência da família patriarcal.

Conversa com Françoise Dolto

Elisabeth Roudinesco: Quando a senhora começou a ser psicanalista de crianças?

Françoise Dolto: Eu queria ser pediatra. Fui psicanalista de crianças praticamente apenas no hospital; no meu consultório, muito pouco. Na realidade, fiz tratamentos com adultos em análise clássica, no divã. No hospital, eu era pediatra e fazia substituições de residentes, o máximo de tempo possível, incluindo plantões noturnos que me interessavam muito. Eu escutava as crianças como escutamos adultos. Isto é, num ritmo regular, acrescentando tudo o que a sra. Morgenstern* me ensinara. Quando elas não sabiam o que dizer, desenhavam e falavam de seu desenho depois. Mas, caso não *falassem* de seu desenho, eu também não *falava*. Cabia a elas exprimirem-se por meio de uma linguagem gráfica que as incentivava a relatar uma fantasia que esse desenho representava e em seguida continuar fazendo outro desenho. As crianças fazem quadrinhos que permitem escutar as fantasias por elas desenhadas. A isso, acrescentei a modelagem, isto é, uma terceira dimensão. Pude constatar que determinadas crianças exprimiam-se muito melhor em três dimensões do que com um desenho. Com outras, é o contrário. Mas o fato de poder modelar mudando constantemente, fazendo a fantasia evoluir com a criação plástica, também é extremamente importante para a criança. Revelam-se formas. Aliás, foi esse trabalho que me fez compreender em que consistia a imagem inconsciente do corpo através da qual uma criança exprime-se sem o saber. Ela representava essa imagem como em espelho na modelagem e sempre voltavam formas que eram as mesmas, referentes às fantasias de determinada época erótica da criança. Foi isso que me pôs no caminho da imagem do corpo: trata-se seja de imagens parciais do corpo, seja de imagens da representação do sujeito através de uma imagem do corpo que, para ela, representa-a globalmente ou representa globalmente um ou-

* A psiquiatra Sophie Morgenstern (1875-1940) foi uma das primeiras psicanalistas de crianças na França, ao lado de Eugénie Sokolnicka. Desenvolveu teses sobre o desenho, a brincadeira e a relação da criança com os pais. (N.R.)

tro. Foi isso que me fez perceber que crianças representavam um adulto por uma poltrona. E isso advinha da forma de fazer *falar* suas fantasias por grafismos ou modelagens. Isso abria um campo enorme para o imaginário da criança, permitindo compreender as relações de objeto totalmente arcaicas que ela vive com pessoas de seu círculo sem que ninguém se aperceba. Tudo isso começou na época em que eu trabalhava na equipe do professor Heuyer. Sophie Morgenstern me ensinou a fazer as crianças falarem confiantemente, sem temerem que o que dissessem fosse repetido aos adultos. Em seguida, terminei meus estudos sem ter ainda a formação das "clínicas"; eu era membro filiada da Sociedade Psicanalítica de Paris (SPP), pois defendera uma monografia clínica sobre um caso de adulto. Pichon estava presente; nessa época, as exposições eram feitas perante a Sociedade reunida. Ele me telefonou: "A senhora terminou seus estudos ou está perto disso?" Eu disse que sim: "Só me faltam 'as clínicas', continuo a fazer substituições de residente no Enfants-Malades, mas estou totalmente livre." Ele me pediu para ajudar Odette Codet, que estava afogada nos pipis na cama e que estava cheia desses sintomas, que são sempre os mesmos. Ela queria ser ajudada nos casos que a entediavam. Respondi a Pichon que aceitava tudo. O sintoma "pipi na cama" cobre tantas coisas diferentes que nunca é entediante. Foi assim que comecei.

ER: A senhora tinha lido obras de psicanalistas, de Melanie Klein, por exemplo?
FD: Claro que não, não existiam! Conheci Melanie Klein na casa da princesa [Marie] Bonaparte.

ER: Quando?
FD: Talvez em 1936, mas disse comigo: "Não é psicanálise o que eu faço, é psicoterapia de apoio do narcisismo; ela defende o narcisismo, basta estar perto dela para perceber que tem uma teoria na cabeça." Isso me espantou muito. No jardim da princesa, ela fez uma espécie de supervisão com os jovens que estavam lá, e eu percebia que ela julgava necessário que, aos oito meses, a criança passasse pela fase anaclítica, que houvesse uma mãe boa ou má; tudo isso me parecia artificial: a mãe não é boa nem má, é uma mãe pelo oral, depois pelo anal, a pegar e largar. Evidentemente, não se pode comer o que sai do ânus, mas a criança pode achar que a mãe leva suas fezes e a impede de comê-las. Logo, há um erro de valor sobre as referências sensoriais que não são claramente explicadas à criança. Isso não ficava evidente,

o bem, o mal, o bom, o mau, o agradável, o desagradável, uma vez que há mães que são obrigadas a impor coisas desagradáveis à criança: elas acham isso bom, e ela acha isso péssimo. Toda essa escala de valores, em torno daquilo que para a criança é identificado como ruim ou desaconselhável pela mãe, me parece ser um problema de fato, mas não a mãe boa ou má. Ainda assim, eu sentia que Melanie Klein tinha um carisma incrível. Todo mundo a rodeava, e ela, por sua vez, era como uma boa avó que se interessava pelo que as pessoas faziam. Mostrava grande interesse pela psicanálise de crianças, mas eu achava que tudo, nela, era exageradamente teorizado e construído, ao passo que cada criança traz realmente alguma coisa de novo. Além disso, eu não compreendia sua técnica com brinquedos. Eu, a conselho da sra. Morgenstern, continuava sem dar brinquedos à criança.

ER: Nunca dava brinquedos? Por quê?

FD: Porque julgamos que lhe damos, por exemplo, uma cama com pessoas dentro, e acontece que ela precisa de um ônibus. Esse objeto lhe serve de ônibus, e o terapeuta interpreta que ela "recusa a realidade da cama dos pais".

ER: Mas ela transforma aquilo num ônibus. Qual é o problema disso?

FD: Sim, mas continuamos a acreditar que ela tirou os pais da cama para transformar aquilo num ônibus. A criança é uma improvisadora. Precisa de um gancho: se não tem, descobre um alfinete de cabelo que lhe serve de gancho, mas ela não pegou um alfinete de cabelo, pegou um gancho eficaz.

ER: Mas então por que não lhe dar o brinquedo para que ela possa transformá-lo em outra coisa?

FD: Porque ela mesma pode fabricá-lo. É muito melhor. Em vez de lhe dar coisas que, na minha opinião, são projetivas, já que ela projeta algo sobre um brinquedo, esperamos o que ela irá projetar, a partir de matérias-primas, em desenho ou modelagem.

ER: Em suma, a senhora chegou à psicanálise sozinha, sem reflexão teórica a priori? Leu o "Pequeno Hans"?

FD: Claro, conversávamos muito, porque, já naquele momento, eu compreendera que Freud estava enganado e que, no caso do Pequeno Hans, fazia de uma história uretral uma história edipiana. Não era ainda edipiana, era pré-edipiana, era uma história uretral, com a diferença residindo no "fazer pipi" ou não, mas não na diferença dos sexos. Nunca o Pequeno Hans deseja sua mãe para tomar o lugar do pai. A mãe não amava o marido; para a criança então não havia com que rivalizar; o pai estava assoberbado de trabalho para levar dinheiro para a mulher e não tinha nenhuma satisfação emocional ou erótica com ela. Além do mais, Freud falava com o pai, e não diretamente com a criança.

ER: Quando a senhora chegou ao hospital Bretonneau?

FD: Em 1936. Mas antes, no hospital do Enfants-Malades, eu fazia consultas ambulatoriais. E já nessa época, enquanto trabalhava com uma criança e uma família, eu dava à outra criança que esperava a vez papel e lápis para que desenhasse. Era preciso ocupá-la enquanto esperava. Os pais vinham e me diziam: "É o seguinte, doutora, o outro residente me mandou porque faz seis meses que ela está com um tique; depois esse tique para, ela gagueja ou tem um eczema. O residente acha que a senhora pode fazer alguma coisa porque vai se interessar em saber o que isso quer dizer." Em suma, os pais eram preparados por um residente que estava cansado de ver crianças que sempre faltavam à escola e disfarçavam sua angústia com pantomimas.

ER: O que significa "pantomimas"?

FD: Fingir estar doente. Porém, de tanto imitar, elas se apegavam à brincadeira, quero dizer, à brincadeira do sintoma, levada a sério pelos médicos como sinal de doença orgânica. Criança é assim. Era interessante esse trabalho de consultas ambulatoriais. Não eram psicoterapias por demanda dos pais ou de um médico. Eu nunca dava remédios, uma vez que para isso havia os outros residentes. Se as pessoas vinham me procurar diretamente, eu não as assumia dessa forma. Só lhes dispensava cuidados se o residente em medicina, ou o chefe, dissesse que estava tudo bem no plano físico. No Enfants-Malades eu fazia a eliminação de uma eventual etiologia orgânica. Em Bretonneau, era Pichon quem fazia esse trabalho. Por exemplo, havia crianças com retardos de maturação gonádica. Pois bem, ele começava dando hormônios a essas crianças que, até esse momento, eram adaptadas à sociedade, à sua família e à escola. Elas então tornavam-se insuportáveis, quando não apresentavam distúrbios de caráter. Eram despachadas para a psicoterapia porque todo aporte hormonal só fazia com que ficassem transtornadas, em lugar de ajudá-las a se feminilizar ou virilizar.

Fiz a psicoterapia das que urinavam na cama, das gagas e com tiques, das turbulentas, das espíritos de porco... Quis fazer minha tese sobre alguma coisa que já era clássica no discurso reinante da psicanálise da época: o complexo de castração e o complexo de Édipo. A meu ver, os médicos deviam compreender os problemas inconscientes da infância, porque é entre cinco e sete anos que esses problemas, sobretudo nas crianças sem problemas de caráter aparentes, podem exprimir-se por distúrbios psicossomáticos às vezes enormes. Essas crianças eram enviadas para o ar livre sob o pretexto de que não saíam de seus estados doentios, o que acarretava o absenteísmo escolar, o definhamento, a "disritmia" da vida familiar. Na realidade, elas precisavam simplesmente que o pai dissesse qual o seu lugar na família e o da criança, quais os limites dos direitos da criança em relação à mãe e ao pai: a iniciação à lei do interdito do incesto que sustenta o desenvolvimento de cada um rumo à genitalidade.

ER: Quais foram as reações à publicação de sua tese em 1939, *Psicanálise e pediatria*?

FD: A reação mais importante, para mim, foi a de Jean Rostand. A tese ainda não tinha uma semana de publicada quando recebo uma carta de Jean Rostand. Eu tinha defendido minha tese em 13 de julho de 1939 e, antes de 22 ou 23 do mesmo mês, recebo uma carta: "Faço questão absoluta de conhecê-la, não leio nada tão interessante desde Freud. Venha me visitar." Foi dessa forma que conheci Jean Rostand, o qual, por sua vez, conhecia todos os psicanalistas da época. Ele mesmo fora psicanalisado.

ER: Teria sido analisado por Laforgue?

FD: Sim, por Laforgue. Ele tinha passado por uma angústia terrível na época de sua licenciatura em letras. Nunca a obteve, justamente porque entrou em pânico perante o júri. Rostand conhecia Parcheminey. Não sei se ele se consultava com Laforgue nessa época. Em todo caso, na SPP todo mundo ria um pouco da minha tese.

ER: Por quê? Achavam aquilo um pouco concreto demais?

FD: Espantavam-se, de um ponto de vista crítico, que alguém pudesse ver tanta coisa numa criança.

ER: A senhora teve consciência de que fundava o domínio da psicanálise de crianças na França?

FD: Em absoluto. Nem de longe.

ER: Não tinha consciência de que esse livro era inaugural na França?
FD: Não, de forma alguma. Eu pretendia que fosse inaugural de uma nova medicina de crianças, mas de forma alguma no plano da psicanálise. Não era com a ideia de fazer a psicanálise avançar que eu o escrevera: era com a ideia de aplicar a psicanálise à medicina de crianças, mas nunca pensei na época que aquilo pudesse permitir cuidar de uma criança realmente louca, ou realmente débil. As crianças das quais eu falava haviam sido, pelo menos até os cinco ou seis anos, praticamente normais em sua evolução. Tinham distúrbios funcionais, mas não eram crianças psicóticas. Foi somente mais tarde que abordei a psicose.

ER: Melanie Klein partira da psicose. A senhora partiu da psicopatologia da vida cotidiana, e foi o que deu essa característica à situação francesa: a psicanálise de crianças na França nasceu do terreno hospitalar cotidiano.
FD: Sim, é verdade. Em todo caso, a psicanálise de adultos na França é resultado do consultório de cirurgia do professor Gosset.

ER: Em que ano?
FD: Laforgue conhecera Gosset em 1912. Imediatamente depois da Guerra de 14, quando Laforgue voltou, houve as primeiras consultas hospitalares. Era na Pitié, na equipe do professor Gosset. Laforgue e Codet tinham um consultório para os casos bizarros e as dores que não tinham causas orgânicas. Não havia os meios de investigação que existem agora, mas percebera-se que determinadas pessoas, em determinadas datas, voltavam regularmente por causa de uma dor: sempre que se operava, não se encontrava absolutamente nada e, não obstante, os doentes se curavam. Abria-se, fechava-se, não se via nada, e eles se curavam.

ER: Laforgue partiu da psicose para implantar a psicanálise de adultos. Interessou-se de saída pela esquizofrenia, enquanto a senhora encaminhou-se para o terreno hospitalar "normal", não psiquiátrico.
FD: Eu queria ser médica de educação.* Fiz uma psicanálise para mim muito antes de ser mulher ou mãe.

* Termo inventado por Françoise Dolto, que na juventude gostaria de assumir essa função, que, entretanto, não existe institucionalmente. (N.R.)

ER: Muito jovem?

FD: Sim, claro, muito jovem... Enfim, jovem: aos 24 anos. Eu não queria ser psicanalista, e isso por uma razão prática: eu não conseguia me ver sentada o dia inteiro. Eu era dinâmica, gostava de me mexer. Eu era "muscular", e pensava comigo: "É uma loucura ter uma profissão em que se fica sentado o dia inteiro."

ER: Conheceu Eugénie Sokolnicka?

FD: Não, ela já morrera. Suicidou-se em 1934. Mas tinha sido analista de Laforgue.

ER: Também era psicanalista de crianças. Foi ela quem apresentou os primeiros casos de crianças na França.

FD: Eu não sabia disso na época.

ER: Então criou tudo?

FD: Claro que não, foram as crianças que criaram tudo. Fui apenas disponível e observadora... Percebe-se isso na minha tese. Eu presenciava a cura e me dizia: o que está acontecendo? Trabalhar sobre prontuários me foi muito útil. Minha rapidez de escrita também. Eu podia "rabiscar" com facilidade todas as modelagens feitas pela criança e isso me permitia refletir, depois, no prontuário, com os depoimentos que me restavam. Mas as crianças não se sentiam incomodadas por eu escrever o que elas diziam: "O que está escrevendo?" "O que você disse." "O que foi que eu disse?" Eu relia. "É verdade, foi isso que eu disse", respondia a criança.

ER: Elas perguntavam: "Para fazer o quê?"

FD: Sim, eu dizia: "É para nós dois. Quando você ficar curado — o que espero que aconteça —, compreenderemos o caminho que você percorreu." Eu dizia sempre a verdade acerca do que era a psicanálise para mim: enveredávamos por um caminho através das fantasias... No meu caso, era um método que eu aplicava. Só isso.

ER: Em suma, apenas duas pessoas compreenderam corretamente o que a senhora apresentava em sua tese: Laforgue e Pichon.

FD: Pichon estava deslumbrado, Laforgue também, seguramente. Estava interessado. Houve um momento muito difícil com Heuyer: aquilo foi uma virada na Sociedade de Psiquiatria da Criança. Heuyer sustentava não ser recomendável tentar fazer psicoterapia com crianças que não tivessem um QI de pelo menos 100 e, se possível, 110. Já eu sustentava o contrário, dizendo que uma criança que tem 110, ou mesmo 100, conseguiria sempre fazer seu valor ser apreciado. Tratava-se de neuroses de crianças que eram bem-sucedidas no colégio. Uma criança considerada débil no QI pode sê-lo por distúrbios afetivos; pode sê-lo porque é com efeito débil, mas a psicoterapia é que lhe permitirá utilizar ao máximo seus talentos para permanecer livre na sociedade. Minha ideia era, e continua sendo, que não temos o direito de não fazer de tudo para que um indivíduo permaneça autônomo e viva em sociedade, seja qual for seu nível mental no QI. Nessa época, acreditava-se que a inteligência não mudava com o curso da vida. Eu defendi o contrário.

ER: As discussões sobre sua tese começaram depois da guerra?
FD: Nem isso, ninguém se preocupou com a minha tese. Publiquei-a numa edição independente.

ER: Publicou-a como edição independente?
FD: Sim, três vezes, até 1971. Ninguém queria publicá-la.

ER: Tentou publicá-la com editores?
FD: Claro que sim! Era dificílimo. Maryse Choisy pedira o texto para a revista *Psyché*, mas era para não publicá-lo...

ER: Como assim?
FD: Laforgue me disse: "Achei que ela queria... ela tinha prometido." Maryse Choisy também fazia análise com Laforgue. Estava com uma inveja terrível de mim, e Laforgue acabou me telefonando um dia para dizer: "Sinto muito."

ER: Parece-me que Maryse Choisy não foi analisada por Laforgue, mas por Charles Odier. Era amiga de Laforgue.
FD: Ah, é? Pode ser! Em todo caso, ela disse a Laforgue: "Peguei essa tese para que ninguém pudesse publicá-la."

ER: E por quê?
FD: Porque estava com inveja de mim. Lembro-me, ela me fez comparecer a um colóquio em Royaumont, logo depois da guerra. Havia lá um psicana-

lista de Chicago, Leites, que pulou como um cabrito e disse, falando de mim: "Puxa, é a primeira vez, desde que estou na França, que encontro um psicanalista de verdade! Bravo!" Então Maryse Choisy não digeriu esse elogio. Octave Mannoni estava presente. Maud Mannoni achava-se em supervisão comigo, e as pessoas estavam interessadas nos depoimentos que eu trazia. Eu contribuíra com a hipótese referente ao ciúme do caçula. Os desenhos correspondentes de crianças em psicoterapia foram publicados em *Psyché*. Sempre que havia um congresso, eu levava um pequeno documento. As inibições mentais que causavam os QIs insatisfatórios derretiam como neve no sol, e eu provava dessa forma que a inteligência estava estreitamente ligada à afetividade. A afetividade recalcada podia, em certos casos, recalcar a inteligência. Em outros casos, a afetividade podia deixar a inteligência de tal forma em liberdade que a criança começava a parecer psicótica. A psicose, nessa época, já me parecia *psicogênica*, ao passo que todo mundo dizia que era *organogênica*. O que eu dizia interessava muito ao analista de Chicago, porque eram hipóteses sustentadas nos Estados Unidos também.

ER: Vamos voltar um pouco. Será que a senhora se lembra de seu primeiro encontro com Lacan, que deve ter se dado antes da guerra? Como isso aconteceu? Havia lido a tese de Lacan sobre o caso Aimée?

FD: Eu tinha lido o artigo sobre as irmãs Papin. Sabia, principalmente, que ele e Lagache eram desconcertantes: eram inseparáveis. Só soube o nome de cada um no dia em que nos despedimos, em 1939, no dia em que a princesa [Bonaparte] deu a festinha de fim de ano. Antes, eu nunca sabia quem era Lacan, quem era Lagache. Eram como irmãos siameses, o tempo todo juntos, o tempo todo discutindo psicanálise, acaloradamente. Falavam o tempo todo das conferências do Instituto[1] (então no *bulevar* Saint-Germain). Falavam entre si, era muito constrangedor: isso constrangia todo mundo, mas eles estavam se lixando. E eu, com os "recém-admitidos", ficava no fundo da sala... Veja só!

ER: Mas a senhora leu o texto sobre a família em 1938?

FD: Sim. Foi importante porque pensei comigo: "Sim, é isso." Eu já tinha as mesmas intuições desse livro. Laforgue e Leuba já haviam feito um relatório sobre as famílias dos neuróticos no congresso de Nyons para o qual eu fora convidada. Eu ainda não era psicanalista. Laforgue falou da neurose familiar e isso provocou um tumulto incrível entre os psicanalistas.

ER: A neurose familiar?

FD: Sim. E o fato de se interessar pelo Édipo dos pais de alguém que era psicótico ou neurótico provocara um tumulto. Dizia-se que os pais são pessoas normais e que as pessoas normais não têm Édipo. Era impressionante o que se ouvia, pelo menos para alguém que, como eu, sabia que o problema das crianças em vias de estruturação é o de sua relação estruturante com os pais tais como são. Para muitos alienistas, entre eles Auguste Forel, neurose era pejorativo. Era como dizer acerca de uma criança que ela tinha um pai alcoólatra. Ora, a neurose familiar é uma forma de estrutura. Laforgue e Leuba haviam compreendido isso ao estabelecer relações entre pais obsessivos e crianças fóbicas. Isso me interessara muito: sobretudo ver que, quando uma criança melhorava, era o estado de sua mãe que se agravava. A mãe vinha para que seu filho fosse ajudado, estava conscientemente feliz que ele fosse ajudado, e ao mesmo tempo tornava impossível a vida do filho. Eu tinha compreendido rapidamente que não era o caso de achar que aquela mãe era má e que era preciso livrar-se dela, mas que, ao contrário, era preciso trabalhar com a mãe para que o filho pudesse ser desculpabilizado e curar. Falei sobre isso com Laforgue, porque eu conversava com ele sobre minhas experiências. Mais tarde, depois da publicação de minha tese, eu também ia quase sempre duas vezes por mês à casa de Jean Rostand. Ele me dizia: "Vamos, me conte o que a interessou durante a semana... O que teve como casos interessantes?" Isso me fazia trabalhar.

ER: A senhora ficou amiga de Jean Rostand?

FD: Sim, eu ia lá duas vezes por mês. E depois, quando me casei, levei Boris à casa dele. Boris gostou muito, encontrávamos lá pessoas muito divertidas. Monod, por exemplo, era um que víamos muito.

ER: O cientista? Jacques Monod?

FD: Sim, encontrávamos por lá pessoas do Instituto Pasteur, da Sorbonne, biólogos, pessoas que estudavam bichos-da-seda, minhocas e o que mais, escritores, gente do teatro. Jean Rostand recebia aos domingos, podíamos ir como quiséssemos.

ER: Como se conheceram, a senhora e Boris?

FD: Nós nos conhecemos de uma forma curiosa. Primeiro, ele encaminhou para Trousseau, sem me conhecer, uma criança com uma carta que dizia:

"Entendi o que o seu livro ensinava, e a pequena parou de gaguejar; mas houve um episódio com a mãe que degringolou tudo. A gagueira tornou-se pior do que antes, e agora não adianta fazê-la desenhar, isso não muda nada." Bom, então ele me encaminhou essa criança e, em Trousseau, fiz uma psicoterapia. Ela se curou rapidamente e, em função disso, tendo nos conhecido nesse ínterim, nos casamos. A menina estava louca de alegria: "Meu médico e minha médica vão se casar!" Era filha de um fisiatra. Eu era então no início uma pessoa que tinha escrito um livro interessante. Em seguida, conheci Boris num jantar na casa de Robert Desoille e sua mulher, e achei aquilo apaixonante: o que eu fazia com as crianças os adultos eram capazes de fazer por meio da fala. Desoille punha as pessoas num divã e as fazia imaginar, como fazem as crianças desenhando suas histórias em quadrinhos. Eu lhe disse: "É igualzinho à psicoterapia de crianças, deve ser muito interessante, além do conteúdo do sonho acordado, estudar a transferência." Mas ele não queria ouvir falar de transferência! Na minha opinião, muito mais que a imagística, é o papel da relação inconsciente do sonhador e do guia que, ilustrado, pode ser decodificado de acordo com as relações, passadas ou não, do sonhador. Portanto, foi por intermédio dos Desoille que conheci Boris Dolto em 1941; nos casamos em 1942.

ER: A senhora esteve com Freud na recepção de Marie Bonaparte em 1938?
FD: Não, eu não estava em Paris, estava de férias nessa época.

ER: Nunca esteve com ele?
FD: Nunca.

ER: Como foi se consolidando progressivamente sua amizade com Lacan? Ela data do Congresso de Roma de 1953?
FD: Sempre tive grande estima por Lacan e ele por mim. Não posso falar de amizade no sentido pleno do termo, pois não nos víamos fora do trabalho.

ER: De toda forma isso se transformou numa espécie de cumplicidade. Lembra-se da história do pequeno e do grande dragão?
FD: Mas não éramos amigos, em Roma. Ele mostrou-se muito interessado por minhas reações. Eu reagia com muita simplicidade; eu era uma pessoa dinâmica, achava que eles exageravam no jargão, o que era verdade.

ER: Apesar de tudo, a senhora saiu da SPP junto com ele?

FD: Não, antes dele, enfim, uma hora antes dele; com Lagache e Juliette Favez-Boutonier. Ele, por sua vez, ainda era presidente. Eu tinha certeza de que ele viria juntar-se a nós. Quanto a mim, não me sentia no nível daqueles "didatas". Renunciei por razões éticas. Achava que não podia tratar psicanalistas em formação como crianças do primário. Aquilo não era possível. Então, depois, ele renunciou e juntou-se a Lagache, Juliette Favez-Boutonier e eu. Por sinal, foi entre os psicanalisados de Lacan que conheci pessoas capazes de trabalhar com crianças; de escutar crianças como analistas e não como psicoterapeutas ou pedagogos. Além do mais, os analisandos de Lacan que faziam supervisão comigo emitiam discursos filosóficos que eu não compreendia, mas eles se abriam. "A criança que você está acompanhando", eu lhes dizia, "lhe disse tudo, você percebeu? Pegue, veja a progressão desses desenhos, esse personagem que começa a ter mãos, enquanto antes tinha um braço umbilical; agora ele tem braços nos ombros." Eles não tinham percebido, mas a transferência da criança em relação a eles a organizava. Através da imagem do corpo eles ficavam impressionados com o progresso feito pelas crianças. Eles aprendiam a escutá-las e procuravam articular o que deduziam disso com a teoria de Lacan: isso se realizava por meio da clínica. A criança percorria seu caminho através do que eu via nas imagens do corpo e do que eu possibilitava a seu analista ver ou ouvir no relato das fantasias. Foram pessoas como Xavier Audouard e Octave Mannoni que fizeram a ponte entre eles, entre sua compreensão teórica lacaniana e o que eu lhes trazia. Foram eles que fizeram com que na Escola Freudiana de Paris (EFP) eu fosse vista como acoplada a Lacan. Ainda outro dia, Jean-Pierre Winter, entrevistando-me, me perguntava: "Mas por que, quando Lacan dissolveu a Escola, a senhora não assumiu a direção imediatamente? Todo mundo esperava que a senhora assumisse a direção!"

ER: Não! Isso não faria sentido algum!

FD: Foi o que eu lhe disse. Aquilo não teria feito sentido algum. E eu, do jeito que era, era preciso não me conhecer para acreditar que eu era uma mulher do poder. Ao contrário, eu achava que não haver instituição era uma excelente coisa. Aliás, eu sempre disse isso; disse a Lagache e a Lacan em diversas oportunidades. Eles diziam: "Isso é utópico. Você tem razão, mas isso é utópico."

ER: É verdade, era utópico dizer isso.

FD: Não, não era utópico, era um pouco precoce, porque, agora, é o que acontece: as pessoas vão se formar com um analista isolado ou dependente de uma escola ou de um grupo, e sua prática, seu grupo de trabalho as põe em contato com outros psicanalistas; era isso que eu tinha na cabeça. Eu preconizava que as pessoas fizessem sua análise numa das sociedades, depois trabalhassem e seguissem os seminários em outra.

ER: É, mas hoje já não existem grandes mestres, o que é diferente!

FD: Isso é muito melhor.

ER: Não é nem melhor, nem pior, é uma realidade. Que a senhora tenha formado uma dupla com Lacan no caso dessa escola, é verdade; mas a dupla já existia antes da criação da Escola Freudiana de Paris. Já existia na Sociedade Francesa de Psicanálise (SFP).

FD: Porque a maioria dos analisandos de Lacan era capaz de cuidar de crianças, o que me deixava feliz. Os analisandos dos outros não percebiam nada do que é anterior ao Édipo.

ER: A senhora começou a atender em Trousseau a partir de quando? Depois de Enfants-Malades e Bretonneau?

FD: Depois da morte de Pichon. Ele morreu em outubro de 1940. Quando eu estava no Enfants-Malades, Pichon devia estar em Bretonneau, como pediatra do atendimento de clínica geral. Ele não tinha leitos. Havia muitos residentes do Enfants-Malades que iam a Bretonneau, onde também trabalhava Grenet, pediatra reputado, logo, eu os conhecia. Eu ia almoçar na sala dos plantonistas. Houve ali um caso extraordinário de uma mulher cujo leite secara na primeira mamada do filho. Ela tivera uma produção de leite formidável. Estava perfeitamente saudável e seu recém-nascido também. Quando o residente contou essa história, eu disse que era uma coisa psicanalítica, que aquela mulher tivera um problema com a mãe no início da vida e que o melhor era fazê-la falar. Voltei à sala dos plantonistas. Esperavam-me na escada. Eu achava que iam zombar de mim. Não estava entendendo o que estava acontecendo. Os residentes formaram um corredor berrando. Tinham morrido de rir, na véspera, do que eu dissera. Mas o residente responsável pela creche, logo depois do parto, falara com a enfermeira supervisora e lhe repetira tudo o que eu dissera. A supervisora ficara espantada e tentou saber. Falou com a moça e soube que a mãe desta a abandonara assim que ela nascera. A mulher chorava falando disso, e a supervisora lhe disse: "Não é possível abandonar uma bebezinha tão linda no nascimento! Você deveria ser bonita para ter se tornado como é agora. Você vai dar de mamar ao seu bebê, vou dar a mamadeira para você, já que não posso lhe dar o seio." E, com efeito, enquanto ela lhe dava a mamadeira, a jovem mãe fez uma transferência fantástica em relação àquela supervisora, seu leite voltou na hora seguinte. Estávamos na guerra e quiseram reter aquela mulher para que alimentasse seu bebê e desse leite para as outras crianças: era um drama durante a guerra não ter leite de mulher para os bebês. Essa é uma bela história, da qual os residentes de Bretonneau guardaram uma viva lembrança!

ER: A senhora continuou a ir a Trousseau durante a guerra. Mas não escreveu nem publicou nada?

FD: Não publiquei, mas escrevia para mim mesma sobre meus casos clínicos. Quando Spitz voltou depois da guerra, acompanhei seu seminário de textos de Freud. Mostrei-lhe o que eu tinha feito. E havia escrito sobre o ciúme do caçula, sobre a anorexia, sobre a boneca-flor: tudo que foi publicado em seguida. Isso o apaixonou. Ele comentou com Nacht e Parcheminey, que repetiram a mesma coisa para mim e também para Jean Rostand. Spitz disse: "Françoise Marette, que virou Dolto durante a guerra, trabalha muito, está na pesquisa. Interessa-se por todos os temas de pesquisa atuais dos Estados Unidos."

ER: Sem saber?

FD: Sem saber, nadinha. Estava no ar, como as coisas numa época, sobre a terra. Os pesquisadores trabalham sobre os mesmos problemas. Ficaram perplexos. Na primeira reunião de todos os psicanalistas, na casa de Parcheminey, Nacht disse, com um ar descontente — o que tomei por um chiste: "Se começarem a fazer psicanálise de crianças, não haverá mais clientes adultos para nós."

ER: Por quê?

FD: Se as crianças forem tratadas, não haverá mais adultos doentes.

ER: Que desagradável!

FD: Desagradável, mas ele disse. Todos estavam bastante desorientados com a psicanálise de crianças.

ER: Havia pouca gente na França fazendo psicanálise de crianças. Qual foi sua relação com Jenny Aubry?*

FD: Foi ela quem me pediu para ir à policlínica Ney. Ela fazia reuniões sobre casos clínicos. Isso foi antes de ela ter sido psicanalisada, por volta de 1946. As reuniões eram realizadas na casa dela, à noite, e ela me pediu para falar das psicoterapias com os jovens de sua equipe.

ER: E como foi isso?

FD: Ela tinha convidado, talvez uma semana antes de mim, Serge Lebovici, que reagira da mesma forma que eu sobre um caso que haviam exposto. Não nos conhecíamos, e aquilo despertara o interesse de Jenny. Lembro que era uma criança cuja mãe se jogara pela janela, se suicidara, por não conseguir alimentá-la, porque a obrigavam a alimentá-la. Essa mulher tinha a impressão de que a faziam de tola: para ela, alimentar o filho era transformar-se em animal. Sentia-se recalcadíssima diante da ideia de ser sugada pelo filho. O pessoal da clínica conseguira convencê-la, a despeito de sua repugnância, mas, na ausência do pessoal da clínica, ela se defenestrara. A criança guardara os vestígios disso; tinha quatro anos, acho. Era dessa criança que se falava e que estava fazendo uma psicoterapia com uma das alunas de Jenny. Parece que Lebovici e eu reagimos da mesma forma às sessões por ela relatadas.

ER: Impressionante!

FD: Impressionante, mas era psicanalítico. Essa moça, a aluna de Jenny, fazia uma psicoterapia "ortopedagógica". Enquanto ela falava com o pai, por exemplo, a criança mijava no chão. Então ela a repreendia. E então a criança brincava com um monte de brinquedos, pegava um cassetete e punha um quepe de policial. A moça dizia: "Não convém que seja ela que tenha o cassetete, porque, se ela tem o cassetete, ela tem o falo, então não convém. É o adulto que deve tê-lo." Ela achava que devia lhe dar a castração porque ela mijava no chão. Coisas completamente malucas!

* Jeanne Aubry: mãe de Elisabeth Roudinesco. (N.T.)

Quanto a mim, reagira com bom senso, dizendo: "Claro que não, uma análise, uma psicoterapia de criança consiste em deixá-la exprimir-se. Por exemplo, com o quepe e o cassetete, que a criança imagina ser seu papel. É preciso compreender os desejos e verbalizá-los. Você deve mostrar-se disponível às fantasias que ela irá desdobrar, ainda que você sirva de objeto. Por que colocar-se atravessada? Por que seria você que deveria ter o cassetete e não a criança?" Eu não entendia esse modo de psicoterapia moralizante. Porque, se fazemos uma psicoterapia, é com a finalidade de fazer ab-reagir em fantasias o que essa criança não podia viver, não vivera a tempo, e isso provavelmente em relação ao falicismo mamilar de sua mãe, que, por sua vez, sentira-se culpada. "Há desde o início, nessa criança, alguma coisa de ameaçador com o falo que a mãe quer pegar e guardar para si. Talvez ela sinta que você está em perigo se pegar o falo, já que a mãe dela, tendo-o tido, tendo manifestado sua potência, suicidou-se. Talvez seja por reação de medo, vendo-a falar com seu pai como sua mãe, que a criança não controlou a urina, embora já fosse totalmente continente. É melhor tentar compreender em vez de procurar educar. A psicoterapia exige uma total disponibilidade para a criança."

ER: Lebovici disse a mesma coisa?

FD: Ele havia dito à moça que ela deveria ser analisada para deixar as coisas viverem sem impedi-las, de maneira ortopedagógica, com ideias todas prontas. Em vez de dar a castração, ela frustrava. A frustração é o contrário da castração; a castração permite simbolizar e tinha sido justamente isso que a mãe não conseguira simbolizar. Ela alimentou seu bebê e se julgou um animal, mas como queria permanecer uma mulher, suicidou-se para não ser submetida a esse horror de voltar a ser um animal ao aleitar seu filho. Acontecera alguma coisa trágica com aquela jovem. Nunca saberemos o que ela viveu na infância. Mas aquela criança era o que restava desse drama, a criança é que vivera e ouvira tudo isso e que estava em psicoterapia. Isso me interessou muito, e passei a admirar Jenny Aubry, que eu conhecera na clínica de Heuyer, por sua abertura.

ER: Justamente, vocês se conheceram na clínica de Heuyer?

FD: Sim, quando eu era externa lá. Ela ia até lá contar dissabores de sua clínica e eu ficava com os olhos esbugalhados diante daquelas guerras, aquelas intrigas de chefes, diante daquelas pessoas que eu sentia políticas, enquanto até então eu acreditara que era o valor de alguém que fazia com que se tornasse médico do serviço público. Depois, pensei comigo: "Felizmente nunca fui para o serviço público."

ER: Mas a senhora foi?
FD: Não, não fiz residência. Heuyer me designou para a residência dos hospícios; vi o que era aquilo e disse comigo que terminara. Eu não queria fazer os concursos, viver no que então eram agonias morais, mas tratar das crianças antes que se tornassem psicóticas.

ER: Mas a senhora encontrou um lugar para dar consultas?
FD: Sempre.

ER: A senhora foi residente?
FD: Sim, fiz meus quatro anos de externato, depois, no Enfants-Malades, fiz substituições de residentes. Todos me conheciam, uma vez que eu acompanhava conferências da residência no Enfants-Malades. Quando fui para os hospícios, eu lhes disse: "Agora, vou para os hospícios." "Está nos abandonando?" "Não, continuo a patologia interna e externa com vocês, mas vou fazer a fisiologia no Sainte-Anne." Foi dessa forma que continuei a trabalhar com meus colegas do serviço público de Paris, no Enfants-Malades. Depois, como eu conhecia a história de sua mãe, fugi da hierarquia do serviço público. Para mim, a medicina não era isso.

FD: Mas a senhora continuou seu trabalho no Enfants-Malades um certo tempo depois da guerra?
ER: Não, nunca. Eu já não trabalhava lá.

ER: Tenho uma foto em que vocês estão juntas...
FD: Não pode ser, não no Enfants-Malades, ou então era porque eu estava de plantão esse dia. Foi só quando ela me pediu para ir para a policlínica do bulevar Ney que trabalhei com Jenny Aubry. Também trabalhava lá Micheline Guitton, de quem eu gostava muito.

ER: Nesse momento, o que a senhora fez?
FD: Nesse momento, em 1946, além das minhas consultas em Trousseau, eu trabalhava no primeiro CMPP [Centro Médico Psicopedagógico] do liceu

Claude-Bernard, criado por Berge, Mauco e Juliette Favez-Boutonnier. Mas, como eu lhe disse, eu estava em Trousseau desde 1940. Berge e Mauco me pediram para ir para Claude-Bernard, que eles estavam fundando. Eu então trabalhava ao mesmo tempo em Trousseau e em Claude-Bernard. Foi dois ou três anos depois que Jenny me pediu para ir para a policlínica. Preferi abandonar a consulta "psicopedagógica" e ir para a policlínica, porque em Claude-Bernard havia alguma coisa de falso pelo fato de não haver consulta médica. Ora, viam-se crianças que precisavam consultar um médico também, ao passo que lá só eram tratados pela psicologia. Além disso, falava-se de psicoterapia, mas não de psicanálise. Tratava-se de crianças designadas pela escola. Os pais nunca participavam de nada, uma vez que eram os professores que mandavam as crianças para lá em virtude de distúrbios escolares. Então, quando Jenny me pediu para ir à policlínica, eu estava plenamente de acordo e trabalhei lá durante quatro anos, talvez.

ER: Fale-me da sexualidade feminina. Como a senhora se interessou por ela durante o congresso de Amsterdam de 1960?
FD: O relatório sobre a sexualidade feminina foi um dever de casa que Leclaire, Perrier e Granoff passaram para Marianne Lagache e para mim por incentivo de Lagache e Lacan.

ER: Por que a escolheram? Por que era mulher?
FD: Sim. Eles pediram a Marianne Lagache e a mim para fazermos juntas esse relatório enquanto Granoff e Perrier faziam, por sua vez, o relatório dos homens.[2] Mas Marianne não pôde participar desse trabalho por razões pessoais. Disse que estava com uma artrite no ombro. Acho que Lagache era muito "machista" e a proibia de fazê-lo. Ela era muito inteligente e eu estava adorando trabalhar com ela: eu me entendia bem com ela. Achava que faríamos alguma coisa interessante: mas isso não foi possível. Não nos encontramos sequer uma vez.

ER: Então a senhora trabalhou sozinha?
FD: Sim, trabalhei completamente sozinha, já que não havia mais ninguém. Procurei, mas ninguém queria.

ER: Fiquei impressionada com esse texto. É como se a senhora inventasse tudo sem nunca ter conhecido o debate histórico entre Londres e Viena.

FD: Conhecia um pouco, mas não concordava. Eu percebia que precisava de um trabalho regular.

ER: A senhora não escolheu nem [Ernest] Jones nem Freud?
FD: Não, refiz alguma coisa a partir da experiência clínica que eu tinha.

ER: Sem referências históricas? Muito curioso!
FD: Com Laforgue, eu falara das diferentes opiniões sobre a sexualidade feminina. Mas dizia: "Aquelas que escrevem são sempre mulheres que pensam como homens e que repetem o que os homens dizem."

ER: O que, aliás, Jones dizia.
FD: Nessa época, eu não tinha lido Lou Andreas-Salomé. Só mais tarde, quando a li e quando li livros sobre ela, pensei que ela era como Françoise Marette ou Françoise Dolto. Eu me senti imediatamente do mesmo tipo de Lou Andreas-Salomé. Eu tinha visto fotos dela entre os primeiros psicanalistas, mas não sabia nada sobre seu pensamento ou sua vida. Quanto a mim, quis trabalhar o mais perto de minha experiência a respeito das mulheres que eu analisara e da minha própria experiência de mulher. Eu não achava que isso estivesse em contradição com Freud. Quando eu lia o que Freud dizia, parecia-me que ele dizia coisas mais sociológicas do que psicológicas a respeito do inconsciente das mulheres.

ER: Acho que na França, nos anos 60, a senhora ocupa o lugar de Melanie Klein em Londres.
FD: Talvez.

ER: Foi a propósito desse relatório de Amsterdam que Lacan disse que a senhora estava de calça comprida?
FD: Sim, sem me dar razões nem detalhes.

ER: A senhora usava calça comprida?
FD: Não creio que fosse isso. Ele achava que eu dizia coisas que não ousavam dizer referentes à homossexualidade das mulheres, tolerada sem que se soubesse. Muitas mulheres eram heterossexuais na aparência, porque haviam se juntado com homens; mas eram mulheres homossexuais, e seus maridos um substituto materno para elas.

ER: Entretanto, Granoff e Perrier falam disso também...
FD: Falam sim. Por outro lado, eu falava de mulheres pedófilas não identificadas como tais. Pervertedoras para seus filhos, "o amor materno" justificando qualquer coisa.

ER: Então Lacan provavelmente disse que a senhora estava de calça comprida porque dizia isso sendo uma mulher.
FD: Sim, talvez.

ER: Foi tudo o que ele lhe disse?
FD: Sim, foi tudo o que ele me disse. Ele estava muito satisfeito comigo; o organizador holandês (cujo nome esqueci) também estava muito satisfeito com esse relatório. Sem saber muito como, aquilo lhes parecia alguma coisa interessante e inédita. Então, nesse dia, recebi um meio galardão de recruta, embora fosse malvista pelos irmãos da Escola Freudiana. Mas ser malvista pelos irmãos não significava que eu havia dito tolices. Parecia-me que era um ponto de vista de mulher que eu exprimira: o das mulheres que não repetem o que os outros dizem, que dizem o que observam de seu próprio ponto de vista. Era de fato o que haviam me pedido, certo?

ER: É certo que alguma coisa completamente nova foi introduzida pela senhora. Tem consciência da marca que deixou em seus alunos?
FD: Tenho consciência de que há pessoas que tentam ser Dolto. Fico triste quando me contam isso. Acho que isso vai relegá-las ao esquecimento. Na minha opinião, penso que estimulei pessoas a se interessar pela clínica em primeiro lugar e a procurar como ela ilustra a teoria criada por Freud, que temos a responsabilidade de continuar a desenvolver. Mas não penso que eu tenha "discípulos". Meus livros abriram para adultos a existência do inconsciente dinâmico. Foi o que Freud fez em sua época, não foi?

ER: A senhora também foi a primeira na França a se interessar pela mídia.
FD: Sim, completamente por acaso. Eu tinha ido a um almoço em 1949 na casa de amigos de Boris, a família do violinista Krettly. Alguém falara de crianças. Eu conversara com um dos convidados sobre o comportamento das crianças. Esse homem, Jean Chouquet, ficou tão impressionado que disse (em 1976!) a Pierre Wiehn, com quem ele trabalhava, para me pedir socorro, uma vez que a France-Inter, pela qual Pierre Wiehn era responsável, recebia cartas de ouvintes pedindo programas sobre educação.

ER: Na RTL?

FD: Não. Era na France-Inter. Mas você tem razão, eu já tinha feito um programa na Europe 1, não na RTL, a pedido de Lucien Maurice, seu diretor.

ER: Foi em que ano na Europe 1?

FD: Em 1969. Lucien Maurice me escreveu um dia e me disse: "Eu queria que você fizesse um programinha radiofônico respondendo às perguntas das crianças. Você concorda?"

ER: Ele que teve a ideia?

FD: Ele teve a ideia, conversando com alguém que me conhecia. O curioso é que, quando minha tese foi publicada, ele a teve em mãos. Ele criara suas três filhas reportando-se a *Psicanálise e pediatria*. Achara o livro formidável. Tinha sido esclarecido, dizia ele, por sua lógica diferente das crianças, para compreendê-las, para educá-las. Era bom pai. Tinha tido três filhas, de duas mulheres diferentes. Não sabia que era eu a autora dessa tese e me disse que se eu recusasse, ele pediria a Françoise Marette, que acabaria conhecendo um dia!

ER: Ele não sabia que Françoise Marette e Françoise Dolto eram a mesma pessoa? Mas por que ele lhe escreveu?

FD: Por quê? Na verdade, não sei quem tinha lhe dado o nome da sra. Dolto.

ER: Ele lhe escreveu porque em 1969 seus trabalhos começavam a ser conhecidos. Sua tese tinha sido reeditada.

FD: Talvez. Em todo caso, hesitei muito em aceitar. Aquilo me parecia muito difícil... temerário... Esse programa fez um grande sucesso, um sucesso de escândalo, uma vez que houve uma reunião, na antiga Escola de Medicina, da Escola dos Pais, que queria riscar meu nome da Ordem dos Médicos. Entretanto, ninguém podia me identificar. O conselho da Ordem dos Médicos, ao qual, naturalmente, eu pedira autorização, proibira que soubessem que era eu. Eu falava sob o nome de dr. X. Mas da Ordem dos Médicos escreviam (em papel timbrado!) para o meu nome, para a Europe 1. As cartas eram devolvidas com a menção: "Desconhecido." Naquela época, as coisas eram assim! Colegas desconhecidos telefonavam para minha casa: "A senhora é o dr. X?" Eu respondia que não ouvia rádio e que não sabia do que estavam falando. Falavam que eu tirava o pão da mesa dos médicos ao dar consultas pelo rádio e que aquilo era vergonhoso. Alguém respondeu no rádio: "A senhora já viu médicos escutarem as crianças e lhes responder? A senhora já viu consultas que não duram nunca mais de quatro minutos?" De fato, isso abalava as pessoas, porque eram as crianças que falavam. Elas se exprimiam muito bem. Não tive o direito de publicar o livro extraído desses programas. Foi Aïda Vasquez e Fernand Oury que o publicaram depois. Os educadores que queriam trabalhar entre eles me haviam pedido para publicá-lo. Enviei-lhes um advogado responsável, que respondeu que o que fora dito por alguém através de ondas sonoras pertencia a quem havia gravado, e que este último podia fazer o que bem entendesse com aquilo. O livro chama-se *SOS Psychanalyste! Des consultations par les ondes*. Não o li.

ER: Foi isso que lhe deu notoriedade?

FD: Talvez. Quando me pediram para contribuir com um programa educativo visando aos adultos da France-Inter, eu disse: "Não. Peçam isso a educadores. Psicanalistas não são educadores, posso ajudá-los a refletir sobre o que poderíamos fazer." Então eles me pediram que fosse vê-los na volta das férias. Fui até lá e refletimos uma tarde inteira. Eu disse que não convinha responder a perguntas orais, mas a cartas escritas detalhadas: porque, com a fala, produz-se uma espécie de histerização. As pessoas falam de seus filhos, mas não são as que falam que compreendem melhor os filhos. Em contrapartida, ao escreverem, refletem e às vezes encontram sozinhos, dessa forma, a resposta para sua pergunta.

ER: Era então o contrário do dr. X?

FD: Não, não o contrário. O programa do dr. X não se dirigia aos adultos. Eu respondia a vozes de crianças. Era completamente diferente na France-Inter.

ER: Para os adultos, a senhora julgou que não convinha a fala ao vivo. Isso gerou a série de programas: *Lorsque l'enfant paraît*. Era na France-Inter. A senhora pôde apresentá-lo com seu nome.

FD: Mais tarde, sim, completamente, porque então todo mundo falava no rádio, muitos médicos, principalmente. Não pedi autorização. Antes, eu começara um seminário de comparação da clínica e do desenho livre, quatro ou cinco pessoas assistiam. Logo depois, diversas pessoas apareceram. Dei esse seminário até 1978! Nos últimos anos, era no anfiteatro do Instituto Oceanográfico. Havia entre 400 e 500 participantes inscritos.

ER: Em que consistia esse seminário?
FD: Um seminário aberto a todas as pessoas que, pela profissão, são obrigadas a cuidar de crianças e querem compreender melhor o que acontece quando fracassam em sua tarefa junto a certas crianças. Era uma vez por semana, com médicos, professoras de primário, pedopsiquiatras, diretoras de maternal, educadores de crianças deficientes, professores de desenho, atendentes de creche. Essas pessoas eram de formações muito diferentes e vinham falar do fracasso que tinham tido com essa ou aquela criança, ao passo que, com a maioria das outras, eram bem-sucedidos. Quando uma criança fracassava nas mãos deles, eles não sabiam o que fazer para ajudá-la. Levavam então os desenhos e falavam do comportamento daquela criança com eles em classe — ou no hospital ou em consultório, no caso de um médico. Tentávamos, através desse grafismo, ver o que eles mesmos diziam sobre isso e o que a criança contava e exprimia. Havia às vezes um deverzinho, em que a criança relatara uma fantasia qualquer. Tentávamos compreender um pouco melhor por que aquela criança e aquela pessoa não conseguiam se entender, quando a criança era obrigada a ficar sob sua dependência. Era muito interessante. Eu estudava com eles os casos singulares. Analisávamos o que era dito pelo comportamento, o que era dito pelo desenho; e eu fazia uma analogia com casos que haviam apresentado distúrbios semelhantes ou representações gráficas semelhantes e que eu tratara. Eu emitia a hipótese, por exemplo, de que a pessoa em questão poderia falar com aquela criança dessa ou daquela maneira e nos manter a par. Quinze dias ou um mês depois, ela nos dizia: "Lembra-se de tal criança?" Todo mundo se lembrava. Revíamos os desenhos. "Eis como eu fiz." Tudo havia se desbloqueado. Isso interessava todo mundo. Havia salas de crianças doentes que faziam desenhos, entre os quais um ou dois que causavam espécie do ponto de vista da conduta e do comportamento. O que fazer com esse aqui? Observávamos os desenhos, podíamos compará-los com desenhos oriundos de minha experiência clínica e falar com essa criança sobre seu desenho; ela podia ab-reagir de outra forma. Era um trabalho para pessoas motivadas. Tentávamos esclarecer, pela dinâmica do inconsciente, comportamentos que pareciam semelhantes e que não o eram

em absoluto no que se referia à relação da criança com essa pessoa, qualificada em sua profissão, que ganhava sua vida desse jeito, e, ao mesmo tempo, fazê-la compreender que ela não podia compreender tal criança específica por razões que se deviam a ela própria. Eu às vezes levantava essa hipótese. As pessoas trabalhavam de verdade nesse seminário.

ER: A senhora expôs o famoso caso Dominique em 1967 nas jornadas sobre as psicoses organizadas por Maud Mannoni, na presença de antipsiquiatras ingleses.

FD: É verdade. Paul Flamand me pediu para escrever *O caso Dominique* para publicá-lo em livro. Aceitei e, na hora das "provas finais", ele me perguntou como andava *Psicanálise e pediatria*, que eu publicara em edição de autor por três vezes, com tiragens de mil exemplares por edição, estocadas na casa da sra. Bonnier-Lespiaut. Só restavam dez e Flamand decidiu republicar a tese junto com *O caso Dominique*. *O caso Dominique* foi publicado na coleção Le Champ Freudien e a tese fora de coleção. Ela não havia sido julgada suficientemente "freudiana" para Le Champ Freudien. Fiquei muito surpresa que meus livros fizessem sucesso de livraria. Sem Paul Flamand, eu não teria publicado nada para as livrarias, apenas artigos de revistas.

ER: A partir de 1979 a senhora dirige a Maison Verte?

FD: A Maison Verte era uma ideia que eu tinha já fazia 15 anos. Conversava sobre ela com Pierre Benoît, Colette Langignon e Bernard This no Centro Étienne-Marcel. Eu achava uma pena ver crianças somente depois que seus sintomas se tornavam suficientemente manifestos para que todo mundo os constatasse e que a escola as declarasse aos oito anos inaptas para passar de ano. Em todas as consultas, eu só via crianças depois dos seis anos, em virtude do fracasso na entrada na escola. Ora, eu sabia pela experiência de Trousseau que era possível tratar de bebês. Achava que, se tivéssemos um lugar para falar paralelamente ao que acontece entre um bebê, sua mãe e sua família, evitaríamos a carnalização desses significantes desvitalizantes que as crianças entendem e que são a base das neuroses precoces, das estruturas mal vividas de crianças e também certamente das doenças psicossomáticas. Quando eu estava no hospital, as emergências consistiam nisto: crianças que faziam alguma coisa de somático num momento de crise moral ou crise social familiar. Tivemos muitas dificuldades para conseguir implantar a Maison Verte. É a Colette Langignon que devemos ter sido capazes de nos articular a uma associação de bairro do

15º *arrondissement*. Foi com a sra. Rebois e a sra. Malandrin que finalmente conseguimos deslanchar.

ER: Então a Maison Verte é destinada às crianças de até três anos acompanhadas de seus pais.
FD: Hoje recebemos também as mães grávidas e às vezes, excepcionalmente, crianças até com três anos completos; nos dias de hoje, é quando um primogênito tem dois anos e meio ou três anos que uma mulher tem um segundo filho. É nesse momento que ela precisa realmente de ajuda. Não fizemos publicidade. Foi por meio das consultas pré-natais que as mães puderam conhecer a Maison Verte. No início, tivemos muitas crianças que vinham quando a mãe estava grávida de um segundo filho, mas agora temos mães grávidas que vêm na época em que descansam antes de dar à luz. Querem ver bebês ou falar de bebês. Algumas nunca viram um. Sabem que podem vir à Maison Verte. As crianças vão para lá desde o início. Nosso papel de prevenção dos distúrbios relacionais das crianças é o seguinte — e tudo prova que tenho razão: se falamos com os bebês sobre o que os pais falam deles à medida que vão falando, isso não resulta em distúrbios, mesmo quando se trata de coisas dolorosas ditas pelas mães: abandono do genitor ou decepção a respeito da criança ou de uma enfermidade no nascimento que deixa os pais numa angústia terrível. Se tudo é dito muito cedo à criança, acontece que ela suporta, ventila do ponto de vista psicossomático. Sobretudo, percebemos dessa forma que um bebê tem grande necessidade de relação com outras crianças de sua idade.

ER: Que eu saiba, na Maison Verte há várias equipes e tudo funciona como um jardim de infância público...
FD: Todos os dias há uma equipe diferente de três pessoas: sempre um homem em cada três e sempre um psicanalista experiente em cada três. Os dois outros são psicanalisados. Todo mundo é psicanalisado, mas apenas uma pessoa é dita psicanalista. Os pais não têm o direito de consultar um psicanalista conhecido na Maison Verte.

ER: Os pais são obrigados a ficar com a criança em todos os casos?
FD: Sim, os dois pais, ou um dos dois, ou a guardiã habitual da criança. Os pais são anônimos. Não conhecemos seu status econômico e social. Ambos podem ser desempregados. Há todas as etnias. A criança é chamada

pelo prenome, os adultos, para a equipe, são o pai ou a mãe desse ou daquele, a guardiã, a avó, a filha adolescente de alguém, mas é a criança que é nomeada.

ER: Há regras bem precisas?

FD: Sim. As crianças são trocadas com discrição. O banheiro para todas as crianças e adultos é o mesmo. Há somente um com uma pia e um penico. A casa é um intermediário entre o lar e os lugares onde só recebemos as crianças com a condição de separá-las dos pais. É um lugar "de família" como gênero. Não se pode entrar com coisas com rodinhas na sala onde as crianças ficam no chão e as mães nas cadeiras. As coisas com rodinhas e os caminhões ficam na entrada. Aliás, dizemos à criança: "Nem seu papai nem eu temos o direito de passar." "Ah, nem você?" "É, nem eu!" O regulamento que proíbe vir com coisas com rodinhas é muito importante. E, no caso de brincadeiras com água, usamos um avental (os adultos também).

ER: É uma prevenção contra neuroses?

FD: Uma prevenção contra neuroses e uma aceitação de limites, sem que isso represente uma frustração para a criança. Não é porque ela é pequena, é porque é um regulamento a serviço de todos. A propósito, explicamos à criança por que ela deve usar um avental de borracha para brincar com a água, enquanto as mães mostram-se despreocupadas e não ligam se as crianças se molham. Dizemos que é o regulamento da Maison Verte e que, na casa delas, os outros fazem do seu jeito. À criança, dizemos: "Se for brincar com água, ponha um avental, mas, se não for, está tudo certo também, é porque você não precisa brincar com água." Há um regulamento específico referente aos pais: eles não devem ajudar as crianças a não ser que estas tenham vontade de fazer alguma coisa; por exemplo, fazê-las subir numa escada na qual elas querem subir. Dizemos às crianças as palavras da tecnologia da subida da escada, mas não as seguramos para que subam.

ER: Tudo passa pela fala e pela linguagem?

FD: Sim, porque senão colocamos as crianças em perigo no dia em que as mães não estão presentes. A mesma coisa para o escorrega: há dois pequenos escorregas. Algumas crianças de cinco ou seis meses querem brincar no escorrega, outras de três anos; então elas se embolam uma em cima da outra. Nunca nos intrometemos, mas vigiamos. Dizemos a um pequeno:

"Talvez não seja muito agradável, mas, veja bem, você veio até aqui e são os grandes que ocupam o lugar." Ajudamos uma criança pela fala quando ela corre um perigo muito grande: "Então você quer que eu tire você daí." Ela olha e lhe dizemos com palavras os gestos a serem feitos. Essas crianças com quem falamos em palavras o que elas desejam fazer, sem levá-las a isso duplicando sua imagem do corpo, fazem progressos motores numa rapidez extraordinária.

ER: Quem financia?

FD: No início, era uma instituição "piloto". Um terço foi pago por Simone Weil, então ministra da Saúde, que compreendeu imediatamente o objetivo da experiência. A Fondation de France deu outro terço, e o resto conseguimos com a Previdência Social, explicando: "Haverá menos doenças de crianças." O que é verdade. Agora são os DDASS [Direção Departamental dos Assuntos Sanitários e Sociais] que nos subvencionam. Fomos sustentados pela Previdência, porque não existe essa abertura nos DDASS, e pelos CMPP, que tentam atrair as crianças com as mães, quando havia famílias de risco com crianças de cinco, seis anos, enquanto os primogênitos estavam em dificuldade ou fracassavam. Os CMPP nos sustentaram porque exigíamos o anonimato dos pais. A equipe dos CMPP sabe que, no Setor de Psiquiatria as pessoas não vêm porque as conhecemos. Se conhecemos as pessoas, elas não vão falar para que as ajudemos, porque têm medo que aquilo as deixe marcadas. Mesmo nas classes maternais, há fichas perfuradas, e isso acompanha a criança a vida toda. O que os pais nos dizem para na pessoa a quem isso é dito. Não é sequer dito a outra pessoa da recepção. Temos isto como regra: não contamos os segredos que nos são confidenciados. Falamos com a criança desse segredo que, na frente dela, sua mãe revela, uma vez que lhe diz respeito, mas não o revelamos a outras pessoas. As mães ficam muito gratas por isso. Quando um médico que encaminhou uma mãe e seu filho à Maison Verte telefona para ter notícias, nós lhe dizemos que ignoramos quem é essa mulher (o que é verdade), que não diremos nada do que acontece na Maison Verte a quem quer que seja, nem para o médico responsável.

Da mesma forma, determinadas mães gostariam que lhes déssemos, para processos de separação ou divórcio, atestados certificando que elas são boas mães. Impossível: anonimato absoluto. É um lugar de passatempos e relaxamento tanto para mães e pais quanto para crianças. Falamos sobre o que acontece. *Falamos* com a criança sobre o que às vezes ela vive de aflitivo em contato com os outros. Os pais não recebem conselhos, nem que peçam. Falando entre si, conosco, com seu filho, acerca do que os preocupa, os pais encontram sozinhos a solução; solução sempre particular para cada criança em sua relação com os pais na família que é a sua.

Crianças psicóticas ou deficientes, doentes, são acolhidas, a mãe pode contar sua experiência. A criança é integrada à conversa. E, nos casos aflitivos para os pais, os outros pais e as outras crianças são sempre receptivos. Inclusive, nesses casos, a socialização da criança pelo interesse que os outros lhe demonstram é uma contribuição notável para todos. É a acolhida das diferenças: sempre com efeito positivo quando isso é dito com as palavras certas.

A América freudiana

1906-1960

Em 1955, durante uma conferência na Sociedade de Neuropsiquiatria de Viena, Jacques Lacan afirma ter ouvido da boca de Carl Gustav Jung a seguinte história. Em 1909, ao chegar ao continente americano para uma série de conferências na Universidade Clark, de Worcester, Freud teria murmurado no ouvido de seu jovem discípulo: "Eles não sabem que lhes estamos trazendo a peste." E Lacan então comenta essa frase, assinalando que Freud se enganou: julgou que a psicanálise seria uma revolução para a América e, na realidade, foi a América que devorou a doutrina vienense ao suprimir seu espírito de subversão.

A suposta declaração de Freud repercutiu na França além de todas as expectativas: em nosso país, com efeito, ninguém duvida da realidade subversiva da doutrina freudiana e ninguém duvida que Freud tenha de fato pronunciado essa frase durante sua viagem aos Estados Unidos. Por outro lado, o estudo dos textos e das correspondências da história da psicanálise mostra claramente que Jung guardou essa preciosa informação apenas para Lacan. Em suas *Memórias*, embora relate a viagem, não faz nenhuma alusão à peste. Freud, por sua vez, nunca fez uso desse termo. Quanto aos grandes historiadores do freudismo, de Ernest Jones a Max Schur, passando por Henri Ellenberger, Clarence Oberndorf, Vincent Brome e Paul Roazen, contam que Freud simplesmente enunciou a seguinte frase: "Eles ficarão surpresos quando souberem o que temos a lhes dizer."[1]

Munido dessa confidência de Jung, Lacan então inventou uma ficção ainda mais verdadeira que a verdade, a fim de impor, contra um freudismo ortodoxo oriundo do continente americano, sua própria visão da descoberta vienense, fundada num retorno ao texto freudiano. Ao mesmo tempo, constrói uma representação lacaniana da "psicanálise americana", que terminou por tornar-se francesa, uma vez que até mesmo os não lacanianos franceses acreditam piamente que Freud quis levar a "peste" aos norte-americanos.

A partir de 1920, na França, as ideias freudianas invadiram simultaneamente o saber psiquiátrico e o conjunto da cultura literária e filosófica, dando origem a representações contraditórias da descoberta freudiana. A ideia de que esta pudesse ser "subversiva" vem do próprio Freud, que se julgava um cientista spinozista que infligira uma ferida profunda na humanidade. Mais tarde, foi retomada pelos surrealistas, os primeiros a falar em "revolução" freudiana, e finalmente por Lacan. Já nos Estados Unidos, foi uma visão terapêutica da psicanálise que invadiu o campo geral da cultura, visão que dava menos importância a seu sistema de pensamento e a seu valor subversivo do que a seu status médico e a seu poder de cura.

Isso se deve ao fato de que, no início do século XX, os Estados Unidos não dispunham de nenhuma tradição psiquiátrica consolidada que servisse de solo ou de peneira à implantação das ideias freudianas. Lá, a psicanálise ocupou um lugar desocupado. Eis por que, ainda hoje do outro lado do Atlântico, a palavra "psicanálise" não se distingue da palavra "psiquiatria": os termos são sinônimos perfeitos. A propósito, os discípulos norte-americanos de Freud nunca aceitaram a luta travada pelo velho mestre em prol da análise leiga (*Laïenanalyse*), isto é, a análise praticada por não médicos. Essa situação reflete-se no plano doutrinal: ao supor que a terapêutica da alma é parte integrante do campo da cultura, a representação norte-americana da psicanálise oscila entre um ideal religioso, quando entre 1906 e 1915 enuncia-se a utopia dos pioneiros, e um pragmatismo médico e adaptativo, quando em seguida exprime-se o neofreudismo oriundo da emigração europeia. De uma maneira geral, essa "psicanálise americana" privilegia o eu em detrimento do inconsciente e busca na teoria freudiana um meio de adaptar os indivíduos à sociedade. Por outro lado, opõe, à pretensa decadência de uma Europa obsoleta, uma ética da liberdade voluntária fundada na noção de profilaxia social. Por conseguinte, as diferentes correntes do freudismo norte-americano são quase sempre perpassadas por uma religião da felicidade e da integração, o que é distante da concepção vienense do mal-estar da *Kultur* ou da visão lacaniana de um freudismo associado a uma "peste" subversiva.

A adesão a um ideal religioso está no cerne do pensamento do primeiro grande pioneiro da psicanálise nos Estados Unidos: James Jackson Putnam. Nascido em 1846, no seio da aristocracia da Nova Inglaterra, foi criado na tradição da Igreja unitarista, aberta à filosofia do Iluminismo e ao progressismo social. Inspirado em Hegel e Bergson, milita muito cedo a favor da emancipação das mulheres. Entre 1870 e 1872, passa uma temporada na Europa para formar-se em neurologia nas mesmas fontes de Freud, dez anos mais moço que ele. Assiste às aulas de Charcot, interessa-se pela obra de Janet e descobre o ensino de Meynert. Entre 1890 e 1909, organiza um círculo em Boston do qual participam William James e Morton Prince. Esses homens são os verdadeiros pioneiros da psicanálise nos Estados Unidos. Como todos os especialistas em doenças mentais dessa época, cuidam de seus pacientes praticando a hipnose, descobrem o inconsciente falando sobre seus sonhos ou discutem a teoria vienense tomando consciência de que eles próprios são neuróticos.

Aparentemente, nada sugere que Putnam se engajaria na psicanálise. Espiritualista e moralista, não aprecia em nada o materialismo freudiano, cujo biologismo recusa em favor de uma teoria da vontade criadora. Eis por que, em 1906, qualifica de "conversão" sua súbita adesão à doutrina vienense, na qual investe todo o peso de seu ideal religioso. Em 1908, conhece [Ernest] Jones, que é assistente de psiquiatria na Universidade de Toronto, e dez meses mais tarde assiste às cinco conferências de Freud em Worcester. Convida-o para uns dias em seu rancho de Keene Valley, nas Adirondacks. Esse homem da Costa Leste é um apaixonado pela natureza, os amplos espaços e as fogueiras de acampamento.

Em 1911, aos 65 anos de idade, Putnam atravessa o Atlântico a fim de comparecer ao congresso de Weimar. No caminho, faz uma escala em Zurique, onde Freud, hospedado na casa de Jung, recebe-o para um tratamento analítico de seis horas de duração. A amizade que une imediatamente os dois homens, dentro do respeito por suas respectivas divergências, reflete uma idade de ouro da psicanálise, quando as relações conflituosas ainda não se transformavam em lutas institucionais.[2]

Mas o idealismo putnamiano permanece demasiado próximo de uma mentalidade rousseauniana de bom selvagem para se impor como componente importante de um movimento psicanalítico em plena expansão. Em 1911, Putnam torna-se presidente da American Psychoanalytical Associacion, criada um ano após a fundação da International Psychoanalytical Association (IPA), e, em 1914, comanda a implantação da Boston Psychoanalytical Association. Porém, nessa data, a época heroica já é passado. Entra em cena um novo personagem, Abraham Arden Brill, que, com a ajuda de Jones, empurrará o movimento norte-americano para seu segundo componente: o pragmatismo adaptativo.

Judeu de origem húngara, emigrado para os Estados Unidos em 1889, aos 15 anos de idade, Brill é o primeiro representante de uma longa linhagem de emigrantes da Europa central e oriental, os quais darão, no entreguerras, uma nova cara ao freudismo norte-americano e farão da IPA um instrumento de dominação do Ocidente vencedor sobre o Leste vencido. Curiosa revanche a desses homens perseguidos na Europa, frequentemente fugindo dos massacres, depois do nazismo, e tornando-se no continente americano avalistas de uma ortodoxia freudiana, o que Freud não queria, e fiscais das sociedades psicanalíticas europeias. Se, por um lado, o ideal unitariano de Putnam fundava-se numa concepção do dever inerente do indivíduo para com a sociedade, por outro, o pragmatismo adaptativo genericamente preconizado pelos judeus emigrados parece ser a resposta dada a posteriori a uma situação de exclusão e perseguição.

Com uma inteligência viva, fleugmático, mas ambicionando ser bem-sucedido na sociedade norte-americana, Brill conhece Jones em Zurique, em 1907. No ano seguinte visita Freud em Viena e obtém dele o direito de divulgar sua obra nos Estados Unidos, com liberdade para modificar passagens julgadas demasiado difíceis. "Ele está totalmente americanizado", comenta Freud, "mas continua sendo um bom rapaz." Em 1911, funda a prestigiosa New York Psychoanalytical Society, organizada segundo regras corporativas e da qual são excluídos os não médicos. Em 1912, é o mentor incontestável da nova psicanálise norte-americana, sobre a qual reinará até sua morte, em 1948, com o apoio de Jones na direção da IPA.[3]

Os tratados de Versalhes e de Trianon, firmados entre 1919 e 1920, marcam a derrocada da cultura austro-húngara no movimento psicanalítico internacional. Na Europa, é a Alemanha que há dez anos carrega a bandeira de um freudismo triunfante, em especial em Frankfurt, onde predomina uma corrente socialista e marxista, e Berlim, sede da primeira clínica psicanalítica, fundada por Max Eitingon. A partir de 1933, porém, o furacão do nazismo acelera um processo de emigração já em curso, provocando a partida para o continente americano da quase totalidade dos grandes pioneiros judeus da Europa. Esse exílio em massa fortalece o poder do movimento psicanalítico norte-americano no seio da IPA, que se torna um organismo burocrático, destinado a gerir o funcionamento da formação didática.

Entre 1935 e 1960, três grandes correntes psicanalíticas oriundas da emigração florescerão nos Estados Unidos, tendo como denominador comum uma definição do eu estranha à concepção freudiana do sujeito e centrada no primado da noção de indivíduo. A primeira dessas correntes é o culturalismo, que assume diversos rostos e reúne teóricos tão diferentes como Margaret Mead, Erich Fromm e Karen Horney. Fruto dos trabalhos de Malinowski, o culturalismo critica o freudismo reduzindo o Édipo a um modelo antropológico. Tenta igualmente adaptar os princípios do tratamento a comportamentos sociais ou a características psicológicas.[4]

A segunda corrente é representada por Franz Alexander, fundador da "Escola de Chicago", que pretende transformar o tratamento clássico numa terapêutica da personalidade global do indivíduo. É ao se debruçar sobre o problema da úlcera gastroduodenal que Alexander envereda pelo caminho de uma reforma do freudismo. Surpreso com sua frequente aparição nas pessoas ativas, mostra que na origem da doença enraíza-se uma necessidade de ternura nascida na infância. Esta se opõe ao eu adulto e traduz-se na eclosão de uma intensa agressividade. Quanto maior a atividade, mais se desenvolve o sentimento infantil, manifestando-se então por uma demanda de comida que acarreta uma secreção excessiva do suco gástrico e a formação de uma úlcera.

Face a tais sintomas, Alexander preconiza a associação de duas terapêuticas: uma delas, psicanalítica, privilegia a exploração do inconsciente e é do âmbito da fala. A outra, orgânica, trata a doença. Essa posição tende a assimilar a psicanálise de uma medicina psicossomática e se traduz no plano técnico por um questionamento da duração canônica dos tratamentos e sessões e por uma revisão da teoria da sexualidade.

A terceira corrente, a Ego Psychology, é a mais representativa desse pragmatismo adaptativo forjado essencialmente pelos emigrados desejosos de se integrarem à sua nova terra prometida. É mais próxima da doutrina clássica de Freud do que o culturalismo, embora proceda a uma revisão completa da segunda tópica. Sabemos que, em 1923, Freud reafirma o primado do inconsciente sobre o eu e introduz a noção de pulsão de morte, que subverte a organização das outras pulsões. O eu, instância recalcadora, está inscrito no isso e exprime a ideia de uma força desconhecida que age à revelia dos sujeitos. Ora, os adeptos da Ego Psychology — Rudolph Loewenstein, Ernst Kris, David Rapaport, Erik Erikson e, sobretudo, Heinz Hartmann — defendem uma posição que vai na direção contrária ao descentramento do eu.

Nascido em Viena, Hartmann pertence, embora não seja judeu, à grande tribo dos emigrados da Europa Central obrigados a fugir de seus países e mudar diversas vezes de língua, diplomas e cultura. Analisado a princípio por Sandor Rado, depois gratuitamente por Freud, passa algum tempo em Paris antes de desembarcar para sempre nos Estados Unidos, onde publica suas obras. Lá conhece Rudolph Loewenstein, judeu exilado da Polônia e de Berlim que foi um dos membros fundadores da Sociedade Psicanalítica de Paris, em 1926. Por sua vez, David Rapaport conhece um itinerário igualmente tumultuado. Judeu húngaro, aos 20 anos dirige o movimento sionista e faz estudos de matemática e física na Universidade de Budapeste. Emigra em seguida para a Palestina, onde permanece dois anos antes de voltar a seu país para liderar um grupo de jovens. Faz então uma análise sem tornar-se médico e, em 1938, exila-se nos Estados Unidos.

Aos olhos dos teóricos da Ego Psychology, o eu emancipa-se ao controlar suas pulsões primitivas. Adquire sua independência face à realidade exterior. Entretanto, a autonomia permanece relativa: do lado das pulsões, o eu busca uma garantia contra a escravidão do meio ambiente; do lado do meio ambiente, reivindica as mesmas garantias contra as exigências do isso. A adaptação do eu à dupla coerção do isso e da realidade passa por um meio-termo que proporciona o equilíbrio necessário ao desenvolvimento da vida humana. Mas se o eu tende a ajustar-se para realizar sua autonomia, a identificação deixa de ser um processo inconsciente para se tornar um modo imitativo de comportamento. A teoria da sexualidade sofre, por sua vez, uma distorção singular: reinvestida na sublimação, a libido propicia uma dessexualização das pulsões agressivas. Quanto mais "forte" o eu, mais ele fortalece seu quantum de energia neutralizado. Quanto mais "fraco", menos age a neutralização. A Ego Psychology apoia-se então numa recusa da pulsão de morte, que é acompanhada de um recentramento do inconsciente sobre a consciência e da sexualidade sobre suas formas derivadas. Mediante a relação transferencial, o terapeuta ocupa o lugar desse eu forte com o qual o paciente quer se parecer para adquirir a autonomia de seu eu. No tratamento, a revisão ego-psicológica traduz-se por um privilégio concedido à análise das resistências em detrimento da interpretação dos conteúdos.[5]

Dessas três correntes, o culturalismo é aquela que apresenta uma profusão maior de movimentos dissidentes e cisões.[6] Isso nada tem de espantoso. Fundado numa recusa do universalismo freudiano e numa abordagem dos diferentes sistemas culturais, o culturalismo era logicamente levado a rejeitar o internacionalismo da IPA, que não passa da expressão política desse universalismo. Ao contrário, nos Estados Unidos a Ego Psychology é a corrente em que melhor se personifica o ideal de integração pragmática característica da IPA. Com efeito, a partir de 1925, esta impõe a todas as sociedades que a compõem uma rigorosa observância a um conjunto de regras que define a formação dos analistas. Por outro lado, aceita amplamente a pluralidade das doutrinas. Poderíamos nos divertir dizendo que ela funciona tendo a Ego Psychology como modelo. Preconiza a autonomia de todos, ao mesmo tempo em que proporciona a todos uma garantia contra as agressões externas ou os desvios internos: pluralidade de um lado, normalização do outro. Assim, o culturalismo seria uma corrente através da qual a emigração europeia teria levado ao continente americano um pensamento da dissidência, ao passo que a Ego Psychology seria uma formação de compromisso permitindo a essa mesma emigração conquistar, nem que fosse por uma autonomia de fachada, um ideal de integração. Em virtude de sua rivalidade com Melanie Klein, no seio da British Psychoanalytical Society, Anna Freud defendeu na IPA a corrente da Ego Psychology, que, por sinal, não era alheia à sua concepção do eu e dos mecanismos de defesa. Entretanto, a tese da autonomia nunca se internacionalizou, permanecendo uma expressão puramente norte-americana do neofreudismo de emigração. Ao contrário, a escola kleiniana conquistou o mundo (mas não os Estados Unidos), a ponto de se tornar a corrente predominante nas sociedades psicanalíticas latino-americanas filiadas à IPA. Esta tenderia a dar crédito à tese segundo a qual a Ego Psychology é menos uma disciplina individual do que uma "revisão" circunstancial.

Freud sabia muito bem que não estava levando a peste para os Estados Unidos. Evoca sempre com grande emoção a lembrança do velho Putnam, que lhe permanecera fiel a despeito das divergências. No fim dos anos 30, quando se implantou solidamente do outro lado do Atlântico um freudismo que se lhe tornara estranho, ele não hesitou em gritar alto e forte que os norte-americanos haviam transformado "a psicanálise em empregada faz-tudo da psiquiatria".[7] Mas sua maior revanche em relação à terra prometida foi a redação de um perfil psicológico do presidente Wilson, escrito entre 1932 e 1938, com a colaboração de William Bullit.[8]

Freud não perdoava ao presidente norte-americano o tratado de Versalhes, que destruíra os velhos impérios, e mostrou em seu livro que aquele louco furioso recortara a Europa sem conhecer nada de geografia, podendo, dessa forma, em nome de seu delírio messiânico, tornar-se o artífice de uma nova guerra. Freud não estava enganado. E como não ver em tal evocação da loucura no poder o temível fantasma dessa poderosa psicanálise norte-americana, que, após ter digerido a cultura europeia, quis impor ao mundo a imagem de uma doutrina mumificada?

3 Histórias

Entrevista a Philippe Sollers

Sobre a *História da psicanálise na França*

Philippe Sollers: Como lhe ocorreu a ideia de escrever esse livro? E por que esse subtítulo estranho: *A batalha de cem anos*?

Elisabeth Roudinesco: Sempre tive vontade de escrever a história da psicanálise na França, por razões que provavelmente devem-se à minha própria história ou ao meu "romance familiar". Estabeleci o subtítulo antes de haver escrito o livro por uma série de associações de ideias. Era preciso uma periodização e escolhi o ano 1885, data em que Freud vem à Salpêtrière encontrar Charcot. Já nesse ano, a histeria recebeu uma descrição original. Ao calar a etiologia sexual, Charcot desvencilhou-a da presunção uterina, não obstante clara a seus olhos, e Freud reintroduzirá uma nova definição da sexualidade humana a partir da noção de neurose histérica. 1885 também é o ano da morte de Victor Hugo, ocorrida em 22 de maio. A República dá ao acontecimento uma amplitude excepcional e os funerais nacionais, gigantescos e delirantes, representam uma oportunidade de operação política: selar a união sagrada do povo e do governo contra os monarquistas ainda poderosos e contra os *comunnards* vencidos, que haviam sido anistiados. Mas esses funerais também servem para sacralizar Hugo num papel de escritor oficial. Eis por que, nesse dia, enterra-se com ele a parte oculta, perigosa e misteriosa de seu personagem, a que diz respeito ao sexo e à loucura. A imprensa menciona sua hostilidade aos proscritos, mas mantém um silêncio completo sobre "a loucura histérica" de sua filha Adèle e sobre o episódio das "mesas falantes" durante o exílio em Guernesey.

É possível comparar o personagem de Charcot ao de Hugo, pois o ensino na Salpêtrière é um pouco a parte oculta de Hugo que retorna à cena pública. Adèle Hugo poderia ter sido tratada por Charcot ou Freud. Morreu num asilo em idade avançada, deixando um diário da estirpe dos grandes textos que tanto fascinam os alienistas. Como Hugo, Charcot será mumificado e tornado grotesco. Por outro lado, não é um acaso Maupassant ter comparado a Comuna de Paris a uma crise de histeria na época em que assiste às demonstrações da Salpêtrière. Nesses anos a palavra "histeria" é carregada, na França, de uma violência política e sexual que marca o limiar de uma nova "modernidade".

O encontro entre Freud e Charcot é realmente extraordinário e permanecerá ativo em toda a história da introdução da psicanálise na França. De 1885 a 1981, data da morte de Lacan, incluindo o a posteriori dessa morte, são praticamente cem anos. Isso explica a periodização. Mas por que a batalha? Eu tinha na cabeça dois livros, *O domingo de Bouvines*, de Georges Duby, e *A estrada de Flandres*, de Claude Simon. O primeiro é um romance escrito por um historiador e o segundo é a História contada por um romancista. O relato de Duby narra uma batalha ocorrida em 1214 e põe em cena a origem de uma lenda através do arsenal de todos os símbolos do heroísmo: estandartes, trombetas, armaduras, chefes prestigiosos etc. Para nossa modernidade, o episódio de Bouvines situa-se na Idade Média, isto é, no espaço imaginário da infância, o dos filmes hollywoodianos, em que nos apaixonamos por heróis de papelão e cenários enganadores. Para a história da França, é o relato de uma vitória célebre, mas cujo caráter estranho é apontado por Duby: com efeito, uma batalha não é a guerra, mas o contrário da guerra, um procedimento de paz. Ela deve mostrar de que lado está o bem, de que lado está o mal, por quem Deus toma partido. Paradoxalmente, essa escrita da história funciona como uma interpretação psicanalítica da história. Duby reabilita o episódio da mesma forma que Freud reabilitou a lenda ao escrever, com seu *Moisés*, um romance histórico. O episódio de Bouvines é a ponta do iceberg cuja parte imersa o historiador reconstrói: o método é freudiano.

A estrada de Flandres é o contrário do texto de Duby. Para a modernidade francesa, é a história de sua maior derrota, a de 1940. Esse desastre é também o "caos íntimo da memória", na qual um herói, que nada mais tem de heroico, revive, a posteriori, seu passado e o desmoronamento de uma ordem social.

Esses dois livros me sugeriram que a história da psicanálise podia ser contada como um romance histórico, a partir de suas batalhas, isto é, de suas vitórias e derrotas, e que nele devíamos encontrar ao mesmo tempo o espaço da lenda, com seus heróis e seus estandartes, e o espaço do "recalcado", com seu "caos íntimo da memória", diários íntimos, destinos significantes, arquivos perdidos etc.

PS: Em diversas ocasiões você faz alusão ao tecido literário francês e europeu. O que acha dos "cruzamentos" entre escritores e psicanálise na França (Bataille, Leiris, Queneau, Artaud)?

ER: Nesse primeiro volume, não abordei a introdução da psicanálise na França conforme o que habitualmente se chama de "via literária". Em contrapartida, falei dos tratamentos dos escritores que foram analisados por fundadores do movimento psicanalítico francês. Em todo caso, uma coisa é certa: a partir de 1920-22, o conjunto da intelligentsia francesa passa a se interessar pelas teorias de Freud, seja para rejeitá-las, seja por curiosidade, seja para nelas detectar uma descoberta revolucionária. A partir daí, todos os cruzamentos são possíveis. Existe uma "moda" do freudismo nos salões e na imprensa como há uma "moda" do relativismo (Einstein). Esta não tem muita coisa a ver com o teor de uma doutrina científica, mas é o sintoma de que essa doutrina não é desconhecida e começa a se introduzir nas maneiras de pensar de uma época. Falou-se muito, e eu mesma pensei nisso, que os escritores franceses haviam reconhecido o valor da descoberta freudiana antes dos círculos médicos e que a haviam popularizado sem chauvinismo nem conservadorismo. Isso é verdade, mas com a condição de sabermos que toda resistência a uma doutrina mostra que esta "progride" e que é, portanto, reconhecida, nem que seja pela negativa. De maneira que a aceitação do freudismo pelos círculos literários vai de par com a resistência que lhe opõem outras esferas, e mais particularmente a esfera médica. Em todos os casos, a batalha é travada, o terreno é desapropriado e a penetração das ideias freudianas é efetiva, sob formas divergentes. Não existe reconhecimento "correto" de uma doutrina, existem apenas "falsos" reconhecimentos ou visões deformadas em incessante movimento. A partir disso, convém distinguir no labirinto dos grupos e das revistas quem de fato se interessa pela psicanálise e para fazer o quê. Reciprocamente, convém indagar como os psicanalistas dessa época veem os escritores e como leem suas obras.

Para a primeira geração da Sociedade Psicanalítica de Paris, o problema parece muito simples. À exceção de Frois-Wittmann e Allendy, eles não compreendem nada da explosão "modernista" dos anos 20 e, quando se interessam pela literatura, é para fazer psicobiografia, de maneira honesta mas sem o talento especial que Freud demonstrou em sua compreensão das obras de arte do passado. Daí esses estudos de caso cujo modelo é o *Edgar Poe*, de Marie Bonaparte, onde nunca se trata de "texto", mas de psicologia do texto ou neurose dos autores.

Do lado dos escritores, faz-se necessário distinguir diversas orientações nos cruzamentos. No grupo da *Nouvelle Revue Française* (*NRF*), com Gide e Rivière, que são os primeiros a acolher Eugénie Sokolnicka, a importância das ideias freudianas é reconhecida. Elas são difundidas, comentadas. Antes disso, no *Le Mercure de France*, Apollinaire e Cendrars perceberam a importância de Freud. Há também as revistas cosmopolitas, *La Revue de Genève*, *Le Disque Vert*, que em 1924 publica um número especial dedicado a Freud, com artigos de psicanalistas, médicos e escritores. H.R. Lenormand escreve uma peça intitulada *Le mangeur de rêve* [O comedor de sonho], representada em Genebra em 1922. Albert Thibaudet, Jules Romain e, sobretudo, Romain Rolland, que fica amigo de Freud, se interessam pela nova doutrina, Jouve também.

Mas nada se iguala ao papel dos surrealistas, entre eles Aragon, Breton, Desnos, Soupault, Crevel etc., que, nessa época, compreendem não "a importância" das ideias freudianas, mas o caráter revolucionário da descoberta freudiana. Essa compreensão não é teórica; não se produz no campo da ciência, e o conceito de inconsciente veiculado pela experiência surrealista não é um conceito freudiano. A noção de escrita automática, tal como apresentada em 1919 em *Os campos magnéticos*, vem de Janet, e não de Freud. Mas pouco importa. O que os surrealistas são os únicos a captar é a irredutibilidade do inconsciente ao domínio da consciência, a estranha radicalidade dessa "outra cena surreal". Reconhecem essa descoberta porque questionam a própria noção de literatura, recusando-se a escrever romances ou poemas e a ser literatos. Dessa forma, sua escrita é atravessada pelo sopro da aventura freudiana, uma vez que impõem à posição de criador um descentramento pelo qual o pensamento não é mais a expressão individual de um sujeito que dele poderia dispor a seu bel-prazer, mas um "*automatismo psíquico puro*". São igualmente os surrealistas que celebram em 1928 o cinquentenário da histeria, numa época em que o ensino de Charcot achava-se completamente pulverizado na França.

O paradoxo dessa história é que Freud não compreende o que querem os surrealistas porque seu campo de batalha não é o mesmo que o de Breton e seus amigos. Freud procura implantar sua doutrina na França com a ajuda de discípulos que formam uma sociedade de psicanálise. Faz concessões, mas não firma nenhum compromisso, como mostra sua correspondência com Laforgue. Freud é um cientista e não compreende o sentido da revolta surrealista. Isso nada tem de espantoso. No fundo, em 1919-21,

Breton e os surrealistas redescobrem o inconsciente freudiano de *A interpretação dos sonhos*, o original dos anos 1895-1900. A experiência dele é uma espécie de autoanálise. Mas, no momento em que Breton visita Freud, este está em vias de se afastar dessa primeira etapa de sua descoberta e elaborar sua segunda tópica, daí o diálogo de surdos entre os dois homens.

Freud equivoca-se em relação ao Surrealismo, que associa a uma escola de arte e não a um projeto de revolução cultural. Breton equivoca-se sobre Freud porque imagina que este pode compreender a recusa surrealista ao confinamento do criador na arte. O debate que Breton trava com Freud é da mesma natureza do que travará com o Partido Comunista Francês: repousa no mesmo equívoco. Quanto a Aragon, ao contrário de Breton, sua instalação definitiva nas fileiras do partido corresponde a uma transformação completa de seu itinerário de criador; ele abandona o Surrealismo porque quer escrever romances e voltar a um certo "classicismo" literário, que é um dos componentes de sua escrita. Nunca compreenderemos a fidelidade de Aragon ao partido se a reduzirmos a seus aspectos puramente políticos. Em sua "ética da fidelidade", há uma espécie de "religião do estilo", que convém traduzir não como uma covarde obediência, mas como uma submissão a significantes fundamentais. Sem essa submissão não há escrita. Ora, ela existe também em Breton, cuja ética da fidelidade consiste em nunca abandonar o projeto de revolução surrealista que estrutura seu estilo de escrita.

Existem nessa época outros cruzamentos entre os escritores e a psicanálise. Esta implanta-se igualmente através dos tratamentos, uma vez que alguns intelectuais submetem-se a análise. É o caso de Bataille, Leiris, Queneau, Crevel e até mesmo Gide, que faz algumas sessões com Eugénie Sokolnicka. De uma maneira geral, recorrem à análise como meio terapêutico e não como aventura intelectual, ainda que, por outro lado, a descoberta freudiana os fascine. Breton inclusive não cogita fazer análise, e isso porque provavelmente a revolução freudiana o fascina mais que aos outros. A esse propósito, há uma analogia entre a trajetória de Aragon e a de Breton em suas respectivas relações com o freudismo. Nenhum dos dois pensa em passar pelo divã e não é impossível que em suas respectivas fidelidades, um ao Surrealismo, o outro ao partido, essa não passagem pela análise tenha um sentido. Podemos considerar isso como uma hipótese. Decerto, no início eles não sentiram a mesma "necessidade terapêutica" que outros, embora Aragon evite por um triz um suicídio bem-sucedido.

Mas a adesão de ambos a uma "ética da fidelidade" tem o sentido de uma análise sem fim. Em outros termos, a relação que eles mantêm, um com o projeto surrealista, o outro com o partido, pode comparar-se a uma relação transferencial indestrutível. Ambos sentem necessidade de um *ponto fixo* que estruture a possibilidade da escrita. Outros escritores encontram esse ponto fixo alhures, em outros significantes.

Há casos em que o tratamento é dissociado da aventura representada pelo freudismo, outros não. Assim, Leiris vai fazer análise com Borel por razões pessoais e utiliza a técnica das associações livres como técnica narrativa. Poderia tê-lo feito sem passar por um divã. Em outras palavras, a passagem pelo divã é uma coisa e a criação literária, outra. Elas não se recortam necessariamente. Às vezes sim, às vezes não. O caso de Bataille é exemplar.[1] Numa curta nota autobiográfica, ele escreve que sua análise com Borel teve um resultado decisivo. Ela pôs fim aos infortúnios e fracassos com os quais ele se debatia, mas não a uma violência intelectual que irá perdurar a vida inteira. Convém lembrar que Freud não gostava de analisar artistas. Ele os qualificava de adeptos do princípio de prazer e sabia que detinham um "conhecimento espontâneo" do inconsciente. Abriu uma exceção para Mahler, num dia de 1910, durante um passeio de quatro horas pelas ruas de Leyde, quando o compositor revelou uma fixação infantil pela mãe que o fazia claudicar porque ela mancava, embora ele não tivesse nenhuma deficiência física. Essa análise é extraordinária, uma vez que, em poucas horas, Freud traz à tona uma história de prenomes e interpreta o sentido da repetição de uma pequena frase musical ouvida na infância.

Quanto a Antonin Artaud, suas relações com a psicanálise ou a descoberta freudiana são menos importantes em seu itinerário do que seus laços com o discurso psiquiátrico. Artaud recusa-se a fazer uma análise com Allendy, que tenta seduzi-lo, mas desde a infância sua história confunde-se com a da evolução do saber e das técnicas psiquiátricas. Conheceu todas as etapas dessa evolução, em seu corpo como "doença mental", em sua obra como escritor "louco" reivindicando sua loucura. Nos cruzamentos, há em primeiro lugar Édouard Toulouse que, por volta de 1920, julga-o sifilítico, aplica-lhe injeções e contrata-o como colaborador na revista *Demain*, cuja publicação dirige. Em seguida, durante a Segunda Guerra, em Rodez, é tratado por Gaston Ferdière, que testa nele a técnica, então recente, dos eletrochoques. Em 1925, no grupo surrealista, dá um impulso particular às proclamações coletivas, redigindo suas famosas cartas ao papa, às escolas budistas e ao dalai-lama. A "Carta aos médicos-chefes dos asilos de loucos" é inspirada por Artaud e redigida coletivamente. Ela consolida o caráter genial das manifestações de determinados loucos e a legitimidade absoluta de sua concepção da realidade e de todos os atos daí decorrentes. Nesse ano, é criado o grupo da Évolution Psychiatrique, no qual se produz uma revisão do saber psiquiátrico francês. As posições de Artaud e dos surrealistas não apenas estão "na dianteira" em relação a essa revisão como diferenciam-se dela em virtude de proporem falar da loucura a partir da própria loucura e de sua vivência, isto é, a partir do primado do inconsciente sobre a consciência, ao passo que os representantes da nova psiquiatria falam da loucura a partir da razão, numa ótica profilática. Mais uma vez percebemos a diferença entre os diversos modos de penetração das ideias freudianas na França.

PS: O "caso" Marie Bonaparte. Cada vez mais sintomático, não acha? Em que pé estamos, na sua opinião, na apreciação de sua análise com Freud? Que alcance atribuir à sua paixão cirúrgica? Seu organicismo é ou não distinto, e como, do organicismo de Freud?

ER: O ano de 1982 deveria ter sido, para a comunidade psicanalítica francesa, o de Marie Bonaparte, por ser o aniversário do centenário de seu nascimento. Ora, é forçoso constatar que essa comunidade, incluindo todas as tendências, não se interessa mais em absoluto pela princesa, ao passo que as outras damas do movimento são sempre alvo de homenagens: Melanie Klein à frente, Lou Andreas-Salomé e, mais recentemente, Sabina Spielrein, que foi redescoberta. Nada disso aconteceu com Marie Bonaparte. Naturalmente, conhecemos o célebre livro sobre Poe, sabemos que ela traduziu a obra de Freud e que o salvou dos nazistas, que influenciou decisivamente o movimento francês durante sua análise e, por fim, que desempenhou papel determinante na cisão de 1953 contra Lacan. Mas a obra de Marie Bonaparte, seu personagem real e seu papel exato no entreguerras foram simplesmente apagados da memória dos analistas. Sabemos quem ela é, mas ignoramos o que fez e o que escreveu. Os únicos analistas que ainda falam de Marie Bonaparte têm certa idade. Eles a conheceram, falam de bom grado do passado, mas, no conjunto, nenhum deles realmente leu suas obras. Não é por ignorância, mas porque essas obras, como de resto as dos fundadores do movimento francês, não se impuseram como tais. Esta é uma das teses fundamentais de meu livro: não houve na França, no entreguerras, discípulos de Freud da envergadura de um Ferenczi, de um Jones, de um Rank etc. Houve diversos personagens muito interessantes, mas nenhum deles se impôs por uma obra teórica sólida ou um ensinamento duradouro. Marie Bonaparte faz parte dessa configuração. Já contei longamente sua história, além de comentar suas obras, e preferi fazer dela um personagem de romance, uma vez que sua vida é um romance e que seu encontro com Freud parece um conto de fadas. Marie é a história da busca apaixonada e impossível por uma identidade de mulher. Eis por que a comparei a Milady de Winter, por suas intrigas, a Emma Bovary, por seus infortúnios, e às heroínas das irmãs Brontë, pelo lado sombrio de seu romance familiar.

Você coloca a questão da "paixão cirúrgica" a respeito de Marie Bonaparte e tem razão em levantar esse problema. Marie Bonaparte já é apaixonada pela cirurgia antes de sua análise com Freud. 1924 é um ano capital na sua história. Há a morte de seu pai e a redescoberta dos *Cahiers*, mas também a obsessão por sua própria frigidez, que ela julga intolerável. Tem 42 anos, é uma princesa mundana e rica, cuja vida sexual é um pesadelo e cuja vida simplesmente não faz nenhum sentido. A busca de uma "impossível" feminilidade vai de par com a procura de uma grande causa para defender, uma causa revolucionária como a que seu tio-bisavô defendera na ponte de Arcoli. Ela a descobrirá em seu encontro com Freud. Porém, em 1924, é pela via da cirurgia que ela julga encontrar uma solução para o problema da frigidez das mulheres. Nessa data, publica um artigo sob o pseudônimo Narjani, no qual se faz propagandista das teorias de um professor vienense que não se chama Freud, mas Halban.

O professor é ginecologista e a operação que ele preconiza consiste em aproximar o clitóris do meato uretral a fim de devolver às mulheres consideradas "frígidas" suas capacidades orgásticas. Narjani assegura que os resultados são positivos. Hoje em dia, esses experimentos fazem sorrir, mas na época eram considerados com certa seriedade científica. Marie acredita nas bases da cirurgia contra a frigidez na medida em que se fundamenta numa ideia mítica, típica da própria feminilidade, segundo a qual existia uma possível transferência da capacidade orgástica do clitóris para a vagina. Marie desloca para o real do corpo um imaginário tipicamente feminino numa época em que Freud realiza uma trajetória inversa, que consistiu em desvencilhar a histeria da presunção uterina, depois em diferenciar o genital do sexual. A despeito de sua análise com Freud, Marie inverterá a teoria psicanalítica da sexualidade no que se refere a uma tipologia dos instintos biológicos, preconizando ao mesmo tempo a intervenção cirúrgica e o tratamento pela fala como solução para o enigma da sexualidade feminina.

Em todo caso, 1982 foi o ano de Marie Bonaparte. Célia Bertin acaba de publicar uma biografia, intitulada *La dernière Bonaparte*,[2] que tem o grande mérito de dar acesso pela primeira vez a documentos inéditos, principalmente o diário íntimo e a correspondência. Há também um trabalho não publicado, mas notável, que veio à luz em 1982: a tese de Jacqueline de Mitry, em parte dedicada aos *Cahiers de petite fille* da princesa. Marie escreveu-os ainda criança: os quatro primeiros são em inglês e o quinto em alemão. Reencontrou-os após a morte de seu pai, em 1924, depois de havê-los completamente esquecido. Fez com que Freud os interpretasse durante sua análise: anotou os comentários dele, depois acrescentou os seus e mandou publicar o conjunto numa edição de autor. Esse documento constitui um depoimento direto sobre a prática freudiana da análise e principalmente sobre a maneira como Freud exercia seus talentos de clarividência na supressão de um recalcado arcaico.

Em seu próprio corpo, a princesa é marcada pela paixão da cirurgia, paixão que é um verdadeiro pesadelo. Em 1924, sofre a ablação de um quisto do ovário, depois manda corrigir os seios e, finalmente, no início de 1925, retifica pela terceira vez uma cicatriz no nariz, que a desagrada.

Após sua entrada em análise, que ocorre em língua alemã e às vezes em inglês, experimenta em si mesma a operação Narjani-Halban. Em abril de 1927, na presença de Ruth Mack-Brunswick, submete-se a essa intervenção em Viena, numa clínica chamada Loew. O nome desse lugar não é destituído de importância em seu imbróglio pessoal e psicanalítico, remetendo a Rudolph Loewenstein, membro fundador da Sociedade Psicanalítica de Paris, que tem o apelido de "Loew" e é seu amante. Também remete à palavra inglesa "*love*". O inglês e o alemão são as duas línguas dos *Cahiers* e do tratamento. Mais tarde, em 1932, quando não está em Viena e sente necessidade de falar, é com o mesmo Loewenstein que realiza fragmentos de análise, com o assentimento de Freud. Essa situação é ainda mais complicada, na medida em que Loewenstein aceitou receber em análise, a partir de 1930, o filho de Marie, Pedro da Grécia, que tem ciência do caso deste com sua mãe. Em todo caso, é no início de 1930 que decide ser operada uma segunda vez para pôr fim à frigidez. Em abril, consultou

Halban e se queixou da persistência de uma sensibilidade clitoridiana que se manteve a despeito da primeira intervenção. Dessa vez, Halban preconiza uma intervenção sobre o clitóris acompanhada de uma histerectomia. A operação não foi realizada na clínica Loew, mas em Paris, também na presença de Ruth Mack-Brunswick.

Todos esses detalhes, que não constam do meu livro, tornaram-se agora públicos com a biografia de autoria de Célia Bertin. Ainda que sejam chocantes para os bons costumes analíticos, não é mais possível o historiador e a comunidade psicanalítica silenciarem sobre eles.

Eles trazem um esclarecimento indispensável à compreensão do papel de Marie Bonaparte na história do movimento psicanalítico francês. Explica, apenas em parte, o apoio que ela dá aos representantes da análise médica em 1953, e isso a despeito de sua luta em favor da análise leiga (praticada pelos não médicos). A paixão cirúrgica da princesa resulta, no domínio da política da psicanálise, na adesão aos ideais da medicina, mesmo quando ela parece defender ideais contrários. Em seus textos de aspecto teórico, escondeu cuidadosamente o que registrou em seu diário, ao qual Célia Bertin teve acesso. Escondeu que aplicava em si mesma o que preconizava para os outros. Mas a leitura de suas obras não deixa nenhuma dúvida quanto às suas atividades reais. Na realidade, seus textos teóricos não são obra de uma teórica no sentido de que a teoria, para ser verdadeira, deve ser distinta dos afetos do autor. As teorias de Marie Bonaparte sobre a sexualidade feminina são a simples tradução de um vivido pessoal dramático. Daí a pobreza de sua obra em comparação com a importância de seu personagem. É provavelmente em virtude desse imbróglio, em que se acham misturados sexo, cirurgia e psicanálise, que a leitura dos textos de Marie Bonaparte remete a alguma coisa da ordem de um "horror" dificilmente contornável. Digo "horror" porque a tragédia de uma mulher que se mutila, quando não foi criada numa sociedade em que a marcação do corpo faz parte de um ritual ancestral, tem alguma coisa de insuportável que confina com a loucura. Creio que essa parte obscura e ao mesmo tempo evidente das atividades de Marie Bonaparte não pode senão incomodar, ainda nos dias de hoje, ao conjunto da comunidade psicanalítica francesa. E por todos os motivos, visto que ela não foi analisada por um obscuro guru, mas pelo próprio Freud.

Podemos, evidentemente, nos perguntar por que Freud não conseguiu "curar" Marie de sua paixão pela cirurgia ou pelos hormônios. Mas antes de nos interrogarmos dessa maneira, convém insistir num fato de que estou convencida: por meio do tratamento, Freud certamente evitou que a princesa cometesse "loucuras" ainda mais radicais que a cirurgia, impedindo passagens a atos mais graves para a sua vida e a de seus próximos. Vista sob esse ângulo, a análise de Marie não é um fracasso nem um êxito. Como todas as análises conduzidas por Freud, é em primeiro lugar uma soberba aventura e não existe aventura digna desse nome sem perda, sem derrota. A análise de Marie é um êxito no domínio do desvelamento de um recalcado arcaico. Tem como consequência um fracasso no domínio do "desabrochar" de uma identidade feminina. Freud explicou-se em parte sobre essa questão ao mostrar que as mulheres analisadas por ele conservavam um laço com o pai que as impedia de terem acesso à fase pré-edipiana do laço com a mãe, e que as mulheres analistas ofereciam às suas pacientes, ao contrário dele, uma transferência possível sobre um substituto de mãe apropriado. Ora, Marie Bonaparte, que perdeu o pai meses após o início de sua análise, e cuja mãe morreu ao dá-la à luz, sofrerá os efeitos contratransferenciais da posição paterna de Freud. Nunca conseguirá libertar-se de uma identificação arcaica com a mãe morta e, mais genericamente, com a figura da *mulher morta*, donde a manutenção da paixão cirúrgica como solução, na realidade do corpo, para um acesso impossível à castração. Porém, paradoxalmente, a posição de Freud na relação torna possível a interpretação magistral dos *Cahiers* de infância e faz surgir, através dessa escrita arcaica, os significantes fundamentais do destino da princesa. Em outros termos, a análise da princesa é absolutamente especial, uma vez que atualiza um confronto entre diversos registros de um vivido íntimo: o passado e o escrito dos *Cahiers*, o atual da fala e o, de certa forma, "atemporal" da interpretação de Freud, à qual ela acrescentará seu próprio comentário para publicação. O tratamento da princesa é ao mesmo tempo a *Traumdeutung* e o conto de fadas; é também o encontro de Barba Azul e de Pele de Asno, do horror e da beleza, da morte e do nascimento, do heroísmo e da perversão. A situação dos dois protagonistas engendra um laço indissolúvel em que a mutilação ocupa lugar central. Há na paixão cirúrgica de Marie uma espécie de réplica mórbida ao espetáculo oferecido por um velho carcomido pelo sofrimento. Não nos esqueçamos de que a análise de Marie vai de 1925 a 1938, isto é, durante um período em que Freud sofre diversas operações cirúrgicas em virtude de seu câncer no maxilar. É num terreno minado de ambos os lados pelo desafio cirúrgico que esses dois personagens se encontram. O lugar ocupado pela cirurgia, nesse tratamento, é certamente inanalisável: de um lado, uma princesa retira inutilmente o útero julgando tornar-se mulher; de outro, um velho luta contra a progressão da doença por uma série de amputações, não "inúteis", mas necessárias a essa sobrevida que lhe permitirá terminar sua obra.

Em sua juventude, Freud chamava a noiva de "sua" princesa. Era um romance de amor, a princípio casto e seguido depois pelo casamento e a procriação. Em sua velhice, encontra outra princesa, "sua" princesa. Seu amor não se consuma na carne, mas a carne é fustigada e o sangue debilitado. Uma paixão comum pelo sexo une esses dois personagens, uma paixão incestuosa que só encontra solução mediante uma fetichização partilhada, uma troca constante de objetos roubados, dados, salvaguardados dos nazistas etc. Essa paixão em torno de um objeto fetiche confunde-se com a morte e, sobretudo, com a imortalidade: o corpo de Freud será cremado na presença de Marie e suas cinzas recolhidas num vaso grego que ela lhe dera de presente.

Essa presença de Marie na cremação de Freud lembra a presença de Ruth Mack-Brunswick nas operações de Marie. Presença de uma mulher, corpo supliciado, fascinação pelos cadáveres. Marie Bonaparte é fascinada pela morte, sente atração por aqueles que perpetram a morte, os criminosos. Nunca desistirá de suas investigações cirúrgicas. Em 1941, no Egito, ainda realiza pesquisas com o professor Mahfur Paxá, que lhe explica as técnicas de excisão.* Ela admite em análise mulheres mutiladas na esperança de descobrir um "segredo de polichinelo", isto é, uma explicação anatômica para a diferença dos sexos, acerca da qual sabemos ser irredutível à simples anatomia. Em nossos dias, Marie Bonaparte teria sido uma "especialista" em matéria de transexualismo.

PS: Incessantemente, e isso é lógico, você volta à questão do antissemitismo latente ou proclamado da comunidade francesa. Em sua opinião, quais foram as marcas mais importantes dessa paixão?

ER: No fim do século XIX, o fato essencial é evidentemente o caso Dreyfus. Ora, esse acontecimento é capital para a implantação das ideias freudianas na França, mas não como poderíamos pensar à primeira vista. Convém fa-

* Excisão: ver nota na página 41.

zer um desvio pelo saber psiquiátrico. Na época em que acontece o caso Dreyfus, a forma "moderna" do antissemitismo acha-se consolidada. Não se trata mais de um antijudaísmo à moda antiga, religioso, mas de um antijudaísmo convertido em "antissemitismo", daí seu nome, que repousa na ideia falsamente científica da pretensa desigualdade entre raças ou nações. É um racismo no sentido literal. Ora, esse não igualitarismo existe no saber psiquiátrico sob a forma da doutrina conhecida como "hereditariedade-degenerescência". Esta submete a análise dos fenômenos patológicos à hereditariedade, isto é, à "raça". Esses fenômenos são assimilados a "taras", que têm como consequência provocar a "queda" do homem na degenerescência e a queda da nação na decadência. No momento em que explode o caso Dreyfus, no a posteriori do ensino de Charcot, a hereditariedade, a degenerescência e o antissemitismo fazem parte de uma mesma configuração. Denominei *inconsciente à francesa* e não inconsciente francês, expressão equívoca, essa configuração que se encontra ao mesmo tempo em Léon Daudet e na psicologia das massas de Gustave Le Bon. Ela veicula um "ódio" às massas e à revolução com as características de um racismo. As massas são designadas como histéricas, degeneradas, instintivas, hipnotizáveis etc. Nesse vocabulário herdado da Salpêtrière, o tema da queda e da decadência sifilítica é dominante. Nas franjas dessa configuração, ao mesmo tempo contra ela e em seu âmbito, constitui-se, com Janet e Binet, a psicologia moderna higienista e profilática. Ela opera uma ruptura com Taine e a problemática da raça, mas não transpõe a barra da descoberta freudiana, particularmente no que se refere à sexualidade, quando permanece tributária dos velhos esquemas da patologia hereditária.

A partir desse eixo da hereditariedade-degenerescência, dois caminhos radicalmente antagônicos irão desenhar-se: um toma a degenerescência ao pé da letra e resulta na noção de uma queda da humanidade em seus instintos. Desemboca então no eugenismo e no genocídio: contra o mal radical, a solução radical; seleção de um lado para preservar a raça "boa", eliminação de outro para exterminar a raça "ruim". O outro caminho é higienista e progressista; propõe-se a combater as taras e a patologia mediante a profilaxia, a pedagogia e a reeducação das almas e dos corpos. Em suma, desenvolve, contra a queda, a ideia de uma redenção do homem pela ciência. É esse o caminho percorrido pela psiquiatria no momento em que desmorona a velha doutrina da hereditariedade-degenerescência. O grupo da Évolution Psychiatrique, formado em 1925, é fruto dessa concepção higienista do saber psiquiátrico. Eis por que esse grupo adota determinadas ideias de Freud; este questionou precocemente a noção de substrato hereditário e, principalmente, nunca aceitou os ideais da raça e do não igualitarismo. Em todo caso, sua teoria da sexualidade provoca escândalo porque nela o sexo não se confunde mais com um catálogo das perversões, como em Krafft-Ebing; torna-se o lugar-comum da condição humana. Paradoxalmente, critica-se o pretenso pansexualismo freudiano por não ser o que se gostaria que ele fosse: uma visão não igualitarista de um instinto reduzido à patologia.

Nos anos 20, no momento em que a doutrina freudiana é reconhecida como tal, o antissemitismo francês muda de fisionomia. Dreyfus é reabilitado e os antigos ideais da queda desmoronam. Com Maurras, o antissemitismo converte-se numa visão racionalista e cartesiana da humanidade, na qual o não igualitarismo é repensado sob a bandeira de um "temperamento latino" cuja tarefa é combater todas as barbáries. Ora, o bárbaro, considerando a época, é menos o judeu do que o estrangeiro, é menos o judeu francês "israelita", cuja assimilação foi aceita, do que o judeu estrangeiro ou simplesmente o estrangeiro, sobretudo o alemão ou o polonês. Por esse viés, é a germanofobia que domina o antifreudismo à francesa entre 1920 e 1938. Não é como "ciência judaica", mas como "ciência boche" que a doutrina freudiana é recusada em bloco. Nesses anos, o fato de Freud ser judeu e vienense não é levado em conta. Ninguém se interessa, por exemplo, pelo fenômeno tão particular de sua judeidade vienense. A tendência é esquecer que Freud é judeu para enfatizar que suas ideias são alemãs, logo, "bárbaras" e incompatíveis com o pretenso "temperamento latino". Podemos então dizer que é sob o véu da germanofobia que um antissemitismo, não manifesto, mas recalcado, está presente na acolhida que é dispensada ao freudismo. Digo recalcado e não ausente porque sabemos muito bem que a xenofobia é da mesma natureza que o antissemitismo. Em ambos os casos trata-se sempre de combater um inimigo "hereditário".

Nesse aspecto, a implantação das ideias freudianas a partir de 1920 não se dá da mesma forma nos meios literários e no meio médico psiquiátrico. A franja da intelligentsia que se interessa pela psicanálise, incluindo todas as tendências, não é germanófoba. No conjunto, é ou pacifista ou revoltada. Em todo caso, fica horrorizada com a grande carnificina de 1914-18 (de Gide a Breton). Nos círculos médicos, onde são recrutados os primeiros discípulos de Freud, é diferente. Admite-se frequentemente a existência do "temperamento latino". Essa ideia é exclusiva da direita, uma vez que Anatole France se torna seu propagandista, mas veicula a concepção conservadora de uma possível superioridade de uma cultura sobre outra, de uma nação sobre outra. Isso explica por que o meio médico favorável às ideias de Freud (Hesnard, Claude, Pichon etc.) aceita a psicanálise com a condição de acrescentar-lhe um programa de afrancesamento e de criar a aberrante expressão "psicanálise francesa".[3] É nesse contexto que, a partir de 1926, a batalha da França é travada nos quadros da Sociedade Psicanalítica de Paris (SPP). Encontramos uma fração chauvinista, representada por Pichon, e uma fração internacionalista ou legitimista, representada por Marie Bonaparte e apoiada pela International Psychoanalytical Association, a IPA. A fração chauvinista perde a batalha, que é vencida pela fração legitimista. É no âmbito dessa configuração que se vê colocada a questão judaica, não direta mas indiretamente. Os chauvinistas não são antissemitas, no sentido de aderirem às teses clássicas do antissemitismo, mas o culto do "temperamento latino" é a marca registrada de um antissemitismo recalcado que não aflora e que se encontra no desvio de determinados textos que comentei em meu livro. Esse culto opõe os chauvinistas aos legitimistas sem com isso dividir a SPP em duas correntes, das quais uma seria pró-judaica e outra antijudaica. O problema não se coloca dessa forma, embora a questão judaica tenha sido o eixo recalcado dessas oposições.

Quanto a Freud, sua posição é exemplar. Nunca renegou a religião judaica, apesar de nunca ter sido crente. Nesse aspecto, não participou do sistema das conversões tão frequentes nos judeus vienenses de sua época (Karl Kraus, por exemplo). Com essa posição, permaneceu fiel à cultura de seu pai, embora, como ele próprio dizia, tivesse tido a possibilidade, por seus estudos, de ter acesso a outras culturas. Em seu encontro com Jung, procurou "desjudeizar" a psicanálise, designando Zurique, "cidade neutra", como centro do movimento, em vez de Viena. Fazia isso por razões "estratégicas", pensando que a universalidade de sua descoberta só seria reconhecida se conseguisse evitar que a psicanálise fosse qualificada como "ciência judaica". Ora, sabemos que, no início, foi como "ciência alemã" que ela foi recusada, não apenas na França, mas nos Estados Unidos durante e depois da Primeira Guerra. Após o rompimento com Jung, em 1913, Freud compreendeu que seu plano de desjudeização estava errado:

com efeito, se uma descoberta é científica, é também universal e não deve ser qualificada como característica de uma raça ou de um povo. Durante um brevíssimo momento, que é evocado por Jones e é a consequência da experiência dramática desse rompimento, Freud teve uma espécie de reação fanática e tentou, sem acreditar nisso de verdade, "rejudeizar" a psicanálise, o que faz tanto sentido quanto querer "desjudeizá-la", uma vez que ela não é nem judaica nem não judaica.[4]

Em seguida, foi com *Moisés e o monoteísmo*, publicado em Londres, em 1939, em plena expansão do nazismo, que ele reafirmou sua posição universalista. Esse livro é admirável, pois está à frente de seu tempo. É um grande livro político que permite, decerto pela primeira vez na história, apreender a gênese não do antissemitismo, mas de suas raízes inconscientes, o que não é a mesma coisa. Pois o antissemitismo recalcado não se manifesta da mesma forma que o antissemitismo admitido. É paradoxalmente menos virulento e menos repressivo, porém mais temível, porque silencioso e inconfessável. Por outro lado, ao fazer de Moisés um egípcio e esclarecer, por intermédio da psicanálise, o papel do ritual da circuncisão, Freud questiona a noção de povo eleito e suprime qualquer vínculo de sua descoberta com as teses do não igualitarismo... *Moisés e o monoteísmo* é um livro resolutamente moderno: permite pensar as novas formas do antissemitismo e do sionismo, surgidas a partir de 1945. É uma pena que esse livro não seja o livro de cabeceira do Estado israelense...

PS: Poderia esclarecer o papel desse personagem essencial que é Édouard Pichon?

ER: Pichon é coautor da famosa gramática de Damourette e Pichon intitulada *Das palavras ao pensamento*. É ao mesmo tempo gramático, pediatra, médico do serviço público, adepto da nova psiquiatria, psicanalista e membro da Action Française. É genro de Janet, sobrinho de Damourette e adepto de Maurras, a quem chama de "meu admirável mestre". Compreende de cara o sentido da descoberta freudiana, que abraça integralmente ao mesmo tempo em que tenta desmontá-la à sua maneira. Pichon é incontestavelmente genial e insuportável. Genial porque é o único dos fundadores da SPP a saber trabalhar a teoria e porque forjará uma parte da conceitualidade que será retomada por Lacan. Insuportável porque sua tentativa de fabricar uma "psicanálise francesa" encobre perpetuamente seu autêntico trabalho de inovador.

Apelidei-o de dr. Jekyll e Mr. Hyde por causa disso. Do lado Jekyll, Pichon ostenta uma crença na luminosidade da consciência e na universalidade da civilização ocidental. Do lado Hyde, empreende um trabalho "noturno" de metalúrgico que consiste em evidenciar o processo da negatividade na língua e as relações entre linguagem e inconsciente. Pichon é um fantástico teórico em sua obra gramatical. Sua obra psicanalítica fracassa em virtude de sua ancoragem no programa maurrasiano. É por isso que não se tornará um *maître à penser*, ainda que as ferramentas conceituais que forjou sejam úteis a Lacan, que assumirá essa posição de mestre, impossível de ser ocupada por qualquer um dos fundadores da SPP. Em todo caso, Pichon compreenderá antes de todo mundo, em 1938, a importância de alguém que vinha de outro mundo teórico e ideológico que não o seu. Estou convencida de que Pichon não teria soçobrado no colaboracionismo. Sua morte em pleno desastre é como o sintoma do desmoronamento dos valores que ele defendeu: é um "perdedor" da História.

PS: Seu segundo volume dará um espaço predominante, o que é normal, à vida e obra de Lacan. Quais são as dificuldades de análise histórica que você pressente?

ER: As mesmas dificuldades do primeiro volume. A genialidade de Lacan, e isso está claro desde o primeiro volume, reside em ter progressivamente construído seu ensino fazendo a síntese das correntes do entreguerras. O retorno a Freud, dos anos 50, que será dirigido contra a Ego Psychology, é permitido pela formação do jovem Lacan. Nunca é demais repetir que essa formação é clássica e ortodoxa. Clássica porque Lacan pertence ao grupo Évolution Psychiatrique e porque Clérambault, seu professor, faz parte da nova psiquiatria, apesar de sua marginalidade e do caráter inclassificável de sua obra. Ortodoxa porque, ao contrário da lenda que se impôs, Lacan foi analisado durante cerca de seis anos, em todo caso até o fim de 1938 e provavelmente a partir de 1932, isto é, como todo mundo da SPP. Foi analisado por Loewenstein, que integra a fração internacionalista. Retomará os conceitos pichonianos sem aderir ao chauvinismo, será hegeliano por intermédio de Kojève e, no fim de seu itinerário, será atravessado pela aventura surrealista. Lacan não é "surrealista", como disseram, não como Breton, mas o "modernismo" da experiência surrealista é parte integrante da síntese operada por sua obra. Em virtude dessa síntese, Lacan ocupará um lugar de guru, não ocupado dessa forma por outros. Eis por que todas as cisões, isto é, todas as batalhas do movimento, têm como centro distante ou direto a obra e a pessoa de Lacan. Lacan é um monumento incontornável. Como tal, suscitou o fanatismo, tanto em seus adeptos quanto em seus detratores. Já é mais do que hora, eu penso, de *historicizar* Lacan, isto é, fazê-lo reviver fora do fanatismo, livre, para explicar as razões que orientam esse fanatismo. Evidentemente, no movimento francês, não existe apenas Lacan, e é preciso ressuscitar as outras correntes psicanalíticas, mas com a condição de saber que a posição de Lacan na configuração e no surgimento dessas correntes é central entre 1950 e 1970.

Ellenberger e a descoberta do inconsciente

Gostaria, inicialmente, de agradecer ao meu amigo Manoel Tosta Berlinck, que teve a gentileza de me convidar para abrir este Congresso de Psicopatologia Fundamental e, sobretudo, por ter me sugerido falar sobre Henri Ellenberger, cuja obra, conhecida no mundo inteiro mas totalmente ignorada pela grande maioria dos psicanalistas — justamente porque não pertencia a nenhum grupo —, marcou-me profundamente quando a descobri, por volta de 1979. Não conheci Ellenberger pessoalmente, mas mantive correspondência com ele e sinto-me honrada por ele ter legado seus arquivos à Sociedade Internacional de História da Psiquiatria e da Psicanálise (SIHPP). Ele também me permitiu editar em francês sua obra mais importante, *Histoire de la découverte de l'inconscient*, que, na ocasião da sua primeira publicação francesa, em 1974, obteve uma recepção discreta, tendo sido acolhida principalmente pelos psiquiatras, que são eruditos em história, e infelizmente pelos antifreudianos, que, como nos países anglófonos, adotaram-na como bandeira de uma grande campanha contra a psicanálise. Os psicanalistas — de todas as tendências — eram incapazes, nessa época, de pensar sua história de outra forma senão sob os traços de uma historiografia devotada ou oficial.

No início dos anos 70, a França freudiana não estava preparada para aceitar a pesquisa de Ellenberger. Em matéria de historiografia, os freudianos legitimistas pertencentes à IPA interessavam-se, acima de tudo, pelo modelo biográfico e seus derivados. Em primeiro lugar, pelo magnífico monumento construído por Ernest Jones entre 1953 e 1957 e cuja tradução francesa acabara de ser concluída. Em seguida, pelos diversos relatos, crônicas, correspondências e estudos centrados no círculo de Freud — família, genealogia, discípulos, fiéis ou infiéis. Em resumo, os herdeiros legítimos do pai fundador representavam a história de sua origem ou de seu movimento sob a forma não de uma lenda dourada, mas de uma história sustentada em arquivos. Isso porque Jones havia realmente concebido uma obra biográfica indiscutível. Porém, sua história privilegiava a ideia de que

Freud havia vencido, pelo vigor de sua genialidade solitária e ao preço de um heroísmo intransigente, tendo se separado de todas as falsas ciências de sua época para revelar ao mundo a existência do inconsciente.

Entre os lacanianos, a atitude face à historiografia era diferente. Enquanto os freudianos legitimistas veneravam a imagem de um pai original cuja história já estava escrita — isto é, a de um pai morto cujos traços eram localizáveis nos arquivos oficialmente constituídos —, os lacanianos identificavam-se com o ensino de um mestre ainda vivo cuja doutrina encontrava-se sob o signo de um anti-historicismo. Lacan via-se como o artífice de um retorno a Freud. Da mesma forma, condenava toda ideia de um neofreudismo ou de uma "revisão" da obra freudiana. À noção de ultrapassar, ele opunha a de estrutura, preconizando o que eu chamei de "uma substituição ortodoxa" do texto freudiano. Por conseguinte, seus discípulos julgavam-se freudianos porque eram lacanianos. Para eles, o ensino do mestre morto reencarnava-se na palavra do mestre vivo. E a presença deste interditava o acesso a uma consciência histórica.

Os freudianos legitimistas (ou ipeístas) viviam, portanto, sob o domínio de uma história oficial dominada pelo modelo biográfico, enquanto seus pares lacanianos não possuíam história constituída, cultivando o rumor, o comentário e a transmissão oral. Em tais condições, nenhum dos dois lados do freudismo francês dos anos 70 poderia adquirir status de história erudita. Ora, o ensino de Ellenberger não era nem freudiano, nem junguiano, nem adleriano, nem janetiano. Escapava a todas essas categorias na medida em que era constitutivo do advento de uma historiografia erudita no campo da história da descoberta do inconsciente: aliava o tom narrativo de Michelet ao método positivista de Alphonse Aulard e às duas noções de mentalidade e de longa duração da Escola dos Annales. Por outro lado, não existia na França um espaço no meio universitário para o ensino da história desse campo — a dos médicos da alma — e tampouco a obra de Ellenberger era integrada aos Departamentos de Psicologia Clínica, uma vez que estes eram amplamente influenciados pelas escolas psicanalíticas.

Psiquiatria, psicanálise, antropologia: Ellenberger pensava a história da descoberta do inconsciente e do surgimento das terapias à maneira de um enciclopedista curioso por tudo, às vezes ingênuo e autodidata. Sempre à procura de um antes e de um depois, de um encadeamento de filiações, dinastias, genealogias, conceitos; tinha paixão pelos sábios iluminados, hipnotizadores, mulheres enfeitiçadas por maus-olhados, enfim, por todos os personagens da literatura popular do século XIX. Adorava histórias de vilarejos, narrativas de vizinhança, rumores de bruxos.

Como Jacques Lacan, cuja genialidade em matéria de etologia um dia será preciso mostrar, Ellenberger era fascinado por história natural. Admirava Buffon e Cuvier e divertia-se observando o mundo animal: a nobreza dos grandes felinos ou de pássaros carnívoros, o esplendor inerte dos elefantes, a lenta voracidade dos répteis. Foi igualmente um missionário dos excluídos de todos os tipos, insurgindo-se tanto contra os maus-tratos infligidos às mulheres,[1] anões, loucos, corcundas, como contra os atentados cometidos nos jardins zoológicos por um populacho cruel. De sua infância na África do Sul havia herdado o gosto em contemplar o esplendor selvagem de uma natureza ainda virgem e sonhar com as possíveis virtudes de um colonialismo humano. Havia nesse homem a utopia do Iluminismo que acreditava nos valores universais do progresso e da emancipação.

Sua recusa em aderir integralmente à concepção freudiana do inconsciente jamais conduziu-o aos caminhos do antifreudismo. Por outro lado, foi o primeiro historiador a entender Freud fora de sua lenda e a atribuir-lhe o status de cientista moderno, dividido entre o desejo de arrancar o inconsciente do domínio da magia e a fascinação pelas mitologias do pensamento arcaico. Reside aqui o paradoxo: sem ser freudiano, Ellenberger soube restituir a Freud o lugar excepcional que lhe cabia na longa história da descoberta do inconsciente.

Também foi criminologista e antropólogo. Nascido na Rodésia no começo do século XX e originário de uma família de missionários protestantes de origem suíça, fez seus estudos de psiquiatria em Estrasburgo, onde frequentou os cursos de alguns dentre aqueles que, cinco anos mais tarde, iriam encontrar-se em torno de Lucien Febvre e Marc Bloch no cerne da Escola dos Annales.

Ao concluir seus estudos de medicina, Henri Ellenberger instalou-se em Paris. No começo dos anos 30, viveu no Hospital Sainte-Anne a história dessa psiquiatria dinâmica da qual, 30 anos mais tarde, descreverá a aventura. Aproximou-se e tornou-se amigo de Henri Ey antes de se estabelecer em Poitiers como psiquiatra, ao mesmo tempo em que aproveitou a oportunidade oferecida por sua situação para estudar os mitos e as superstições da floresta.

Nascido de pais franceses em uma colônia inglesa, Ellenberger teria direito à nacionalidade francesa. Porém, como seu pai se esqueceu de registrá-lo no Consulado da França, era portador de um passaporte inglês, ainda que tenha adquirido, assim como para sua mulher apátrida e seus filhos, a nacionalidade francesa por naturalização. Em 1941, correndo o risco de ter sua naturalidade retirada pelo governo de Vichy, emigrou para a Suíça, onde trabalhou em diversas clínicas enquanto fazia o aprendizado da língua alemã. Por muito tempo conviveu com Carl Gustav Jung, que lhe transmitiu a memória oral da primeira saga da psicanálise e de sua implantação no meio psiquiátrico de Zurique, principalmente na clínica do Burghölzli. Em 1950, Ellenberger fez sua análise didática com Oskar Pfister, então com 77 anos. Pensou em tornar-se membro da Sociedade Suíça de Psicanálise (SSP).

Em plena metade do século XX, havia adquirido um grande conhecimento da história da psiquiatria e da psicanálise na Europa. Falava e escrevia muito bem em francês, alemão e inglês, interessando-se pela evolução de todas as formas de tratamentos psíquicos. Faltava-lhe apenas iniciar-se na história da emigração freudiana do Leste para o Ocidente. Uma viagem de estudos aos Estados Unidos, depois o encontro com Karl Menninger e a estadia em sua clínica de Topeka, no Kansas, foram determinantes para a orientação dos trabalhos posteriores.

Em 1953, após ter recebido o título de professor titular da Menninger School of Psychiatry, deveria instalar-se definitivamente nos Estados Unidos. Isso, entretanto, não foi possível, pois, em tempos de Guerra Fria, sua esposa, originária da Rússia, não conseguiu obter visto de residência de longa duração. Assim, em 1959, decidiu morar em Montreal, onde obteve a cadeira de criminologia no Allen Memorial Institute da Universidade McGill. O Québec, francófono, será sua última terra de abrigo. Ellenberger morre em 1993, após ter formado, com suas pesquisas, toda uma geração de historiadores do freudismo, dos quais grande parte é constituída por norte-americanos.

Após ter trabalhado durante 20 anos em arquivos, redigiu em inglês sua obra fundamental, *Discovery of the Unconscious. The History and Evolution of Dynamic Psychiatry*, publicada nos Estados Unidos em 1970. A obra obteve reconhecimento na maioria dos países, com exceção da França, onde, como acabo de dizer, passou despercebida por ocasião de sua primeira tradução, em 1974.

Para ele, havia uma divergência de fundo entre a história da teorização da noção de inconsciente e a da sua utilização terapêutica. A primeira teria começado com as intuições de filósofos da Antiguidade e prosseguido com as dos grandes místicos. No século XIX, a noção de inconsciente foi apontada por Arthur Schopenhauer, Friedrich Nietzsche e pelos trabalhos da psicologia experimental: Johan Friedrich Herbart, Hermann Helmholtz, Gustav Fechner.

Quanto à segunda história, seria a da época da arte dos bruxos e dos xamãs, passando em seguida pela da confissão cristã. Dois métodos eram justapostos; um consistia em provocar no doente a emergência de forças inconscientes, sob a forma de "crises": possessões ou sonhos. Já o segundo, dava origem ao mesmo processo, mas na figura do médico. Do tratamento centrado na doença derivava a neurose de transferência no sentido freudiano; do centrado no médico derivava a análise didática. Com efeito, esta última era herdada da "doença iniciática" que conferia ao xamã seu poder de cura, seguida da "neurose criativa" tal qual a que os pioneiros da descoberta do inconsciente tinham vivido no final do século XIX: Pierre Janet, Sigmund Freud, Carl Gustav Jung, Alfred Adler.

Nessa perspectiva, a primeira grande tentativa de integrar a pesquisa do inconsciente à sua utilização terapêutica começava com as experiências de Franz Anton Mesmer, iniciador da primeira psiquiatria dinâmica, e terminava com Jean-Martin Charcot. Dessa maneira nascia, sob as ruínas de um magnetismo transformado em hipnotismo, a segunda psiquiatria dinâmica, dividida em quatro grandes correntes: a análise psicológica de Pierre Janet, centrada na exploração do subconsciente; a psicanálise de Freud, fundada na teoria do inconsciente; a psicologia individual de Adler; a psicologia analítica de Jung. Ellenberger assinalava que o paradoxo dessa segunda psiquiatria dinâmica, cuja história ele encerrava em 1940, era que ela, ao se cindir em escolas opostas, rompia o pacto fundador que a ligava ao ideal de uma ciência universal nascida do Iluminismo para retornar ao antigo modelo de seitas greco-romanas.

É difícil evocar o trabalho de Ellenberger sem falar no de Ola Andersson, que teve um destino curioso. Igualmente pioneiro da historiografia erudita, escreveu uma única obra, em inglês (que editei pela primeira vez em francês em 1997 com um prefácio em coautoria com Magnus Johansson),[2] dedicada às origens do pensamento freudiano e que é citada e lida no mundo inteiro. No entanto, esse livro, publicado em 1962 e intitulado *Studies in the Prehistory of Psychoanalysis. The Etiology of Psychoneuroses (1886-1896)*,[3] foi tão ignorado no meio psicanalítico na Suécia quanto o de Ellenberger, apesar de o autor ocupar postos acadêmicos importantes e ser o responsável pela tradução sueca das obras de Freud.

Nascido no norte do país, em Lulea, Ola Andersson era de uma família de fazendeiros protestantes e puritanos. Fez seus estudos de letras em Lund, iniciando em seguida a carreira profissional como professor, em 1947, exercendo-a em diferentes instituições. Inicialmente, trabalhou num centro de formação para trabalhadores sociais filiado à Igreja sueca, depois numa escola de psicoterapia de inspiração religiosa e, finalmente, no Departamento de Pedagogia da Universidade de Estocolmo. Defendeu sua tese sobre as origens do freudismo, recebendo o prestigioso título de Dozent, em 1962. O trabalho não demorou a ser publicado, o que lhe permitiu estabelecer uma relação com Henri Ellenberger que, por seu lado, acabara de iniciar suas próprias pesquisas. Em seguida, Andersson realizou sua primeira grande revisão de um caso-princeps dos *Estudos sobre a histeria*: o caso Emmy v.N.

Andersson foi o primeiro historiador do freudismo a provocar uma fratura na historiografia oficial ao estudar de uma maneira inédita as relações de Freud com Charcot, Bernheim Hippolyte e Breuer. Trouxe à tona as fontes do pensamento freudiano e, principalmente, os empréstimos deste aos trabalhos de Johann Friedrich Herbart. Portanto, ao contrário de Ellenberger, permaneceu vinculado, como membro da IPA, à ortodoxia de Ernest Jones, cuja obra biográfica admirava sem reservas, o que o impediu de ir mais fundo em suas pesquisas de história erudita. Sofria muito com esse isolamento no seio da Sociedade Psicanalítica Sueca.

Na história oficial e mítica das origens da psicanálise, atribuía-se a Emmy v.N. a invenção da cena psicanalítica, como se atribuía a Anna O. a invenção do tratamento psicanalítico (mediante "limpeza de chaminé"). Emmy havia fabricado, dizia-se, as interdições necessárias a uma nova técnica de tratamento fundada no recuo do olhar. Por meio dela, o médico tornava-se psicanalista e instalava-se fora do campo de visão do doente, renunciando a tocá-lo e se obrigando a escutá-lo.

Foi em Amsterdam, em 1965, no Congresso da IPA, que Andersson expôs o verdadeiro destino de Fanny Moser, sem revelar o nome, exceto a Ellenberger, que publica em 1977, em *L'Evolution Psychiatrique* (numa época em que essa revista era prestigiosa e se interessava pela história), sua própria revisão do caso, comentando longamente o artigo de Andersson (até então não publicado — o que só ocorreria em 1979), e fornecendo a identidade da jovem mulher. Acrescentou ainda um estudo sobre o destino das duas filhas dela: Fanny (filha) e Mentona.

Graças a esses dois historiadores, sabemos hoje que Fanny Moser não inventou a famosa cena da psicanálise moderna e que nunca foi curada de sua neurose, nem por Freud, nem por seus sucessivos médicos. Aliás, Fanny Moser era mais melancólica do que histérica e sua vida foi uma mistura de romance familiar e narrativa balzaquiana.

Aos 23 anos, casou-se com um riquíssimo homem de negócios, 40 anos mais velho e já pai de dois filhos. Ao morrer, este lhe deixou toda a sua fortuna. E ela foi acusada de tê-lo envenenado. A suspeita de assassinato pesou tão fortemente em seu destino que ela nunca conseguiu realizar seu desejo mais caro: ser recebida nos salões da aristocracia europeia. Acabou levando uma vida errante, tendo alguns de seus médicos entre os muitos amantes, e unindo-se a um jovem rapaz que se apropriou de parte de sua fortuna.

Suas duas filhas foram marcadas, cada uma à sua maneira, pelos significantes da neurose materna; uma especializou-se em zoologia, enquanto a outra revoltou-se contra os valores dessa classe dominante da qual era puro produto. Tornou-se militante comunista e, mais tarde, também se interessou por animais, publicando, em 1941, uma coletânea de histórias destinada às crianças.

Homem de dúvida, incerteza e escrúpulos, como vemos em suas hesitações diante de Ellenberger ou a propósito da preservação do anonimato de Fanny Moser, Andersson sempre se engajou na via da servidão voluntária. A correspondência dos dois é apaixonante. Ellenberger introduziu a desordem na frágil organização de Andersson. Foi o primeiro pensador a atribuir importância fundamental à obra desse autor, estabelecendo desde o início uma relação afetuosa feita de confidências intelectuais e desencontros. Para marcar seu entusiasmo, redigiu espontaneamente um artigo elogioso sobre o livro que Andersson acabara de publicar.

Ao longo dessa correspondência, Andersson tomou consciência da força criadora de Ellenberger, de sua capacidade de imergir o freudismo na história da longa duração. Resumindo, ele foi o espectador privilegiado de uma aventura que fazia explodir o enquadramento rígido do estudo interno dos textos, ou seja, o próprio enquadramento do trabalho. Admirativo, acompanhou de perto a elaboração da obra magistral de um "outro", ao mesmo tempo em que não conseguia dar continuidade à sua e se queixava da saúde e das tarefas desagradáveis da universidade. E quando Ellenberger pediu-lhe que lesse seu manuscrito e criticasse e redigisse um comentário, esquivou-se, ficou doente. Sentiu-se esmagado por esse texto tão volumoso e foi incapaz de emitir o menor juízo.

As relações ficaram interrompidas até a carta patética de 1976, onde Andersson pedia a seu antigo cúmplice para ajudá-lo a sair daquela servidão voluntária e emigrar para os Estados Unidos.

Histoire de la découverte de l'inconscient deve ser ainda comparado a outro livro fundador, publicado nove anos antes, ainda que concluído em 1958: a *História da loucura na Idade Clássica*, de Michel Foucault. Filósofo de formação, lançou-se antes em um trabalho de historiador de longa duração. Em 1954, em uma obra intitulada *Doença mental e psicologia*, Foucault colocava a questão da constituição da noção de doença mental. Para ele, as diversas abordagens do fenômeno da loucura haviam evoluído, desde a Antiguidade, de uma representação naturalista a uma explicação existencial. Foucault propunha então um modelo evolutivo muito próximo do de Ellenberger. Para ele, a história da loucura confundia-se com a história do olhar sobre a loucura. Para os gregos, o louco era o energúmeno; para os latinos, o cativo; para os cristãos, o demoníaco. Com o Renascimento, essa história tornava-se a do arrancar progressivo da loucura e de sua clínica do universo da religião. Ela conduziu ao alienismo do final do século XVIII. Nascida com Pinel, a nosografia psiquiátrica concebia o homem alienado ao privá-lo de sua humanidade e de sua personalidade. Como Ellenberger, Foucault interessava-se por Hermann Rorschach e visitou Ludwig Binswanger na clínica Bellevue. Aliás, ele redigiu uma introdução para *Sonho e a existência*.

No entanto, entre 1955 e 1958, renunciou a tornar-se historiador da psiquiatria no sentido clássico. Mas a leitura que fez da obra de Freud teve um papel essencial na guinada que o levou à redação da *História da loucura*. Encontramos traços dessa guinada no artigo de 1957, em que Foucault assinala que a descoberta freudiana do inconsciente havia transformado totalmente o horizonte da psicologia e da filosofia da consciência a ponto de fazer com que estas se assemelhassem a um sistema de defesa. Conhecemos o seu desdobramento: em vez de escrever uma história das formas de doença mental em termos continuístas, ele redigiu em sueco, sem nunca ter encontrado Andersson, um livro nietzschiano, inspirado na noção de parte maldita de Georges Bataille. Foucault formulava a hipótese de um sistema de separação. Essencialmente, dizia que a loucura não é natural ao homem, não existe desde sempre, é apenas a história cultural de uma separação incessante entre uma loucura em estado bruto e uma loucura de razão: separação entre a desrazão e a loucura, separação entre a loucura ameaçadora dos quadros de Bosch e a loucura aprisionada do discurso de Erasmo, separação em seguida entre a consciência crítica — a dos alienistas —, onde a loucura se torna doença, e uma consciência trágica, encarnada na criatividade, como em Goya, Van Gogh e Artaud, e, para concluir, separação interna ao cogito cartesiano: a loucura é então excluída do pensamento no momento em que cessa de colocar em perigo os direitos do pensamento. Foucault situava a posição freudiana de maneira paradoxal: entre uma consciência crítica e uma consciência trágica, entre o discurso da loucura de razão e o enunciado da loucura selvagem.

Nada mais distante da investigação de Ellenberger do que a guinada foucaultiana. E, no entanto, esses dois livros tinham em comum o fato de haverem fundado, com dez anos de intervalo, uma historiografia erudita da psiquiatria, da psicologia e da descoberta do inconsciente. Um era como o negativo do outro, e os dois retraçavam, em simetria inversa, a história da relação entre o discurso da loucura e a apropriação desse discurso pela razão.

Outro ponto antagônico entre Ellenberger e Foucault: a noção de sistema de pensamento que eu mesma retomei em meu trabalho sobre Lacan. Para ele, tratava-se de demonstrar que as doutrinas são constituídas como sistemas cuja história deve ser apresentada na ordem cronológica e seus elementos explorados em seus próprios termos e não nos das outras doutrinas. Única maneira de elucidar as fontes e explicar o labirinto das interações entre os fatos, os sistemas, os homens, as instituições. Em suma, Ellenberger colocava as bases para uma história total na qual a subjetividade dos pensadores deveria conduzir à elaboração do próprio sistema, disposto a mostrar que esse sistema também era o resultado de uma interação com outros sistemas, segundo um processo autônomo que escapava à subjetividade dos pensadores. Daí seu vínculo com a tese da história das mentalidades, característica da Escola dos Annales.

Nessa mesma época, Michel Foucault recorria à mesma noção ao propor a criação, no Collège de France, de uma cadeira de "história dos sistemas de pensamento". Mas sua perspectiva era bem diferente. De fato, para Foucault, os sistemas de pensamento são formas nas quais, em uma época dada, os saberes se singularizam, adquirem equilíbrio e entram em comunicação. Em outras palavras, na ótica foucaultiana, fazer a história dos sistemas de pensamento implica interrogar as condições do conhecimento e o estatuto do sujeito, separado de toda e qualquer referência à famosa noção de aparato mental que, vale dizer, não permite compreender como se efetua uma modificação na história dos homens e dos conceitos. Para resumir, Foucault recusava-se a fazer a história dos homens que pensam e dos sistemas que se entrecruzam, procurando construir uma história na qual o fundamento escapasse tanto à ideia da natureza humana quanto ao cogito cartesiano.

Como se vê, Ellenberger não podia pensar a história das medicinas da alma e da loucura em termos de rupturas sucessivas. Da mesma forma, no caso de Freud, só poderia compreender a ruptura que inauguraria esse sistema de pensamento ao imergi-lo na longa duração da história e das mentalidades. Assim, fazia da obra freudiana um novo sistema ao desconsiderar a noção de ruptura epistemológica tal qual empregada pela tradição francesa da história das ciências: de Gaston Bachelard a Michel Foucault passando por Georges Canguilhem.

Que Ellenberger não tenha sentido necessidade do conceito de ruptura para integrar a obra freudiana na longa duração da história da descoberta do inconsciente e que tenha sentido necessidade da noção de aparato mental para descrever suas particularidades não impede hoje em dia, a essa investigação, uma certa elucidação foucaultiana.

Jung: do arquétipo ao nazismo

1. A psicanálise sob o III Reich

Nos últimos 20 anos, diversos trabalhos norte-americanos, franceses, ingleses ou alemães permitiram compreender como se efetuou a destruição da psicanálise pelo nazismo entre 1933 e 1944 e de que maneira haviam se instaurado na Alemanha os princípios de uma colaboração entre o nacional-socialismo e as diferentes escolas de psicoterapias: junguiana, adleriana, freudiana, principalmente. Os fatos agora estão estabelecidos, os arquivos foram exumados e as controvérsias historiográficas, conhecidas.[1]

Depois de sua chegada ao poder, Adolf Hitler implantou a doutrina nacional-socialista, cuja tese central visava ao extermínio de todos os judeus da Europa, uma vez que estes eram vistos como sendo de uma "raça inferior". Esse programa aplicava-se não apenas às raças ditas inferiores, mas a todos os homens considerados "tarados" ou incômodos para o corpo social. Dessa forma, a homossexualidade e a doença mental foram tratadas como equivalentes da judeidade.

Em 1939, foram criados "institutos de eutanásia" para executar, por meio de venenos diversos, três categorias de pessoas: 1) os doentes vítimas de problemas mentais ou neurológicos: esquizofrênicos, dementes senis, epiléticos etc.; 2) os pacientes hospitalizados há cinco anos; 3) os alienados criminosos e todos os indivíduos enquadrados pela legislação racista. Foi na ex-prisão Brandenburg-Havel, transformada em instituto de eutanásia, que aconteceu em janeiro de 1940 o primeiro teste de morte por gás — que pretendia demonstrar a superioridade desse procedimento sobre as drogas e outras técnicas corriqueiramente empregadas.[2]

Nesse contexto, os artífices da nova medicina do Reich acrescentaram a seu programa a destruição da psicanálise, de seu vocabulário, de seus conceitos, de suas obras, de seu movimento, de suas instituições, de seus analistas. Entre todas as escolas de psiquiatria dinâmica e de psicoterapia, ela foi a única a ter recebido, enquanto tal, o qualificativo de "ciência judaica", tão temido por Sigmund Freud.[3]

Esse programa de expurgo foi orquestrado pelo sinistro Matthias Heinrich Göring, primo do marechal. Luterano e pietista, esse psiquiatra tinha sido assistente de Emil Kraepelin antes de se interessar pela hipnose e depois adotar as teses da psicologia individual de Alfred Adler. Em seguida, tomou como modelo a psicologia junguiana, com a qual sonhava fazer o protótipo de uma nova psicoterapia hitlerista, centrada na superioridade da alma alemã. Pragmático e dogmático, conservador e medíocre, nazista convicto e temível sob as aparências de um pacífico vovô de barba comprida, mandou às favas a formidável pujança da teoria freudiana, que, a seu ver, era a encarnação do que ele mais odiava: um universalismo judaico ligado à filosofia do Iluminismo. Foi logo alcunhado de "o Führer da psicoterapia".

Depois de proclamar que *Mein Kampf* seria a principal ferramenta de sua política de saúde mental, Göring fez uma triagem minuciosa a fim de cooptar freudianos inclinados a colaborar com o regime: Felix Boehm e Carl Müller-Braunschweig foram os primeiros a aderir, Harald Schultz-Hencke e Werner Kemper os seguiram. Membros da Deutsche Psychoanalytische Gesselschaft (DPG), fundada por Karl Abraham e filiada à International Psychoanalytical Association (IPA), e do Berliner Psychoanalytisches Institut (BPI), criado por Max Eitingon, esses quatro homens eram personagens medíocres, invejosos de seus colegas judeus. O advento do nacional-socialismo foi para eles uma sinecura que lhes permitiu fazer carreira. Sentindo-se inferiores àqueles que viam como grão-senhores, tornaram-se os lacaios dos carrascos.

Em 1930, a DPG tinha 90 membros, judeus em sua maioria, os quais, a partir de 1933, tomaram o caminho do exílio. Em 1935, um terço dos membros da DPG ainda residia na Alemanha, entre os quais nove judeus. Agora líderes desse grupo amputado de seus melhores elementos, Boehm e Müller-Braunschweig fundamentaram seu colaboracionismo na seguinte tese: para não dar aos nazistas um pretexto qualquer para interditar a psicanálise, basta antecipar-se às suas ordens excluindo os judeus da DPG e reservando-se o direito de disfarçar essa exclusão como demissão voluntária.

Deu-se a essa operação o nome de "salvamento da psicanálise". Por cegueira e conservadorismo, Ernest Jones, presidente da IPA, apoiou essa política. Em 1935, presidiu oficialmente à sessão da DPG durante a qual os nove membros judeus foram obrigados a se destituir. Um único não judeu opôs-se a essa infâmia: chamava-se Bernhard Kamm e deixou a DPG por solidariedade aos excluídos. Tomando imediatamente o caminho do exílio, instalou-se em Topeka, no Kansas, na famosa clínica de Karl Menninger, verdadeiro ponto de convergência de todos os psicoterapeutas exilados da Europa.

Freud qualificou todo esse caso como "triste debate". Porém, numa carta a Eitingon, de 21 de março de 1933, mostrou-se acima de tudo preocupado com "inimigos intestinos" da psicanálise e principalmente com os adlerianos e Wilhelm Reich.[4] Assim, concentrou todos os seus ataques contra Harald Schultz-Hencke, julgado mais perigoso em virtude de suas posições adlerianas do que por seu engajamento pró-nazista. Esse grave erro de apreciação, ao qual Eitingon opôs-se, é atestado pelo relatório que Boehm redigiu, em agosto de 1934, após uma visita a Freud. Escreve ele:

> Antes de nos despedirmos, Freud formulou dois desejos referentes à direção da Sociedade (DPG): em primeiro lugar, Schultz-Hencke não deveria nunca ser eleito para o comitê de direção de nossa Sociedade. Dei-lhe minha palavra de que nunca dividiria a mesa com ele. Segundo lugar: "Livre-me de W. Reich."[5]

Em 1936, Göring finalmente realizou seu sonho. Criou seu Deutsches Institut für Psychologische Forschung (Instituto Alemão de Pesquisa Psicológica e Psicoterapia), logo chamado Göring Institut ou Instituto Göring. Para marcar claramente o triunfo do nazismo sobre a psicanálise, instalou-se na sede da prestigiosa BPI, símbolo do poder freudiano que ele tanto quisera destruir. Ali reuniu freudianos, junguianos, independentes e adlerianos que se detestavam entre si.

Não contente em se limitar a essa colaboração, Felix Boehm viajou a Viena em 1938 para convencer Freud da necessidade de sua política de "salvamento". Após tê-lo escutado longamente, o mestre, furioso, levantou-se e saiu da sala. Desaprovava a tese do salvamento e desprezava a baixeza de seus artífices. Contudo, negou-se a usar de sua autoridade junto a Jones e não interveio para deter a engrenagem de colaboração na IPA. Era tarde demais: Jones já implantara sua política a partir de um posicionamento partilhado por Freud no início e que consistia em privilegiar a defesa de um freudismo puro e radical em detrimento de uma recusa absoluta de qualquer colaboração. Logo, era preciso lutar, de um lado, contra os "desvios" (adleriano ou reichiano) internos ao freudismo e, de outro, preservar a pureza doutrinal da psicanálise face a seus inimigos externos: junguianos ou psicoterapeutas de diversas tendências, em geral adeptos do nazismo (Walter Cimbal, Werner Achelis, Richard Heyer, Carl Haeberlin, Rudolph Bilz, Hans von Hattingberg).[6]

Durante toda a guerra, cerca de 20 freudianos prosseguiram então com suas atividades terapêuticas ou suas rusgas de escola, defendendo uma "psicanálise correta" sob os auspícios do Instituto Göring e sob a bota nazista. Em nome de um pretenso salvamento, esses homens se desonraram ao colaborar com uma destruição que se daria de toda forma e que era preferível ter-se efetuado sem eles. Aceitaram a supressão sistemática de todo o vocabulário freudiano e, independentemente do que disseram em sua defesa posterior, recusaram-se a tratar pacientes judeus, os quais, por sinal, eram excluídos de todo tratamento e despachados para campos de extermínio.

No instituto, cada um dedicou-se às suas pesquisas e experimentos. Boehm encarregou-se do "periciamento" dos homossexuais, e Kemper, da "seleção" dos neuróticos de guerra. Quanto a Johannes Schultz, "testou" nesse quadro os princípios de seu *training* autógeno. Nas fileiras da finada DPG, John Rittmeister, August Watermann, Karl Landauer e Salomea Kempner foram as principais vítimas da solução final (exterminados ou assassinados), como, aliás, diversos outros terapeutas húngaros ou austríacos que não conseguiram exilar-se.

Alguns adeptos alemães de Alfred Adler, por sua vez, participaram dessa política de colaboração. Mas as teses adlerianas nunca foram consideradas frutos de uma "ciência judaica": nem erradicação, nem destruição, nem distorção do vocabulário. Entretanto, o pai da psicologia individual era tão judeu quanto Freud. Por outro lado, ao contrário da psicanálise, a psicologia adleriana pregava um particularismo alheio ao universalismo freudiano.

Enquanto os freudianos colaboracionistas preocupavam-se em manter uma pretensa pureza da psicanálise, os discípulos alemães de Carl Gustav Jung adotavam posições divergentes. Gerhard Adler, James Kirsch e Max Zeller opuseram-se ao novo regime, tomando em seguida o caminho de um exílio londrino ou californiano. Outros, ao contrário, tornaram-se militantes da nova psicoterapia hitlerista. Entre eles Gustav Richard Heyer e Walter Cimbal.

Racista e antissemita, Heyer fundara um grupo junguiano em Munique em 1928 e foi com entusiasmo que saudou o advento do nazismo antes de se tornar membro do partido em 1937. No Instituto Göring, usava uniforme e proclamava o culto do "sangue e da terra", opondo o caráter saudável e criativo da psicoterapia alemã à psicanálise judaica grosseiramente materialista. Quanto a Walter Cimbal, era, como Achelis ou Haeberlin, um típico representante do espírito *völkisch*. Segundo ele, a individualidade só podia se realizar por um grande retorno à raiz primordial de um inconsciente profundo, único capaz de propiciar a unidade dos membros de uma mesma comunidade.[7]

2. Paradoxos da judeidade freudiana

Nesse aspecto, o caso de Jung é mais complexo. Desde seus primeiros contatos, Freud observara como aquele psiquiatra de Zurique permanecera tributário de uma concepção do inconsciente ancorada na psicologia dos povos. Apreciava sua inteligência, seu entusiasmo pela causa da psicanálise e, ainda que o soubesse antissemita, não hesitou em fazer dele o líder político de seu movimento. Mais do que isso, foi porque Jung não era judeu que Freud lhe designou esse lugar.

Ao mesmo tempo em que adotava a atitude de um judeu spinozista (do Aufklärung sombrio),[8] Freud continuou a manifestar sinais de uma ambivalência típica da crise de identidade judaica do fim do século. Falava com naturalidade de "raça judaica", de "pertencimento racial", ou ainda de "diferenças" entre judeus e "arianos", designando frequentemente os não judeus como "arianos". Quando ficava irritado com seus primeiros discípulos da Wiener Psychoanalytische Vereinigung (WPV), chamava-os de "judeus" incapazes de conquistar amigos para a nova doutrina.[9]

Entretanto, a utilização dessas expressões nunca o leva a promover uma psicologia da diferença. Numa carta a Sandor Ferenczi, de 8 de junho de 1913, toma posição sobre essa questão:

> Quanto ao semitismo, há certamente grandes diferenças com o espírito ariano. Todos nós temos diariamente a confirmação disso. Portanto, resultarão disso certamente, aqui e ali, concepções do mundo diferentes e uma arte diferente. Entretanto, não deveria existir ciência ariana ou judaica particular. Os resulta-

> dos deveriam ser idênticos e apenas a apresentação poderia variar ... Se essas diferenças entrassem na concepção científica das relações objetivas, então alguma coisa estaria fora da ordem. [10]

Consciente do fato de que seus primeiros discípulos eram quase todos judeus, Freud temia que sua nova ciência fosse associada a um "assunto judeu", isto é, a um particularismo submetido às leis do *genius loci.* Nada lhe causava mais horror do que ouvir seus adversários reduzirem a psicanálise a um produto do "espírito judaico" ou da "mentalidade vienense".

Porém, em vez de afirmar claramente sua oposição a esse tipo de argumento, oscilou entre duas atitudes que não correspondiam à sua concepção de cientificidade da psicanálise. Assim, até 1913, quis fazer de Jung o herói de uma "desjudeização" de seu movimento em nome de um universal da ciência. "Nossos colegas arianos são simplesmente indispensáveis para nós", escrevia a Karl Abraham em 26 de dezembro de 1908, "sem eles a psicanálise seria vítima do antissemitismo."[11]

Ao contrário, após o rompimento com Jung, reconsiderou e reivindicou uma possível aliança entre judeidade e fundação de uma ciência universal. A Enrico Morselli, escreveu estas palavras:

> Não sei se o senhor tem razão em ver na psicanálise um produto direto do espírito judaico, mas, se for este o caso, eu não me sentiria de forma alguma envergonhado. Embora alheio há muito tempo à religião de meus ancestrais, nunca perdi o sentimento de pertencimento e de solidariedade a meu povo e penso com satisfação que o senhor se define, por sua vez, como discípulo de um dos meus grandes companheiros de raça, o grande Lombroso.[12]

3. Jung e a "psicologia judaica"

Em 1933, Ernst Kretschmer, psiquiatra alemão hostil ao regime, demitiu-se da direção da Allgemeine Ärtzliche Gesellschaft für Psychotherapie (AÄGP). Fundada em 1926, essa associação, cuja sede situava-se em Zurique, tinha como objetivo unificar as diferentes escolas de psicoterapia europeias sob a égide do saber médico. Uma revista, *Zentralblatt für Psychotherapie*, criada em 1930, servia de órgão de difusão para a AÄGP. Com a chegada de Hitler ao poder, o ramo alemão da sociedade e a *Zen-*

tralblatt, editada em Leipzig, foram compelidos à nazificação, a mando de Göring. Foi então que os psicoterapeutas alemães, preocupados ao mesmo tempo em agradar ao regime e manter suas atividades nacionais e europeias, pediram a Jung que assumisse o comando da AÄGP, da qual por sinal era vice-presidente. Querendo garantir a dominação da psicologia analítica sobre o conjunto das escolas de psicoterapia, ele aceitou a presidência. Pretendia, a partir de Zurique, proteger ao mesmo tempo os terapeutas não médicos, marginalizados anteriormente por Kretschmer, e os colegas judeus que não tinham mais o direito de exercer na Alemanha. Na realidade, havia sido escolhido pelos profissionais alemães em virtude da confiança que inspirava nos defensores da psicoterapia ariana, ferozmente antagônicos ao pensamento freudiano.

Estimulado por Cimbal e Heyer, Jung engajou-se dessa forma numa aventura da qual poderia facilmente ter-se eximido. Como mostra uma carta de 23 de novembro de 1933, dirigida a seu discípulo Rudolf Allers, que viria a emigrar para os Estados Unidos, aceitou todas as condições ditadas por Göring para a administração da *Zentralblatt*:

> É preciso absolutamente um redator-chefe, "normalizado", que estará em melhores condições do que qualquer um para farejar, sem risco de erro, o que pode ser dito e o que não pode sê-lo, bem melhor do que eu. Em todo caso, teremos que pisar em ovos ... A psicoterapia deve procurar manter-se no interior do Reich alemão em vez de instalar-se fora do Reich, independentemente das dificuldades que encontre para isso.

E Jung acrescentava: "Göring é um homem muito amável e razoável, o que coloca nossa colaboração sob os melhores auspícios."[13]

Jung começou desde logo a publicar textos favoráveis à Alemanha nazista na *Zentralblatt* "arianizada", da qual tornara-se diretor editorial, com Cimbal como secretário-geral. O primeiro foi publicado em 1933. Sob o título "Geleitwort" (Editorial), Jung preconizava uma concepção clássica da diferença entre raças e mentalidades, cada uma delas dotada, segundo ele, de uma "psicologia" específica:

> A tarefa mais nobre da *Zentralblatt* será, portanto, não obstante respeitar todas as colaborações que se apresentem, constituir uma concepção de conjunto que faça mais justiça aos fatos fundamentais da alma humana, o que não foi

> o caso até aqui. As diferenças, que de fato existem, e aliás são reconhecidas há muito tempo por pessoas clarividentes, entre a psicologia germânica e a psicologia judaica não devem mais ser omitidas, a ciência não ganha nada com isso. Há, em psicologia, mais do que em qualquer outra ciência, uma "equação pessoal", e seu desconhecimento frauda os resultados da prática e da teoria. Não se trata aqui, naturalmente, e eu gostaria de ser formalmente entendido, de uma depreciação qualquer da psicologia semita, assim como não está em pauta depreciar a psicologia chinesa, quando falamos da psicologia característica dos habitantes do Extremo Oriente.[14]

Ciente de sua situação, Jung procurava provar que o diferencialismo que ele defendia não tinha nenhuma relação com o racismo diferencial do nacional-socialismo. Perdia seu tempo! No mesmo número da *Zentralblatt*, Göring pronunciava efetivamente um vibrante elogio de *Mein Kampf*, enquanto Walter Cimbal sugeria, em nome das teses junguianas, promover na Alemanha um verdadeiro programa antissemita de nazificação da psicologia e da psicoterapia.

Em vez de exonerar-se já nessa primeira afronta, Jung prosseguiu no mesmo caminho. Numa carta a Cimbal de 2 de março de 1934, acusou Göring de ter cometido um "grave erro tático ao dar ciência, aos assinantes estrangeiros, de um manifesto concernente à política interna alemã".[15] Ele não contestava o teor do manifesto, mas o "erro".

Em 26 de junho de 1933, de passagem por Berlim para um seminário, Jung concedeu uma entrevista telefônica a seu discípulo Adolf von Weizsäcker, neurologista e psiquiatra que se tornara nazista. Este apresentou o mestre de Zurique como um eminente protestante da Basileia e o "maior pesquisador da psicologia moderna". Astuciosamente, declarou que sua teoria do psiquismo era mais criativa e próxima do "espírito alemão" que as de Freud e Adler. Em seguida, levou Jung a esboçar um perfil apologético de Hitler e da bela mocidade alemã e a condenar as democracias europeias "chafurdadas no parlamentarismo". Jung terminou sua entrevista propondo às nações enriquecerem-se com um programa de renovação da alma fundado no culto do chefe:

> Como dizia Hitler recentemente, o chefe deve ser capaz de ficar sozinho e deve ter a coragem de seguir seu próprio caminho ... O chefe é o porta-voz e a encarnação da alma nacional. É a ponta de lança da falange de todo o povo em

> marcha. A necessidade da massa exige sempre um chefe, independentemente de qual seja a forma do Estado.[16]

Recusando-se a compreender que a nazificação pretendia expulsar todos os judeus da profissão de psicoterapeuta, para em seguida exterminá-los, tampouco admitia[17] que um bom número de junguianos alemães, com os quais colaborava na *Zentralblatt*, havia adotado as teses do nacional-socialismo. Nesse aspecto, sua conduta não foi mais honrosa que a dos medíocres freudianos de Berlim. Eles também pensavam em proteger a pureza da psicanálise diante dos desvios: eles também consideravam o vovô-Führer de barba comprida um homem amável e razoável!

4. O arquétipo, paradigma da diferença

Se Jung aceitou essa colaboração, foi igualmente porque sua concepção do inconsciente coincidia em grande parte com a preconizada pelos artífices da psicoterapia arianizada.

Após o rompimento com Freud, Jung criou uma terminologia bem diferente da terminologia da psicanálise. Em 1913, aliás, substituiu essa palavra, reservada ao freudismo, pela expressão "psicologia analítica". Seis anos mais tarde, forjou a noção de arquétipo — que não cessou de desenvolver — para designar uma forma inconsciente preexistente que determina o psiquismo ao produzir uma representação simbólica. Esta aparece nos sonhos, na arte ou na religião. Forma vazia, semelhante à estrutura de um mito, o arquétipo junguiano é uma imagem primordial, de natureza instintiva, que nunca tem acesso à consciência. Não se parece em nada com o inconsciente freudiano, materialista e pulsional, habitado pela dinâmica do recalcamento e da libido. Pertence tanto ao reino da transcendência, do estereótipo, do inato ou da hereditariedade quanto ao da psicose ou do caos esquizofrênico.[18]

Na esteira de uma teoria da diferença das raças, Jung via o psiquismo individual como o reflexo da alma coletiva dos povos. Em outras palavras, longe de ser um ideólogo da desigualdade das raças, à maneira de Vacher de Lapouge ou Gobineau, afirmava-se como um teósofo em busca de uma ontologia diferencial da psique. Dessa forma, queria elaborar uma "psicologia das nações", capaz de dar conta ao mesmo tempo do destino do indivíduo[19] e de sua alma coletiva. Dividiu o arquétipo em três instâncias: *animus* (imagem do masculino), *anima* (imagem do feminino) e *Selbst* (o si), verdadeiro centro da personalidade. Os arquétipos formavam, portanto, segundo ele, a base da psique, espécie de patrimônio mítico característico de uma humanidade organizada em torno do paradigma da diferença.

Essa representação da psique englobava a teoria dos "tipos psicológicos", isto é, das características individuais. Jung modelou-as em 1921 a partir da alternância entre introversão (autorretraimento) e extroversão (energia psíquica voltada para o objeto externo). Quanto ao processo de individuação, central em seu pensamento a partir de 1916, ele o definia como a maneira pela qual o ser humano torna-se autônomo através de uma série de metamorfoses que o levam à autorrealização do que o si possui de mais íntimo.[20]

Com essa noção de arquétipo, Jung afastava-se, portanto, radicalmente do universalismo freudiano, ainda que pretendesse encontrar o universal nas grandes mitologias humanas e no simbolismo alquímico ou esotérico. O arquétipo estava virtualmente mais próximo do *pattern* dos culturalistas norte-americanos do que do diferencialismo racial do nacional-socialismo. Porém, no contexto histórico do advento do nazismo na Alemanha, as duas teses aproximavam-se.

Armado com sua psicologia arquetipal, Jung classificava os judeus na categoria dos povos desenraizados, condenados à errância e ainda mais perigosos na medida em que, para escapar à sua desnacionalização psicológica, não hesitavam em invadir o universo mental, social e cultural dos não judeus.

A publicação do primeiro artigo de Jung na *Zentralblatt* provocou um escândalo junto a seus colegas suíços. Em fevereiro de 1934, Gustav Bally, psiquiatra e psicanalista, amigo de Ludwig Binswanger e analisado anteriormente por Hanns Sachs no BPI, publicou na *Neue Zürcher Zeitung* um contra-ataque retumbante, no qual criticava Jung por colocar sua concepção do psiquismo a serviço do nazismo:

> E como ele pretende então distinguir a psicologia germânica da psicologia judaica? Que valor teria para a pesquisa em ciências humanas o fato de considerar "de outra forma" as obras do judeu Husserl ..., de aplicar um critério racial aos trabalhos de psicólogos da Gestalt?[21]

Bally terminava seu artigo com estas palavras: "Jung argumenta com o destino, que o colocou nesse posto. Foi manifestamente o destino que quis que sua política nacional-socialista em matéria de ciência pudesse, graças à sua popularidade, registrar um sucesso."

Dessa vez a mensagem era clara. Jung poderia então ter tomado consciência da engrenagem na qual se encontrava e pedir demissão. Em vez disso, respondeu a Bally com dois artigos publicados no mesmo periódico em março de 1934: "Zeitgenössisches" ("A propósito do nosso tempo") e "Nachtrag" ("Pós-escrito"). Comparou-se a Galileu e a Einstein, "mártires" da ciência, e desqualificou não o teor dos artigos de Cimbal e de Göring, mas sua estratégia editorial. Acima de tudo, reafirmou sua adesão plena e integral às teses da psicologia das nações, ao mesmo tempo em que rejeitava a psicologia "uniformizante" de Freud e Adler: "A universalidade engendra o ódio e a amargura dos oprimidos e incompreendidos ... De onde vem essa suscetibilidade ridícula quando alguém ousa falar da diferença psicológica entre judeus e cristãos?"[22]

Na sequência da polêmica desencadeada por Bally, Jung começou a sentir-se perseguido. Passou então a acusar os judeus de serem responsáveis pelo antissemitismo que se abatia sobre eles.

Foi nesse contexto que ele evoluiu para uma concepção não igualitarista do psiquismo arquetipal. Até então, contentara-se com um simples diferencialismo. Em abril de 1934, publicou na *Zentralblatt* um longo artigo intitulado "Zur gegenwärtigen Lage der Psychotherapie" ("Sobre a situação atual da psicoterapia"),[23] no qual fazia a apologia do nacional-socialismo, ao mesmo tempo em que afirmava a superioridade do inconsciente ariano sobre o inconsciente judaico. Esse texto, pró-nazista, antifreudiano e antissemita, acabaria se tornando tristemente célebre e pesaria como um imenso fardo sobre o destino posterior de Jung e do movimento junguiano. Nele estavam reunidos todos os ingredientes para transformar a teoria freudiana num pansexualismo obsceno, associado à "mentalidade" judaica. Jung parecia esquecer que, um quarto de século antes, defendera a psicanálise contra argumentos análogos que a reduziam a uma epidemia oriunda da decadência da Viena imperial. Eis a passagem central desse texto:

> Os judeus têm em comum com as mulheres a seguinte particularidade: sendo fisicamente mais fracos, devem procurar os pontos fracos na armadura de

seus adversários e, graças a essa técnica, que lhes foi imposta ao longo dos séculos, protegeram-se melhor ali onde os outros são mais vulneráveis ... O judeu, que, como o chinês letrado, pertence a uma raça e cultura três vezes milenar, é psicologicamente mais consciente de si mesmo do que o somos. Eis por que em geral ele não teme depreciar seu inconsciente. Em contrapartida, o inconsciente ariano é carregado de forças explosivas e da semente de um futuro ainda por nascer. Portanto, não pode ser desvalorizado ou tachado de romantismo infantil sob pena de ser ameaçado por sua própria alma. Ainda jovens, os povos germânicos podem produzir novas formas de cultura e esse futuro dorme ainda no inconsciente obscuro de cada ser, onde repousam germes recheados de energia e prestes a se inflamar. O judeu, que tem algo de nômade, nunca produziu e provavelmente nunca produzirá cultura original, pois seus instintos e talentos exigem, para desabrochar, um povo hospedeiro mais ou menos civilizado.

Eis por que, de acordo com a minha experiência, a raça judaica possui um inconsciente que não pode ser comparado ao inconsciente ariano senão em determinadas condições. À exceção de alguns indivíduos criativos, o judeu médio já é suficientemente consciente e diferenciado para carregar em si as tensões de um futuro vindouro. O inconsciente ariano tem um potencial superior ao inconsciente judaico: esta é a vantagem e o inconveniente de uma juventude ainda próxima da barbárie. O grande erro da psicologia médica foi aplicar, sem discernimento, categorias judaicas — que não são válidas sequer para todos os judeus — a eslavos e alemães cristãos. Por conseguinte, ela só viu nos tesouros mais íntimos dos povos germânicos — em sua alma criativa e intuitiva — lamaçais infantis e banais, ao passo que minhas advertências viam-se sob suspeita por serem marcadas pelo antissemitismo. Essa suspeita emanava de Freud, que não compreendia a psique germânica, da mesma forma, por sinal, que seus discípulos alemães. O grandioso fenômeno do nacional-socialismo que o mundo inteiro contempla com espanto os terá esclarecido?[24]

Em sua correspondência de 1934, Jung declarou em diversas oportunidades que, doravante, seria impossível falar dos judeus sem ser tachado de antissemitismo. Quando os ataques redobraram, ele os atribuiu a uma polêmica anticristã. Assim escreveu a James Kirsch:

O simples fato de que falo de diferença entre psicologia judaica e psicologia cristã basta para fazer todo mundo exprimir a ideia preconcebida de que eu seria antissemita ... Trata-se muito simplesmente de uma suscetibilidade doentia que torna toda discussão quase impossível. Como o senhor sabe, Freud já me acusara de antissemitismo porque eu me sentia incapaz de aceitar seu materialismo sem alma. Com essa propensão a farejar antissemitismo em toda parte, os judeus acabam por suscitar efetivamente o antissemitismo.[25]

Ao mesmo tempo em que criticava os judeus por forjar as condições de sua perseguição, Jung pretendeu ajudá-los a se tornarem melhores judeus. Numa carta a seu aluno Gerhard Adler, de 9 de junho de 1934, aprovou sua ideia segundo a qual Freud era de certa forma culpado por se haver dissociado de seu arquétipo judeu, de suas "raízes" judaicas. Em outras palavras, em consonância com sua teoria, Jung não aceitava o modelo freudiano do judeu universalista, do judeu sem religião, do judeu iluminista. Condenava a figura moderna do judeu desjudeizado, culpado, segundo ele, de haver renegado sua "natureza" judaica: "Quando critico o aspecto judeu de Freud, não critico os judeus, mas essa condenável capacidade dos judeus de renegarem sua própria natureza, o que se manifesta em Freud."[26]

Preocupado em atrair os judeus para uma psicologia da diferença, Jung acompanhou atentamente a evolução de seus discípulos judeus exilados na Palestina. Graças à nova terra prometida, poderiam finalmente tornar-se junguianos. A Erich Neumann, instalado em Tel-Aviv, dirigiu uma carta, datada de 22 de dezembro de 1935, na qual fustigava os intelectuais judeus europeus "sempre à procura do não judeu". Em contrapartida, valorizava os judeus palestinos por terem, enfim, encontrado seu "solo arquetípico".

Sua convicção muito positiva de que a terra palestina é indispensável à individuação judaica é preciosa para mim. Como conciliar isso com o fato de que os judeus em geral viveram muito mais tempo em outros países que não a Palestina ... Seria porque os judeus acham-se tão habituados a serem não judeus que precisam concretamente do solo palestino para lembrá-los de sua judeidade?[27]

A partir de 1936, Jung pensou em exonerar-se da presidência da AÄGP e da *Zentralblatt*. Fez isso em 1940, quando a sociedade foi colocada, enquanto durou a guerra, sob o controle da Alemanha nazista. Sua sede foi transferida de Zurique para Berlim, enquanto a *Zentralblatt* passava para o domínio exclusivo de Göring.

Após ter publicado esse artigo, Jung mudou de opinião a respeito da psique alemã. A Alemanha tornou-se então, sob sua pluma, a pérfida Alemanha, verdadeiro núcleo de todos os malefícios que devastavam a Europa. Quanto a Hitler, idealizado em 1933 sob os traços de um magnífico despertador de almas germânico, era agora comparado a um sinistro charlatão, "boneco de pau" ou "autômato", verdadeiro arquétipo da arianidade alemã. Hitler não tinha, segundo Jung, "psicologia pessoal", e como só se relacionava com as mulheres de modo doentio era literalmente possuído por uma *anima* maléfica, de essência germânica.

Era de fato esta a significação do estudo de 1936 sobre Wotan e da longa entrevista concedida por Jung em 1938 ao célebre jornalista norte-americano Henry Knickerbocker.[28]

Jung voltava-se contra a Alemanha e contra seu Führer, utilizando os mesmos argumentos que haviam servido para glorificá-lo dois anos antes. Verdadeira serpente marinha imersa no turbilhão do arquétipo, a psicologia de Jung resultava, portanto, num impasse, característico de todas as formas de pensamento comunitarista, etnicista, diferencialista, nacionalista. Projetava na figura do *outro* o desafio perpétuo de uma negatividade que oscilava entre a inclusão simbiótica e a exclusão radical. Nenhuma forma de alteridade real podia emergir desse círculo infernal.

Persuadido a partir de 1940 de que Hitler era "o arquétipo da psicologia alemã", Jung multiplicou as declarações germanófobas, fazendo do Führer um monstro demoníaco, semelhante a um Wotan ressuscitado, culpado sobretudo por ter assassinado a Europa e perseguido os alemães. A malvada Alemanha fantasiada por Jung devia, pois, reparação aos não alemães e ao próprio Jung.[29]

Essa tese do erro coletivo, expressa em 1945 em "Nach der Katastrophe" ("Após a catástrofe")[30] e em diversas trocas epistolares,[31] não tinha muito a ver com a posição de um Adorno ou de um Thomas Mann. Para o grande escritor antinazista, tão próximo de Freud, a Alemanha nunca foi uma entidade arquetipal, mas um corpo vivo, atravessado por forças pulsionais contraditórias, ou ainda uma consciência, dividida entre sua atração pelo Iluminismo e sua fascinação pela sombra e pelo noturno: uma Alemanha freudiana, de certa forma.[32]

No dia seguinte à vitória dos Aliados, Jung não compreendeu os ataques que choviam sobre ele. Como poderia ser considerado culpado, ele que tanto havia condenado a pérfida Alemanha? Para responder a seus detratores, publicou em 1946 um curto ensaio em língua inglesa, *Essay on Contemporary Events*,[33] no qual retomava alguns de seus textos do pré-guerra acompanhados de uma introdução e de um epílogo. "Em nenhum lugar do livro", escreve Andrew Samuels, "Jung diz explicitamente que também foi tragado pela atmosfera da época, que também tornou-se um devoto de Wotan, que ele também teve um 'problema' judeu."[34]

Jung não se sentiu responsável por seus atos porque eliminara de seu sistema tudo o que se relacionava à concepção ocidental de consciência. "Minha vida é a história de um inconsciente que consuma sua realização:"[35] estas são as palavras que abrem sua autobiografia. Ao contrário de Freud, que não separava o inconsciente do processo de recalcamento e fazia do homem um ser culpado de seus desejos, Jung não concebia a ideia de uma consciência pensante, ainda que de natureza inconsciente. Assim como o homem freudiano era neurótico por essência, o homem junguiano, rizomático, aproximava-se do caos e da psicose.

Um episódio, porém, mostra que Jung quis redimir-se de seu passado. Por ocasião das conferências organizadas em Zurique em 1946 por Hermann von Keyserling, por sua vez teórico de uma caracterologia das nações, conheceu o rabino Leo Baeck, que escapara do extermínio após haver acompanhado sua comunidade religiosa em Theresienstadt. Conhecendo o passado do psicólogo, recusou-se a visitá-lo em sua casa de Küsnacht. Mas Jung foi vê-lo em seu hotel e, depois de uma acalorada discussão, pronunciou estas palavras: "É verdade, me equivoquei." Baeck contou a conversa a Gershom Scholem e este aceitou então o convite feito por Jung para que participasse dos encontros Eranos, em Ascona.[36]

Assim, Jung foi redimido pelo perdão que lhe concedeu o maior pensador da mística judaica instalado no futuro Estado hebreu. Durante anos, pôde continuar a reunir em torno dele, para os encontros Eranos, cientistas, psicólogos e historiadores das religiões, entre os quais Henry Corbin, Mircea Eliade ou Lancelot White. Seu engajamento numa vasta reflexão sobre os possíveis intercâmbios entre as filosofias orientais e ocidentais permitiu-lhe esquecer o passado. Nunca pareceu compreender o que havia sido sua participação real no nazismo, nunca abandonou sua psicologia arquetipal, nunca produziu o menor comentário sobre o genocídio dos judeus e nunca quis reconhecer que emitira declarações antissemitas. Como único arrependimento, contentou-se então com essa confissão de um "equívoco". Em suas recordações autobiográficas, colhidas por Aniela Jaffé, passou sob silêncio esse período de sua história.[37]

Essa negação levou-o a tomar uma medida despropositada no seio do Clube de Psicologia Analítica de Zurique. Em 1944, em nome do equilíbrio necessário entre os diferentes grupos humanos, decidiu limitar a 10% a admissão de membros judeus e a 35% a de convidados. Instaurava, de certa forma, uma política de "cotas" que só fazia revelar a verdadeira natureza da teoria dos arquétipos. Essa regra foi abolida em 1950.[38]

5. Freudianos contra junguianos: a reconstrução do passado

Em abril de 1945, os oficiais do Exército Vermelho atearam fogo no Instituto Göring, destruindo, dessa forma, a antiga sede do prestigioso BPI fundado por Eitingon. Com o apoio de John Rickman, que organizara na Grã-Bretanha a psiquiatria do pós-guerra, Jones ajudou os antigos colaboracionistas a se reintegrarem à IPA. A Müller-Braunschweig e Boehm confiou a reconstrução da antiga DPG, e a Kemper a missão de desenvolver o freudismo no Brasil. Como em 1933, mostrou-se mais preocupado em restaurar uma ortodoxia em matéria de análise didática do que proceder a um salutar expurgo.

Em 1950, julgando escapar ao opróbrio que pesava sobre a DPG, Müller-Braunschweig separou-se de Boehm para criar uma nova sociedade, a Deutsche Psychoanalytische Vereinigung (DPV). Esta foi integrada à IPA no ano seguinte, enquanto a DPG continuava definitivamente no exterior e Schultz-Hencke desenvolvia sua própria escola: a neopsicanálise. A DPG e a DPV entraram em conflito sobre a maneira de analisar o passado. Alguns consideravam, em especial na DPG, que a psicanálise havia sido salva "a despeito de tudo", e outros, na DPV, que havia sido liquidada, quando não destruída. Como ambas as sociedades haviam sido criadas por ex-colaboradores do Instituto Göring, nenhum trabalho crítico real podia ser elaborado em nenhuma das duas.

A partir de 1947, apenas Alexander Mitscherlich, alheio a todo esse episódio, conseguiu salvar a honra do freudismo alemão e da DPV, ao criar a revista *Psyche*, fundar em Frankfurt um Institut-Freud e obrigar as novas gerações a um imenso trabalho de rememoração. Banida da antiga capital, a psicanálise pôde renascer na República Federal Alemã, enquanto na parte leste do país era condenada como "ciência burguesa". Logo, foi a cidade de Frankfurt que esteve na vanguarda do movimento psicanalítico alemão durante a segunda parte do século XX.

A Alemanha, de toda forma, devia ser punida por seus erros. Foi então posta em quarentena pela IPA. Nenhum congresso internacional foi realizado em seu território antes de 1985, data na qual historiadores não pertencentes à IPA começaram a publicar trabalhos críticos revelando o desastre da política de Jones e o passado vergonhoso dos principais responsáveis pela "arianização" da psicanálise.

Historiador e biógrafo de Freud, Jones nunca fez uma autocrítica, fornecendo, portanto, uma versão errada da história, ao fazer de Boehm e Schulz-Hencke os *únicos* responsáveis pela política colaboracionista do período nazista. Em relação a Jung, descreveu-o como um mero adepto do antissemitismo hitlerista, próximo de Göring:

> Sua principal função havia sido estabelecer uma discriminação entre as psicologias ariana e judaica e ressaltar a superioridade da primeira. Um psiquiatra suíço protestou imediatamente contra esse abandono da neutralidade científica e, a partir de então, Jung foi severamente criticado de todos os lados por sua conduta.[39]

Era muito fácil para Jones atribuir a Jung, de um lado, e aos freudianos dissidentes, de outro, *inteira* responsabilidade pela aliança com o nazismo. É nessa perspectiva que devemos ler o livro de Edward Glover, *Freud ou Jung?*, publicado em 1950.[40] Personagem pitoresco conhecido por seus ataques contra a esclerose institucional da British Psychoanalytical Society (BPS), da qual se demitira em 1944, Glover era um ardoroso racionalista que combatia a orientação kleiniana da psicanálise em nome do retorno a um freudismo clássico.

Rejeitava todas as grandes teses de Jung, a quem censurava ao mesmo tempo por sua religiosidade, sua negação de um inconsciente pulsional e seus "absurdos transcendentais". Tentou demonstrar a existência de um laço entre o arquétipo e o racismo nazista, entre a individuação e o culto do herói ariano. O ataque era demasiado fanático e pouco argumentado no plano teórico. Todavia, assim como o de Jones, foi adotado como credo antijunguiano por freudianos de todas as tendências.

O desenvolvimento dos trabalhos sobre o período nazista transformou tanto a historiografia freudiana quanto a junguiana. Após a morte de Jung em 1961, seus simpatizantes estabeleceram os fatos ao mesmo tempo em que produziam os argumentos necessários a um "resgate" da atitude do psicólogo. Decerto, diziam em substância, Jung havia sido culpado de um "equívoco", mas nada em sua doutrina aproximava-se das teses do nacional-socialismo. O episódio de 1933-40 não passava então de um infeliz acidente da história. Essas foram as sucessivas posições de Aniela Jaffé, Henri Ellenberger e Gerhard Wehr. Embora insuficientes, tiveram pelo menos o mérito de não dissimular a verdade.[41]

A partir de meados dos anos 80, no momento em que, do lado dos freudianos, surgiam violentos conflitos sobre a política de Jones, os junguianos ingleses e norte-americanos, judeus ou não judeus, frequentemente exilados ou filhos de exilados, começam a examinar seriamente as razões daquele famoso "equívoco". Ficam então admirados que Jung fosse antissemita e que tivesse de fato colaborado equivocadamente com o regime hitlerista. Em contrapartida, rejeitam a ideia de que pudesse ser um verdadeiro militante nazista. Nesse aspecto, a International Association for Analytical Psychology (IAAP) adotou, frente ao passado do pai fundador, uma atitude mais clara e mais aberta do que a IPA face à política de Jones. Convém dizer que o que estava em jogo não era a mesma coisa. A confissão do deslize obrigava menos os discípulos do mestre de Küsnacht a reconhecer a existência de um laço profundo entre a doutrina junguiana do arquétipo e as teses do nacional-socialismo.

Andrew Samuels desempenhou um papel de primeiro plano nesse episódio. Membro eminente da Society of Analytical Psychology (SAP), de Londres, dedicou dez anos de sua vida à elucidação dessa questão. Em brilhantes artigos, demonstrou não apenas que a teoria dos arquétipos estava enraizada numa tipologia nacionalista, que conduzia ao antissemitismo e ao nazismo, mas que Jung era comparável a Hitler em sua política de *leadership* face à psicanálise. Ele também se sentia ameaçado pelos judeus e pelo medo de que a "psicologia judaica" invadisse todo o campo das psicoterapias. Samuels exortou os junguianos a fazerem o luto de Jung e se dissociarem definitivamente do diferencialismo e da tipologia dos grupos para terem acesso à verdadeira diferença.

Longe de pregar o retorno a um universalismo iluminista, Samuels propunha a adesão a um novo culturalismo, sem *pattern* nem arquétipo: uma espécie de ecologia capaz de apreender a própria essência do diferente, a fim de nela reencontrar a essência do gênero humano. Era esse, a seu ver, o único programa possível para o pós-junguianismo e a nova psicologia analítica: abrir-se à alteridade, ao estranho, ao inimigo, ao marginal e, portanto, igualmente ao adversário mais próximo, a Freud e aos freudianos:

> Então a psicologia analítica poderá despreocupadamente renunciar à câmara alta, no nível dos Estados-nações — pois vimos que terrível desordem criamos quando dela tentamos participar ... Deveríamos tentar estar ali quando for adotada uma Lei do Retorno e os pequenos grupos étnicos conquistarem ou reconquistarem suas terras e deveríamos estar em toda parte onde preparam uma Intifada ... Nós, pós-junguianos, temos que fazer reparação: então, começaremos a ir em direção aos outros, e com um pouco de sorte eles virão a nós.[42]

Ao querer transformar o diferencialismo de direita, racista e xenófobo num culturalismo de esquerda, progressista, generoso e subversivo, Samuels corria o risco de substituir a antiga psicologia dos povos por um novo etnicismo comunitarista. Como não ver, nesse culto imutável de uma psicologia da diferença, a admissão trágica da própria condição de Jung e dos junguianos? Abandonar esse culto seria efetivamente renunciar ao arquétipo e renunciar ao arquétipo seria privar a psicologia analítica de seus fundamentos teóricos. O que então equivalia a dizer que era preciso esquecer Jung.

Em 1989, a IAAP dedicou uma seção do programa de seu XI Congresso Internacional à questão do antissemitismo de Jung. Ao debater seu passado, admitindo o erro do pai fundador, que criticavam por ter pretendido estender inutilmente seu reino ao conjunto dos movimentos de psicoterapia, os junguianos salvavam a honra de seu movimento e revisavam determinados aspectos de sua doutrina. Nem todos partilhavam as opiniões de Samuels, mas todos reconheceram que Jung colaborara com o nazismo e aderira a um antissemitismo "cultural" (e não pessoal). Alguns ficaram dilacerados com essa confissão e afirmaram, como Thomas Kirsh, por exemplo, que Jung ajudara-os a redescobrir suas "raízes judaicas", proporcionando-lhes uma abertura para as outras religiões. Outros falaram de sua dificuldade de admitir a verdade. O "choque de Auschwitz" e a história do conflito entre Freud e Jung estiveram no centro dos debates.[43]

7. Fraudes francesas

Embora o XI Congresso da IAAP tenha sido realizado em Paris, os junguianos franceses, agrupados na Sociedade Francesa de Psicologia Analítica (SFPA), continuaram a propagar a lenda de um Jung inocente de toda colaboração e isento de qualquer traço de antissemitismo.

Como explicar essa diferença entre os junguianos franceses e seus colegas anglófonos?

Implantado sob a forma de um pequeno grupo de estudos em 1926, o movimento junguiano nunca obteve na França o mesmo reconhecimento que na Grã-Bretanha, nos Estados Unidos, na Suíça ou na Itália. Daí um comportamento retraído e uma propensão à queixa e à vitimização adiante da expansão do freudismo. Na realidade, a obra junguiana, já um pouco traduzida em francês durante o entreguerras, interessava essencialmente aos especialistas em história e filosofia das religiões, como Henry Corbin, René Huygues ou Alphonse Dupront, que julgavam a abordagem de Freud insuficiente a esse respeito. Atraiu igualmente a atenção de psicólogos antifreudianos e esoteristas em busca de uma nova espiritualidade. Serviu também de ponto de apoio para uma espécie de contestação subterrânea do freudismo, vivido como um dogma dominante.

A partir de 1945, é Roland Cahen quem assume a responsabilidade pela difusão da obra de Jung na França, começando a traduzir alguns textos. Nascido na véspera da Primeira Guerra Mundial[44] e oriundo de família judia não religiosa, conhecera Jung em 1936 quando preparava sua licenciatura em alemão. Tomara-se então de amores por ele, um pouco como Jean Beaufret por Heidegger uma década antes.

Refugiado na Suíça entre 1941 e 1944, publicou em Genebra, em 1943, sob o título *L'Homme à la découverte de son âme*, uma miscelânea de textos de Jung reunidos de maneira incoerente, sem ordem cronológica ou temática, sem apresentação abalizada ou notas sérias, e traduzidos de maneira incorreta ou fantasiosa. De volta à França em 1946, fez estudos de medicina e psiquiatria e se tornou o principal responsável pela publicação das obras de Jung em língua francesa: um desastre editorial. Roland Cahen não foi um intérprete erudito, humilde e escrupuloso do texto junguiano, mas o propagandista da ideia que ele fazia desse pensamento. A finalidade não era colocar o leitor francês em contato com o *trabalho* da obra, desdobrado ao longo do tempo na complexidade de sua dialética interna, mas implantar na França uma escola de psicologia analítica capaz de rivalizar com um freudismo todo-poderoso.

Daí um duplo movimento de censura e simplificação, que consistiu não apenas em deixar na sombra o período tão frutífero do "primeiro Jung" — o do genial clínico da psicose, enriquecido pela amizade com Freud —, mas em efetuar, no cerne da obra, "punções" pedagógicas destinadas a produzir receitas e propaganda. Um pouquinho de arquétipo aqui, um punhado de individuação ali, um sopro de *anima* e *animus*, uma pitada de símbolo e alma, sabedoria, si íntimo e religiosidade oriental, o conjunto agrupado sob títulos fantasiosos e incessantemente modificados: foi esta a opção editorial que contribuiu para tornar a obra de Jung ilegível em francês.

Essa ilegibilidade ia de par com a maquiagem do comportamento de Jung durante o período nazista. Preocupado em apresentar Jung acima de qualquer suspeita, Roland Cahen não se contentou em passar sob silêncio o episódio da colaboração com Göring, pretendeu demonstrar que Jung havia sido vítima de uma calúnia. Dessa forma, publicou em 1953, numa antologia intitulada *A cura psicológica*, a "tradução" de "Zur Gegenwärtigen Lage der Psychoterapie". O título escolhido — "A neurose e a autorregulação psicológica. Situação da psicoterapia em 1930" — não tinha nada a ver com o de Jung e, além do mais, Cahen apontava em nota que sua "tradução" havia sido feita "inspirada" num trabalho publicado na *Zentralblatt* em 1934.

Naturalmente, o teor desse texto, integralmente fabricado e traduzido em jargão junguiano, não corresponde ao original em alemão. No que se refere à passagem central, ao elogio por parte de Jung do nacional-socialismo, esta havia sumido, os judeus (*Juden*) eram chamados de "israelitas" e a frase sobre a desigualdade entre o inconsciente ariano e o inconsciente judaico (*arische und judische Unbewusste*) havia sido suprimida. O texto original de Jung era então substituído pelo seguinte trecho, nitidamente mais curto:

> Os israelitas têm esta particularidade comum com as mulheres: sendo fisicamente mais fracos, devem visar o defeito da couraça do adversário e, em virtude dessa técnica à qual foram compelidos por séculos de história, são mais protegidos ali onde os outros são mais vulneráveis. De uma cultura duas vezes mais antiga que a nossa, eles têm consciência num grau muito

> mais elevado do que nós das fraquezas de sombras humanas. Devem à experiência da cultura antiga a possibilidade de viver em plena consciência e na vizinhança benevolente, amistosa e paciente de seus próprios defeitos, ao passo que ainda somos muito jovens para alimentarmos ilusões sobre nós mesmos.[45]

Em 1954, sob o patrocínio de Roland Cahen, o grupo junguiano francês assumiu o nome de Sociedade C.G. Jung, que será rebatizada como Grupo de Estudos C.G. Jung, em 1957. Doze anos mais tarde, em abril de 1969, Roland Cahen fundou a Sociedade Francesa de Psicologia Analítica (SFPA), composta por 25 membros.[46] Primeira sociedade junguiana na França, filiou-se em seguida à IAAP e publicou em janeiro de 1974 o primeiro número de sua revista oficial, os *Cahiers de Psychologie Jungienne*. Em 1987, estes passaram a se chamar *Cahiers Jungiens de Psychanalyse*, a fim de marcar claramente que a luta contra o freudismo consistia agora em reivindicar um termo que Jung quisera a todo custo rejeitar.

Conscientes da importância do debate sobre o nazismo, os dirigentes da SFPA decidiram em 1977 dedicar um número especial de sua revista a essa questão — oportunidade para eles de reafirmar a total inocência do mestre de Küsnacht. Contudo, em relação à posição de Roland Cahen, um certo progresso se realizara. Em vez de serem passados sob silêncio, os episódios da colaboração com Göring eram ao menos mencionados por Étienne Perrot e Élie Humbert. Em contrapartida, a defesa de Jung, feita por Ernest Harms, consistia num artigo hagiográfico,[47] traduzido do inglês, no qual Jung era apresentado como um protetor de Freud e dos judeus. Nesse texto estavam inseridas algumas passagens do famoso artigo de 1934, em especial a que abordava a desigualdade entre o inconsciente ariano e judaico.

A publicação desse número especial permitiu aos junguianos franceses afirmarem em que haviam finalmente revelado o famoso texto do período nazista de Jung. Na sequência, em todos os seus artigos e livros, continuaram a ocultar os acontecimentos de 1933-40.

Quando o filósofo Michel Cazenave tornou-se o responsável, na editora Albin Michel, pela publicação das obras completas de Jung em francês, continuou o trabalho empreendido por Roland Cahen. Assim, no volume dos *Cahiers de L'Herne*, publicado sob sua responsabilidade em

1984, nenhuma menção é feita a esse período.[48] Na cronologia, a época dos anos 30 era reduzida à mera indicação da dupla função de Jung como presidente da AÄGP e redator-chefe da *Zentralblatt*.

Por conseguinte, nos três primeiros volumes da correspondência de Jung, nenhum comentário vinha esclarecer o leitor sobre a realidade de suas relações com o nacional-socialismo. Eis, por exemplo, como Göring era apresentado numa nota acrescentada à famosa carta de Rudolf Allers, datada de 23 de novembro de 1933: "H. Göring, psiquiatra, era presidente da associação alemã. A coincidência de nome com o futuro marechal do Reich resultou em diversos erros de interpretação."[49]

Em 1995, seis anos após o IX Congresso Internacional da IAAP, os junguianos franceses decidiram publicar um novo número de seus *Cahiers* sobre a questão do nazismo. Intitularam o conjunto "Jung e a história dos anos 30" e anunciaram que se tratava de um trabalho exaustivo. Entretanto, embora grande parte dos textos publicados na *Zentralblatt* estivesse finalmente traduzida corretamente, o artigo central de 1934 ("Sobre a situação atual da psicoterapia"), o único efetivamente nazista, não figurava em parte alguma.

Isso é compreensível: o número especial dos *Cahiers* tinha como objetivo, mais uma vez, demonstrar que Jung havia sido vítima de uma monstruosa calúnia orquestrada por seus inimigos. Era, por exemplo, apresentado como protetor dos judeus. Por ingenuidade, e para melhor protegê-los, deixara-se manipular por malvados nazistas. Quanto à sua psicologia relativista, era analisada como uma doutrina de tolerância, aberta a todas as diferenças. Com efeito, que mal havia em sustentar que um chinês não se parece com um judeu? Martine Gallard, uma das responsáveis por esses *Cahiers*, chegou ao ponto de afirmar que o pobre Jung sofria de uma "dissociação", não tendo sido muito bem compreendido, em sua "diferença", pelo implacável Freud:

> E, quando fala sobre a psicologia judaica, convém entender que é em primeiro lugar de Freud que ele fala, e que é com este que tenta acertar as contas. Fala do sofrimento de não ter sido reconhecido em sua diferença. Nós o vemos vítima de sua dissociação entre sua personalidade número 1 e sua personalidade número 2. O conflito reativou a clivagem entre essas duas partes dele mesmo que tanta dificuldade ele teve em conter em sua vida.[50]

Christian Gaillard, corredator-chefe da revista, era o único a se afastar desse panegírico. Como Andrew Samuels, rejeitava a psicologia dos povos em nome de um resgate da verdadeira psicologia analítica, ao mesmo tempo em que lamentava que Jung nunca tivesse se pronunciado sobre o genocídio.[51] Que receba aqui meus agradecimentos, apesar das diferenças de interpretação dos fatos que existem entre nós, pela ajuda que me deu por ocasião da redação deste artigo.

A respeito de uma carta inédita de Freud sobre o sionismo

Carta inédita de Sigmund Freud[1] a Chaim Koffler, membro da Fundação em prol da Reinstalação dos Judeus na Palestina (Keren Hayesod[2]), datada de 26 de fevereiro de 1930

Carta manuscrita de Freud

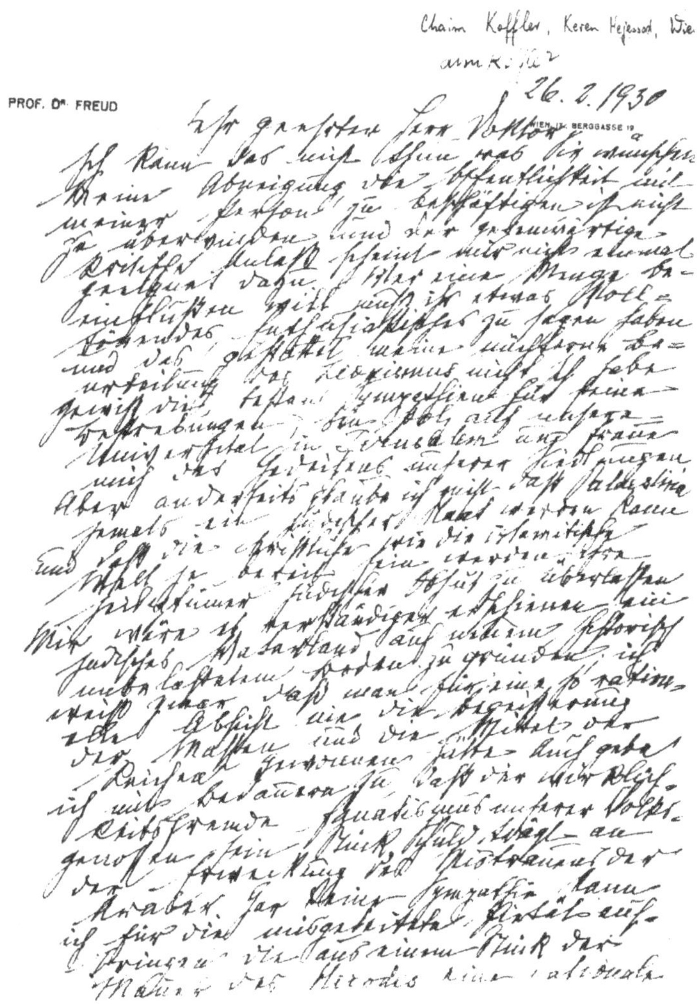

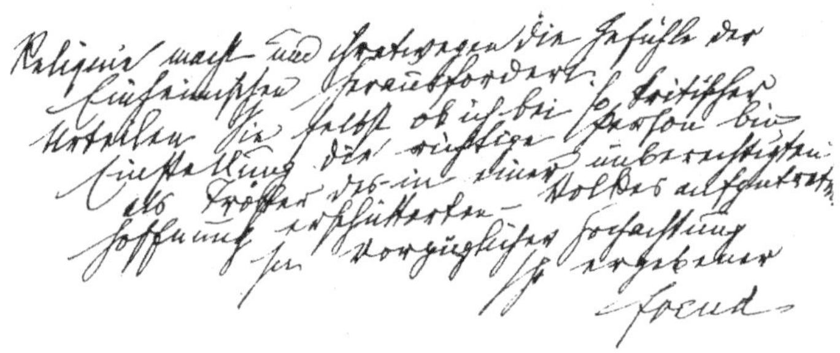

Carta de Freud datilografada em alemão

Brief an Herrn Haim Koffler, Keren Ha-Jesod

Prof.Dr. Freud

26.2.1930
Wien IX, Berggasse 19

Sehr geehrter Herr Doktor,

Ich kann das nicht thun was Sie wünschen. Meine Abneigung die Offentlichkeit mit meiner Persönlichkeit zu beschäftigen ist nicht zu überwinden und der gegenwärtige kritische Anlass scheint mir nicht einmal geeignet dazu. Wer eine Menge beeinflussen will muss ihr etwas Volltönendes, Enthusiastisches zu sagen haben und das gestattet meine nüchterne Beurteilung des Zionismus nicht. Ich habe gewiss die,besten Sympathien für freie Bestrebungen, bin stolz auf unsere Universität in Jerusalem und freue mich des Gedeihens unserer Siedlungen. Aber andererseits glaube ich nicht dass Palaestina jemals ein jüdischer Staat werden kann und dass die christliche wie die islamitische Welt je bereit sein werden ihre Heiligtümer jüdischer Obhut zu überlassen. Mir wäre es verständiger erschienen ein jüdisches Vaterland auf einem historisch unbelasteten Boden zu gründen ; ich weiss zwar dass man für eine so rationelle Absicht nie die Begeisterung der Massen und die Mittat der Reichen gewonnen hätte. Auch gebe ich mit Bedauern zu, dass der wirklichkeitsfremde fanatismus unserer Volksgenossen sein Stück Schuld trägt an der Erweckung des Misstrauens der Araber. Gar keine Sympathie kann ich für die mis(!)gedeutete Pietät aufbringen die aus einem Stück der Mauer von Herodes eine nationale Reliquie macht und ihretwegen die Gefühle der Einheimischen herausfordert.
Urteilen Sie selbst ob ich bei so kritischer Einstellung die richtige Person bin als Tröster des in einer unberechtigten hoffnung erschütterten Volkes aufzutreten.

In vorzüglicher Hochachtung,

Ihr ergebener

freud

Tradução da carta de Freud

Prof. Dr. Freud
Bergasse, 19, Viena
26/2/1930

Senhor doutor,

Não posso fazer o que o senhor deseja. Minha reticência em interessar o público por minha personalidade é insuperável e as circunstâncias críticas atuais não me parecem de forma alguma incitar a isso. Quem quiser influenciar o maior número deve ter alguma coisa de retumbante e entusiasta a lhe dizer, e isto minha opinião reservada sobre o sionismo não permite. Tenho seguramente os melhores sentimentos de simpatia por esforços livremente consentidos, estou orgulhoso de nossa universidade de Jerusalém e me regozijo com a prosperidade dos estabelecimentos de nossos colonos. Porém, por outro lado, não creio que a Palestina venha um dia a se tornar um Estado judeu nem que o mundo cristão, assim como o mundo islâmico, possa um dia estar disposto a confiar seus lugares sagrados à guarda dos judeus. Parece-me que teria sido mais ponderado fundar uma pátria judaica sobre um solo historicamente não carregado; naturalmente, sei que, por um desígnio tão racional, nunca seria possível suscitar a exaltação das massas nem a partilha dos riscos. Aceito igualmente com lástima que o fanatismo pouco realista de nossos compatriotas tenha sua parcela de responsabilidade no despertar da desconfiança dos árabes. Não consigo sentir a menor simpatia por uma devoção mal interpretada, que faz de um pedaço do muro de Herodes uma relíquia nacional e, em nome dela, desafia os sentimentos dos habitantes da região.

Julgue por si mesmo se, com ponto de vista tão crítico, sou a pessoa adequada para desempenhar o papel de consolador de um povo abalado por uma esperança injustificada.

Comentário

Em agosto de 1929, dois anos depois da publicação em língua árabe dos *Protocolos dos sábios de Sião*, que anos mais tarde dariam origem a um verdadeiro antissemitismo no mundo árabe, motins aconteceram em Hebron durante os quais palestinos massacraram uma das mais antigas comunidades judaicas do Yishuv. Diante das reivindicações nacionalistas desse povo, que julgava-se confiscado de sua terra, os líderes dos movimentos sionistas achavam-se divididos quanto à conduta a adotar. Alguns, como Vladimir Zeev Jabotinsky, consideravam os árabes marcados por um determinismo biológico que os impediria sempre de aceitar a presença dos judeus, sendo, portanto, necessário construir um "muro de aço" demográfico entre as duas comunidades, enquanto os demais — militantes da esquerda socialista — começavam, ao contrário, a tomar consciência da necessidade de uma coabitação. Assim, concebiam a ideia de criar um conselho legislativo palestino com paridade entre judeus e árabes. Isso era "reconhecer aos árabes um direito legal sobre a Palestina", escreve Georges Bensoussan, "concessão de porte aos olhos dos líderes judeus, unanimemente convencidos de que o *direito histórico* dos judeus não era comparável ao *direito de residência* dos árabes."[3]

Nem as insurreições, nem as matanças, nem as violências, que não paravam de se expandir, permitiam resolver o terrível problema de acesso aos lugares sagrados, interditados aos imigrantes. E embora a imprensa hebraica atacasse duramente os judeus ortodoxos de Hebron, aos quais acusava de terem se deixado degolar sem resistir, alguns sionistas de direita, em especial o célebre Abraham Schwadron, arquivista e colecionador de autógrafos, clamavam pelo respeito às vítimas sem com isso propor qualquer solução para a grande tragédia palestina, da qual, 60 anos após o Holocausto, somos hoje os herdeiros: "Os santos de Hebron", escreve ele, "... que não tentaram defender-se e não procuraram matar um único de seus agressores, morreram de uma morte absolutamente imoral."[4]

Foi nesse contexto que Chaim Koffler, membro vienense do Keren Hayesod, dirigiu-se a Freud para lhe pedir, assim como a outros intelectuais da diáspora, que apoiasse a causa sionista na Palestina e o princípio do acesso dos judeus ao Muro das Lamentações. Recebeu logo depois a carta aqui publicada pela primeira vez em alemão e português [traduzida a partir da versão francesa de Jacques Le Rider].

Manifestamente, a missiva do fundador da psicanálise desagradou aos membros do Keren Hayesod, uma vez que, em outra carta dirigida a Abraham Schwadron, Koffler assinala:

> A carta de Freud, apesar de sua autenticidade e de seu tom caloroso, não nos é favorável. E como aqui, na Palestina, não existe segredo, é provável que ela deixe a coleção dos autógrafos da Biblioteca da Universidade para se tornar pública. Se não posso ser útil ao Keren Hayesod, gostaria ao menos de não prejudicar sua causa. Se desejar, a título pessoal, ler esse manuscrito para em seguida me devolvê-lo, farei com que o receba por intermédio do doutor Manka Spiegel, que deve fazer uma viagem à Palestina.

Schwadron respondeu em hebraico a Koffler, com a ajuda de um *post-scriptum* acrescentado à carta deste:

> Claro, não há na Palestina nenhum segredo sobre isso, mas, como não sou naturalizado, minha coleção não recebe ajuda e não é sequer consultada pelo público ... Nem exposição, nem entrega a um qualquer, isto é, para ser mais exato, a um não sionista, nada disso é da minha responsabilidade: eu lhe "ordeno, como aos mensageiros celestes (Daniel 2, 14), que se apresse". Prometo-lhe, em nome da Biblioteca, "que nenhum olho humano o verá" (Jó 7, 8).[5]

A promessa de que nenhum olho humano veria essa missiva, julgada desastrosa para a causa sionista, foi respeitada durante cerca de 60 anos. Porém, como a melhor maneira de ocultar um arquivo ainda é destruindo-o, essa carta, justamente em virtude do mistério que pesava sobre sua localização e sobre sua existência, suscitou inúmeros rumores. A propósito, ela não continha nada além de um segredo de polichinelo, uma vez que Freud teve diversas oportunidades de se manifestar sobre o sionismo, sobre a Palestina e sobre os lugares sagrados com uma opinião idêntica à encaminhada a Keren Hayesod.

Assim, no mesmo dia — 26 de fevereiro de 1930 —, ele enviava a Albert Einstein outra carta, que retomava ponto a ponto a mesma argumentação: aversão à religião, ceticismo a respeito da criação de um Estado judeu na Palestina, solidariedade a seus "irmãos" sionistas — que às vezes ele chamava de "irmãos de raça" — empatia, enfim, pela causa sionista, cujo ideal, não obstante, nunca partilharia: "Quem quiser influenciar o maior número deve ter alguma coisa de retumbante e entusiasta a lhe dizer, e isto minha opinião reservada sobre o sionismo não permite." Freud declarava-se orgulhoso de "nossa" universidade e de "nossos" kibutzim, mas não acreditava na criação de um Estado judeu, porque, dizia, os muçulmanos e cristãos nunca aceitarão entregar seus santuários a judeus: "Eu teria compreendido se tivessem fundado uma pátria judaica sobre um solo virgem não oprimido historicamente." E lamentava o "fanatismo irrealista de seus irmãos judeus", que contribuía para "suscitar a desconfiança dos árabes". E, por fim:

> Não consigo detectar em mim sombra de uma simpatia por essa devoção equivocada que fabrica uma religião nacional a partir do muro de Herodes e que, por amor a um punhado de pedras, não teme chocar os sentimentos das populações autóctones.[6]

Para marcar claramente, além disso, que permanecia solidário às iniciativas sionistas — e mais ainda depois da tomada do poder pelos nazistas —, Freud não hesitou, por ocasião do décimo quinto aniversário da criação do Keren Hayesod, em enviar a Leib Jaffé uma carta elogiosa:

> Quero assegurar-lhe que sei muito bem a que ponto sua fundação é um instrumento eficaz, poderoso e benéfico para a instalação de nosso povo sobre a terra de seus ancestrais ... Vejo nisso um sinal de nossa invencível vontade de viver que até aqui desafiou dois mil anos de opressão sufocante.[7]

Porém, ao chegar em Londres em 1938, quando o representante inglês do Keren Hayesod requisitou-lhe outra carta de apoio, Freud respondeu mais uma vez de forma negativa. As perseguições antissemitas que o haviam obrigado a deixar Viena não haviam modificado em nada sua opinião. Continuava a sentir-se solidário a seu povo, mas continuava a detestar toda forma de religião, incluindo o judaísmo. Por conseguinte, aceitava com dificuldade a ideia de que um Estado judeu pudesse ser viável precisamente porque esse Estado, ao reivindicar uma espécie "de ser judeu", não poderia de forma alguma, a seu ver, tornar-se laico.

Em suma, Freud viu no movimento sionista em seu conjunto uma iniciativa de rejudaização dos judeus, uma espécie de novo messianismo, em vez de uma utopia socialista ou um empreendimento político. Dessa forma, preferia sua posição de judeu da diáspora, universalista e ateu, à de guia espiritual vinculado a uma nova terra prometida:

> Ao mesmo tempo que lhe agradeço por me receber na Inglaterra, gostaria de lhe pedir para não me tratar "como um guia de Israel". Prefiro ser conside-

> rado apenas um modesto homem de ciência, e nada além. Embora sendo um bom judeu que nunca renegou o judaísmo, não posso esquecer minha atitude totalmente negativa em relação a todas as religiões, incluindo o judaísmo, o que me diferencia de meus confrades judeus e me torna inapto ao papel que o senhor gostaria de me atribuir.[8]

Freud, naturalmente, tinha ciência do grande movimento de regeneração dos judeus inaugurado pelos pais fundadores do sionismo: Theodor Herzl e Max Nordau. Conhecia os homens e as ideias. Porém, embora nunca houvesse renegado sua judeidade, isto é, seu sentimento de pertencimento não à religião judaica ou ao judaísmo, mas à sua identidade de judeu sem deus, de judeu vienense assimilado — e de cultura alemã —, não concebia que o retorno à terra dos ancestrais pudesse trazer qualquer solução para a questão do antissemitismo europeu.[9] Eis por que preconizava a escolha de outro território que não o das origens: um território novo que não fosse motivo para novas guerras de religião. Nesse aspecto, teve a magistral intuição de que a questão da soberania sobre os lugares sagrados estaria um dia no centro de uma controvérsia quase insolúvel, não somente entre os três monoteísmos, mas entre os dois povos irmãos residentes na Palestina.[10] Temia, com toda a razão, que uma colonização excessiva terminasse opondo, em torno de um pedaço de muro idolatrado, árabes fanáticos e antissemitas a judeus fundamentalistas e racistas.

Não se acha em Freud nenhuma das grandes imprecações que pontuam os discursos de Nordau sobre o futuro do "novo judeu". Freud não via os judeus europeus como criaturas patológicas, abastardadas por séculos de opressão. Não tendo jamais aderido nem à teoria da degenerescência nem à psicologia dos povos, não julgava que o mero enraizamento numa terra fosse suscetível de dotar os judeus de um corpo biológico renovado ou de um psiquismo depurado de todas as antigas taras devidas à sua degradação.

Muito pelo contrário, achava que havia na judeidade intelectual, dissociada de suas raízes religiosas ou comunitárias, alguma coisa de "milagroso e inacessível a toda análise". Essa alguma coisa, esse "próprio do judeu", ele a descreverá até a publicação de *Moisés e o monoteísmo*[11] não como uma eleição, ou um particularismo, mas como um estado transistórico, único capaz de levar os judeus a uma autêntica grandeza, isto é, a essa capacidade inaudita de enfrentar os preconceitos de massa na mais completa solidão.

> Era exclusivamente à minha natureza de judeu que eu devia as duas qualidades que me haviam sido indispensáveis em minha difícil existência. Por ser judeu, vi-me livre de muitos preconceitos que, nos outros, limitam o emprego da inteligência. Como judeu, eu estava disposto a passar para a oposição e a desistir de me entender com a maioria compacta.[12]

A terra prometida investida por Freud não conhece fronteira nem pátria. Não é cercada por nenhum muro e não precisa de nenhum arame farpado para afirmar sua soberania. Inerente ao próprio homem, inerente à sua consciência, é tecida por palavras e fantasias. Herdeiro de um romantismo tornado científico, Freud forja seus conceitos a partir da civilização greco-latina e da *Kultur* alemã. Quanto ao território que pretende explorar, situa-o num alhures impossível de apreender: o de um sujeito destituído do controle do universo, dissociado de suas origens divinas, imerso no mal-estar de seu ego.

Compreendemos então por que Freud, judeu da Haskalá,* tanto lutou ao longo de sua vida para que a psicanálise não fosse associada a uma "ciência judaica", isto é, segundo ele, a uma psicologia dos particularismos, mas sim a uma teoria científica e universal do inconsciente e do desejo. Freud não queria que sua doutrina se visse confinada em um gueto. E, para demonstrar claramente que ela nada tinha de um *genius loci*, estava disposto a tudo, em particular a entregar a Carl Gustav Jung, isto é, um não judeu antissemita, a direção da International Psychoanalytical Association (IPA): "Nossos colegas arianos nos são simplesmente indispensáveis", escreve a Karl Abraham em 1908, "sem isso, a psicanálise seria presa fácil para o antissemitismo."[13]

Mas o mais espantoso é que, em 1913, quando Jung deixou o círculo freudiano para criar seu próprio movimento, Freud, furioso e magoado, não reagiu. Durante algum tempo,[14] atravessado por uma espécie de crise de rejudaização imaginária de sua doutrina, declarou que apenas bons judeus, isto é, os discípulos do primeiro círculo da Europa Central, seriam capazes, no futuro, de levar a cabo a política da psicanálise. No fim, é a Ernest Jones, único não judeu do Comitê Secreto, que é confiada a pesada tarefa de dirigir a IPA.

Conhecemos a sequência. Em 1935, adepto da tese do "salvamento" da psicanálise, Jones aceitou presidir, em Berlim, a sessão da Deutsche Pyscho-

---

* Haskalá: ver nota na página 87.

analytische Gesellschaft (DPG) durante a qual os judeus foram obrigados a renunciar. Logo depois a psicanálise foi decretada "ciência judaica" pelos nazistas, que se lançaram a um verdadeiro plano de destruição, não apenas de seus adeptos não exilados, mas de seu vocabulário, suas palavras, seus conceitos. O qualificativo tão temido por Freud foi aplicado exclusivamente à sua doutrina, nunca às outras escolas de psiquiatria dinâmica fundadas por judeus. E, provavelmente por ter sido a única a reivindicar essa herança de uma judeidade sem deus, dissociada de suas raízes e, portanto, patrimônio da humanidade, a psicanálise foi, como tal, fadada ao extermínio. Pois quando se extermina o judeu porque ele é judeu, extermina-se o próprio homem.

Após ter sido habilidosamente escondida, a carta de Freud ao Keren Hayesod conheceu um destino caótico. Em 1978, foi citada em inglês num artigo dedicado a Freud e a Herlz[15] e, em 1991, após ter sido mencionada num semanário argelino que procurava demonstrar que Freud não tinha nenhuma simpatia pelo sionismo, foi traduzida em inglês na íntegra por Peter Loewenberg, psicanalista norte-americano membro da IPA, sionista e pouco lúcido a respeito do futuro: "Freud", dizia ele, "enganou-se a respeito de sua previsão, uma vez que o Estado judeu existe de fato ...".[16] Loewenberg parecia esquecer que, se Freud manifestava reservas quanto à criação de um Estado judeu na Palestina, fazia sempre questão de manifestar sua solidariedade a seus irmãos sionistas: quem bem ama bem castiga.

Alain de Mijolla julgou então necessário divulgar esta carta na França:

> Escrevi a Pierre Vidal-Naquet para pedir-lhe um conselho. Um problema com a entrega da minha carta atrasou sua resposta, mas uma segunda remessa do documento em outubro de 2002 só me trouxe como resposta a observação: "Esse texto me provou que Freud não partilhava muitas das ilusões então em voga", depois, alguns dias mais tarde, a sugestão "de que seria engraçado" apresentá-lo na *Revue d'Études Palestiniennes*. Não segui esse conselho ...[17]

Depois que Pierre Vidal-Naquet tomou a iniciativa de enviar pessoalmente o texto à *Revue d'Études Palestiniennes*, Alain de Mijolla recusou-se a se associar a uma eventual publicação:

> Eu não queria que a AIHP[18] fosse acusada desse antissemitismo bem francês, cuja denúncia era então um prato cheio para os jornais. Portanto, eu esperava

> que um amigo judeu avalizasse o interesse puramente histórico de um documento cuja publicação, naquele momento preciso, nada de manifestamente visível justificava.[19]

Em abril de 2003, o texto de Freud foi publicado em italiano numa revista de Siena e foi então que o *Corriere della Sera*, depois o *Le Monde*, em junho, apontaram sua existência. A carta perdida chegara finalmente a seu destino.

Em julho, Mijolla fez a gentileza de solicitar uma opinião minha. Respondi-lhe que aprovava a decisão de Vidal-Naquet, mas que, no que me dizia respeito, eu pensava que um arquivo é um arquivo e que a carta devia ser imperativamente tornada pública sem condições nem estratégia. Ninguém tem o direito, a meu ver, de ocultar um texto de Freud, redigido em 1930, a pretexto de que ele possa servir aos interesses de um lado ou à propaganda de outro.

4 Conexões

A filosofia vista pela psicanálise

Entrevista ao filósofo Michel Rotfus

Michel Rotfus: Desde 1973, os programas oficiais de ensino de filosofia no secundário incluem o inconsciente na lista das *noções*, e Freud na dos autores. A senhora utiliza isso como um argumento de fato para afirmar que, doravante, podemos considerar a psicanálise como parte da filosofia, e que isso é evidente. A prova é que é ensinada nos programas de filosofia. Esse raciocínio circular não explica a relação privilegiada que se estabeleceu entre as duas. Ora, em *Por que a psicanálise*?, a senhora diz que "a França é o único país do mundo em que foram reunidas durante um século as condições necessárias a uma integração bem-sucedida da psicanálise em todos os setores da vida cultural".[1] A senhora pode explicar o que entende por isso e o que chama de *"a exceção francesa"*?

Elisabeth Roudinesco: Concordo. Enunciei um paradoxo e o senhor tem razão em voltá-lo contra mim. Se a obra de Freud é ensinada, é em primeiro lugar porque se decidiu incluí-la no programa. Poderíamos retirá-la, mas a proposição não deixaria de ser menos verdadeira: a obra de Freud é filosófica. Trata-se, em si, de uma excelente decisão tê-la incluído no programa. Mas não foi um acaso isso ter acontecido na França. É o único país no mundo em que a obra de Freud foi comentada, e com entusiasmo, primeiro pelos escritores, depois pelos filósofos: foi o mundo da cultura que a recebeu. Convém distinguir duas épocas.

Durante a primeira, a obra freudiana é recebida na França pelos surrealistas, mas também pela *Nouvelle Revue Française* e por André Gide. E ainda que André Breton fosse aluno de Pierre Janet e sua noção de inconsciente não fosse freudiana, foi para Viena e Freud que se voltaram os olhos dos escritores. Em seguida, são os filósofos que se interessam por ele: Georges Politzer, Henri Lefebvre; todo o grupo da *Recherches Philosophiques*. Os fenomenólogos também: Alexandre Koyré, Alexandre Kojève e até o primeiro Sartre. A partir desse momento, a obra de Freud ganha penetração. São igualmente Georges Bataille, as revistas *Arguments* e *Le Minotaure*, e todas as revistas literárias, antropológicas, sociológicas, todos esses grupos, que colocam a obra de Freud no centro de suas preocupações. Além disso, têm início os debates com os comunistas e marxistas: ainda que estes rejeitem a psicanálise, há debate. De maneira geral, a recepção da obra de Freud na França se dá em meio ao debate e à reflexão crítica. Enquanto em 1926, na França, é criada a primeira sociedade psicanalítica abrigada sob a égide da International Psychoanalytical Association (IPA), criada por Freud, os literatos e filósofos abordam um Freud totalmente diferente, porque o fazem de forma crítica.

Quanto ao segundo período, depois de 1945, são nitidamente os filósofos que se interessam por Freud. Os escritores do Nouveau Roman são indiferentes, até mesmo hostis à sua obra, ao passo que os fenomenólogos continuam a se interessar por ela. A começar por Sartre, que sempre se posicionou com relação à questão freudiana, mas também Maurice Merleau-Ponty, embora de forma marginal.

Paralelamente, toda uma parte do mundo psiquiátrico francês é sensível à obra de Freud: os marcados pela fenomenologia, como Eugène Minkowski. Também os que são abertos ao movimento surrealista. Henri Ey, bem como os adeptos da psicoterapia institucional, já eram sensíveis à interrogação filosófica. Todo esse meio estava preparado para receber outro Freud.

Mais tarde, nos anos 60, chega toda uma geração para a qual a obra de Freud estará presente ou será central, da qual somos os herdeiros: Georges Canguilhem, Michel Foucault, Jacques Derrida, Jean-François Lyotard, Gilles Deleuze. Mas também, ao mesmo tempo, os antropólogos e, em especial, Claude Lévi-Strauss. Convém aqui distinguir claramente o interesse desses intelectuais pela obra de Freud de sua aversão ao movimento psicanalítico, seus hábitos, seu dogmatismo, seus rituais, que são do âmbito de sua organização em nível mundial. Nesse contexto, Lacan será uma figura central, de vanguarda, e Foucault diz isso muito bem: sem ele, não teria havido esse interesse dos filósofos por Freud. Em 1950, quando ainda é pouco conhecido, Lacan relança o debate entre psicanálise e filosofia. É o primeiro a reintroduzir a filosofia alemã na obra de Freud.

MR: Com a recepção de Lacan, as coisas tomarão então um aspecto radicalmente novo?

ER: Realmente... A segunda geração, estruturalista, isto é, Foucault, Derrida, Lyotard, Deleuze, será marcada por Lacan. Quando Foucault diz essa frase extraordinária, que Sartre e Lacan são nossos dois contemporâneos alternados, ele tem razão: um é filosofia do sujeito, outro, da estrutura. É, aliás, sobre isso que repousa meu livro.[2] Durante um longo tempo, o de seu ensino oral, Lacan é ignorado: é conhecido apenas por um círculo restrito, fora do qual não é muito bem compreendido. Aqueles a quem admira — Merleau-Ponty, Roman Jakobson, Lévi-Strauss, Canguilhem — não dão muito por ele e isso o desespera. Porém, em 1966, quando tem 65 anos, os *Escritos* são publicados. De um dia para o outro, são um best-seller, algo como *As palavras e as coisas* na mesma época. Estamos em uma geração completamente diferente, que é a minha. E isso eu sei por tê-la vivido na prática: naquela época, eu tinha 22 anos e conhecia Lacan porque ele era amigo de minha mãe, Jenny Aubry, igualmente psicanalista. No fundo, ele não me interessava muito. Eu fazia parte da "família", mas não ia ao seminário de Lacan, que era visto como uma coisa de médicos. Estudante de letras, comecei a ler Foucault, Althusser, Derrida. Mas nada de Freud. A publicação dos *Escritos*, sou testemunha disso, tira Lacan do meio psicanalítico: com esse livro, descobrimos outro Lacan, mas também outro Freud, que começamos a reler de outra forma. Subitamente, descobrimos uma obra de alcance filosófico.

Ao que eu saiba, esse fenômeno é único no mundo. Em todos os outros países, o caminho intelectual passou por outra coisa que não a filosofia: nos países anglo-saxões, foram essencialmente os escritores que se interessaram pela psicanálise. Nos Estados Unidos, foram mais os cineastas. Os escritores também, mas, a partir de 1945, toda Hollywood é marcada pela cultura freudiana. Nos países latino-americanos, além dos movimentos de *art nouveau*, equivalentes do Surrealismo, marcados pelo desejo de laço entre as culturas latina e europeia, a filosofia é eclética e se alimenta de tudo o que vem da Europa, por exemplo da redescoberta do aspecto filosófico de Freud através de Althussser. Na Alemanha, é ainda outra coisa: na reconstrução do pós-nazismo, a Escola de Frankfurt reconstitui-se. Adorno e Horkheimer foram profundamente freudianos no entreguerras, mas foram os únicos. No conjunto, sua influência permanece limitada ao meio filosófico alemão. Mais tarde, o interesse pela obra de Freud será relançado pela "French theory": Lacan, Foucault, Derrida, Deleuze, Althusser.

MR: Na França, então, a filosofia estabeleceu uma relação privilegiada com a obra de Freud. Entretanto, essa situação não é desprovida de ambiguidade nem de ironia, se pensarmos na crítica[3] severa que Freud dirige à filosofia, assimilada a uma visão de mundo, *Weltanschauung*, desprovida do caráter aberto reivindicado por ele para sua teoria, fundada na pesquisa e aceitando a dúvida e o reexame. Sem falar em sua hostilidade nitidamente acirrada contra a filosofia, forjadora de visões de mundo...[4] Essa questão está encerrada?

ER: A questão nunca está encerrada pela simples razão de que as coisas "voltam", não ao idêntico mas sob outras formas. Do mesmo modo que Derrida, recorrendo a Freud, aliás, reflete sobre um pensamento que julgávamos morto, ou defasado, e que retorna,[5] o de Marx, Freud descartou efetivamente a dimensão filosófica, porque seu modelo era a ciência. Ele primeiro quis calcar a psicanálise nas ciências biológicas, e precisamente sobre o evolucionismo darwinista, sonhando fazer da psicanálise uma ciência da natureza. Porém, ao mesmo tempo, muito rapidamente, abandonou esse modelo. Ficou dividido entre esse desejo de cientificidade e a filosofia, que foi sua referência. Ora considerava a filosofia um sistema paranoico, ora ela o fascinava.

Lembro que desde o início de sua vida intelectual, então estudante e admirador de Franz Brentano, Lacan pretendia ser filósofo. Estava impregnado de filosofia, independentemente do que tenha dito e da força com que se protegeu dela. Creio que Freud, desse ponto de vista, enganou-se profundamente. Não ao privilegiar a questão da autonomia da psicanálise, mas imaginando que ela se situaria do lado da ciência, das ciências exatas. Isso não se realizou: à medida que as ciências ditas humanas pendem para o lado das ciências exatas, elas perdem a alma. E nisso se resume o problema da psicanálise: ela não é uma medicina e, quando pretende ser, é ridícula. Não é uma filosofia e, quando pretende ser, não funciona. A psicanálise, como a sociologia ou a antropologia, deve ter autonomia em relação ao pretenso modelo da cientificidade das ciências experimentais.

Logo, o debate é interminável: sempre que há um interesse comum entre psicanálise e filosofia, ambas progridem. Sempre que o debate se dá com as ciências exatas, assistimos a um retrocesso.

MR: A psicanálise é claramente identificada por seu núcleo teórico, conceitual, que é a "metapsicologia". Se aceitarmos a definição deleuziana da filosofia como produtora de conceitos, então é eminentemente filosófica. Mas ao privilegiarmos apenas essa sua dimensão, não corremos o risco de lhe amputar alguma coisa de essencial isolando-a da clínica? E, articulando as duas, não lidamos com um curioso objeto: teoria de caráter filosófico, metafilosófico, ou alguma coisa assim, que teria um status superespecial e que seria fundada numa prática própria?

ER: Estou plenamente de acordo. E Freud era muito consciente disso. Mas dizia claramente que, no dia em que a clínica matasse a pesquisa, não haveria mais psicanálise. No sentido de que, se não houvesse avanços teóricos puros, independentemente da clínica, numa reflexão que se articulasse às outras ciências — entre elas, as ciências humanas (o que hoje chamamos assim) —, não restaria mais nada da psicanálise. Em outras palavras, essa disciplina tem uma parte médica, uma terapêutica, que é a clínica, e esse é o seu drama. Mas é desse jeito: ela também é feita para cuidar das pessoas, é uma medicina da alma. Por outro lado, se for tão somente uma medicina da alma, então não passa de uma psicoterapia. Com uma nova consciência, decerto, mas permanece uma ferramenta terapêutica. Ora, ela é muito mais do que isso. Eis a ambivalência terrível dessa disciplina, que será sempre frágil, pois assentada em diferentes domínios.

A história mostra alguma coisa de trágico sobre a psicanálise que sempre me intrigou: quanto mais ela evolui profissionalmente, quanto mais psicanalistas há, quanto mais se expande com suas associações e suas regras, quanto mais pende para uma pura atividade clínica, terapêutica, mais os psicanalistas perdem então toda influência sobre o campo do saber. Param de ser cientistas e intelectuais para serem terapeutas. E bons, de alto nível, provavelmente os melhores. O que é muito digno. E com avanços incontornáveis atualmente, por exemplo, em pedopsiquiatria, com os trabalhos de Melanie Klein e Donald Woods Winnicott, ou sobre as perversões, sobre a psicose.

Ainda que o "conhece-te a ti mesmo" socrático não seja a mesma coisa, e sabemos disso, há também todo esse aspecto que víamos presente nas velhas escolas filosóficas, e que influía na dimensão terapêutica. Houve uma "farmácia", um *pharmakon* filosófico que tendeu a desaparecer ao mesmo tempo em que a medicina se separou dessa dimensão filosófica para se tornar "científica". Em nossas sociedades, a terapêutica tornou-se onipresente e quanto mais aumenta a demanda terapêutica mais a psicanálise instrumentaliza-se a serviço de uma simples psicoterapia. Todo o campo da interrogação teórica pende para o lado dos pesquisadores em história, literatura, filosofia, para o lado do domínio científico, ao passo que a parte doutrinal da pesquisa deixa de ser propriedade do domínio psicanalítico, que se dogmatiza nas escolas profissionais e se estreita. É um movimento que eu qualificaria, com grande lástima, de inelutável, porque se produz em toda parte. Estamos neste pé, atualmente, exceto na França: os melhores trabalhos sobre psicanálise são feitos por pessoas que não são psicanalistas, tenham ou não sido analisadas. Ousemos dizê-lo e atestá-lo.

MR: Como a senhora abordaria esse duplo aspecto da obra de Freud, a metapsicologia e a clínica, no âmbito de um ensino filosófico no secundário, que é, na verdade, um ensino inaugural?

ER: O que é fascinante em Freud é que realmente temos os dois aspectos. Isso é bem diferente com os psicólogos de sua geração, como Janet, que era, não obstante, filósofo por formação... Entre os *Estudos sobre a histeria* e *A interpretação dos sonhos*, a clínica e a doutrina, eu tenderia a escolher a segunda. Ainda que alguns textos, como as "Cinco lições", permitam conciliar as duas...

MR: E no que se refere à especificidade de Freud?

ER: Não se trata de simplesmente declarar, e de forma dogmática, que Freud promoveu uma ruptura e que basta acreditar nele. E, para explicar a alunos de uma turma de filosofia, eu diria que, diferentemente de todos os outros psicólogos de sua época, ele associou os fenômenos psíquicos de cada um de nós à cultura grega, à tragédia e a Édipo. Ao Édipo de Sófocles. Não a um Édipo psicologizado (fomos iludidos pela família edipiana, e Freud também, e nesse aspecto ele é imperdoável), mas a Sófocles. O gesto fundador foi associar cada sujeito, com sua história singular, sua intimidade, seus pequenos problemas amorosos e familiares, às grandes tragédias da humanidade. Nenhum psicólogo dessa época teve a audácia de associar a história de Édipo ou de Hamlet a um banal assunto privado. E isso me parece mais importante que a metapsicologia.

Expliquei-me sobre isso no diálogo com Derrida,[6] e só defendo a metapsicologia contra a psicologização. Nesse caso, com efeito, é necessário esse aparelho conceitual, pois, do contrário, não há diferença em relação aos psicólogos. Mas toda a força de Freud está menos na metapsicologia do que em associar toda a clínica às grandes obras da história da humanidade e ter reconduzido o sujeito à tragicidade da história. Daí a importância de *Totem e tabu*, *A interpretação dos sonhos*, *O futuro de uma ilusão* e *Mal-estar na cultura*. E aqui nos encontramos em pleno terreno filosófico: o confronto do homem com seu destino. Numa turma de filosofia, devemos poder nos permitir operar as retificações críticas necessárias com respeito às vulgarizações abusivas de psicologia de botequim feitas por um psicanalista que lhes explica na televisão o que é o complexo de Édipo.

MR: Justamente, em seus livros, a senhora opõe o homem trágico ao homem comportamental. Ora, muitos alunos têm uma crença "espontânea" no papel preponderante dos determinismos biológicos, bem como no dos condicionamentos de todo tipo. O professor de filosofia não teria um papel especial a desempenhar mostrando o que diferencia e opõe esses dois modelos do humano e a complexidade do que está em jogo?

ER: O que a psicanálise mostrou foi a singularidade de uma experiência subjetiva que coloca o inconsciente, a morte e a sexualidade no cerne da alma humana. O inconsciente freudiano repousa nesse paradoxo de um sujeito livre que perdeu o domínio de sua interioridade, que, dependendo da fórmula usada, decerto não é mais "senhor em sua própria casa".[7] O sujeito freudiano é livre, dotado de uma razão que vacila no interior de si mesma. É um ser falante capaz de analisar a significação de seus sonhos, de se rememorar e explorar sua subjetividade, de se confrontar com o recalcamento e o conflito interno, de trabalhar seu determinismo inconsciente para dele se emancipar. Ele não é nem a máquina comportamental dos psicólogos, nem o homem neuronal dos biólogos portador de uma memória genética.

Não é um acaso hoje em dia, no momento em que a psiquiatria se torna essencialmente uma farmacoterapia e as novas terapias cognitivo-comportamentais se desenvolvem, percebermos uma atração crescente pelo budismo e a meditação transcendental. E todo tipo de coisas ateóricas. Mas que, no fim das contas, dizem respeito à turma da filosofia, não é mesmo? Ou que podem dizer respeito se examinadas no sentido de fornecerem algo como soluções possíveis para o mal-estar existencial, substituindo à sua maneira as antigas filosofias que propunham seu *pharmakon*.

O movimento histórico atual, que se radicaliza, tende a transformar cada vez mais os homens em objetos. A sociedade torna-se depressiva ao recusar toda ideia de culpa, de desejo, de consciência, de inconsciente. Isto é, de subjetividade. Resta então o indivíduo, mensurável em seus comportamentos, em seus êxitos ou fracassos, que são quantificados como o são seus traumas, para não ter mais que se interrogar sobre sua origem. Ou então para explicar como, por exemplo, as variações de serotonina permitem, enfim, compreender a causa exclusiva do suicídio.[8] Para esses espíritos "científicos", dispomos, assim, da chave da compreensão da depressão, que se deveria tão somente a uma baixa da atividade da serotonina. Assim, julgam eles, a lógica químico-biológica conduz, enfim, à luz da compreensão racional as obscuridades desse ato fundamentalmente humano. O trágico da morte de Cleópatra, de Sócrates, de Werther ou de Emma Bovary é associado ao efeito de uma simples molécula. E os trabalhos sociológicos, históricos, filosóficos, literários ou psicanalíticos, de Durkheim a Maurice Pinguet[9] são, por fim, relegados à pré-história do saber científico.[10] Agindo de acordo com um mesmo procedimento redutor, geneticistas julgam explicar a origem da maioria dos comportamentos humanos, batizados como "genéticos": homossexualidade, violência social, alcoolismo, esquizofrenia.

A obra de Freud inclui-se inegavelmente no legado do Romantismo e de uma filosofia da liberdade crítica oriunda de Kant e do Iluminismo. Ela é a única teoria a instaurar o primado de um sujeito habitado pela consciência de seu próprio inconsciente, ou pela consciência de seu próprio despojamento. Nesse aspecto, opõe-se a todas as teorias provenientes da fisiologia (inconsciente cerebral), da biologia (inconsciente hereditário) e da psicologia (automatismo mental).

MR: Não estamos diante de uma manifestação cada vez mais nítida do que Michel Foucault chamava de "biopoder",[11] governo do corpo e do espírito por uma política que erige a biologia em sistema totalizante? Não estamos também, com relação a isso, diante do surgimento de um novo paradigma, o da depressão, que vem substituir o da histeria, correlato do homem trágico?

ER: Tudo se passa como se essa coisa, o biopoder, tendesse cada vez mais a se instalar. Como se a rebelião, ou mesmo a subversão, se tornasse cada vez mais ilusória, substituída por um confinamento securitário, pelo conformismo e o higienismo. Essa nova barbárie manifesta-se por uma tristeza da alma e pela impotência do sexo. Diante das depressões que proliferam em nossas sociedades democráticas, a renúncia a explorar o inconsciente decorre assim de um verdadeiro processo psicológico de normalização. A depressão é uma entidade amorfa, de contornos nosológicos[12] mal definidos. É um corolário do abandono da luta constitutiva da liberdade em nossas sociedades democráticas modernas.

O declínio da perspectiva revolucionária leva a buscar a mudança de comportamento subjetivo nas "camisas de força químicas". O "homem novo", uniforme, evita suas paixões. Os sucessos da farmacologia engendram assim novas alienações. O retrocesso da psicanálise está ligado à ideia de que toda rebelião se tornaria impossível, e a farmacologia transforma-se na ferramenta indispensável das sociedades democráticas. Um indicador permite avaliar o impacto dessa mutação, que é mundial: a evolução do *Manual diagnóstico e estatístico dos distúrbios mentais* (*DSM*).[13] Em sua primeira versão, elaborada em 1952 pela American Psychiatric Association, o manual leva em conta as conquistas da psicanálise e da psiquiatria dinâmica,[14] que integrara como meio de tratamento a dimensão relacional intersubjetiva, defendendo a ideia de que os distúrbios psíquicos e mentais eram essencialmente do âmbito da história inconsciente do sujeito, de seu lugar na família e de sua relação com o ambiente social circundante. Avancemos mais rapidamente. Em que pé estamos hoje? Após diversas revisões sucessivas e em seu estado atual desde 1994, o *DSM* ganha autoridade mundialmente, adotado pela Associação Mundial de Psiquiatria, fundada por Henri Ey em 1950, depois pela Organização Mundial da Saúde e, ainda que fosse necessário explicar tudo isso longamente e em detalhes, digamos que a psiquiatria foi reconduzida ao campo de uma medicina biofisiológica, excluindo qualquer referência à subjetividade.

Tudo isso parece nos afastar da turma da filosofia. Por outro lado... Essa evolução da psiquiatria é correlata da eclosão da psicofarmacologia. A psiquiatria abandona o modelo nosográfico[15] em prol de uma classificação dos comportamentos. A psicoterapia é reduzida a uma técnica de supressão dos sintomas. O medicamento corresponde sempre a um estado sintomático: quer se trate de angústia, agitação, melancolia ou simples ansiedade, é a face visível do mal que será tratada, o que permite evitar procurar suas causas. A eficácia pragmática substitui a investigação da eficácia simbólica. O paciente é orientado para uma posição cada vez menos conflituosa e, portanto, cada vez mais depressiva. No lugar das paixões, a calma; no lugar do desejo, a ausência do desejo; no lugar do sujeito, o nada; no lugar da história, o fim da história. Outra forma de pretender alcançar a ataraxia dos Antigos, ou tender para o soberano bem. Outra forma também de revisitar uma boa parte do programa de filosofia![16]

MR: Por trás dessa outra instância possível do humano de psiquismo naturalizado, vemos perfilarem-se as críticas atuais, algumas virulentas, à psicanálise. Algumas delas merecem, em sua opinião, figurar na esteira das críticas agora clássicas, como as de Popper ou Wittgenstein?[17]

ER: Não! Porque essas "críticas" derivam do ódio, e de um ódio de promotores num processo judicial. Esses autores procuram nos textos o meio de degradar o texto. Prefiro ater-me às críticas feitas pelos filósofos, mesmo os mais duros: é muito mais interessante estudar Deleuze ou Derrida do que Adolf Grünbaum ou Mikkel Borch-Jakobsen, que escrevem tolices.[18] Há 20 anos, Borch-Jakobsen escrevia coisas interessantes, mostrando que Freud, bem no início, não nascera *ex nihilo*. Mostrava suas fontes. Mas sua evolução é semelhante àquela que vai de Furet a Stéphane Courtois em matéria de história da Revolução Francesa e do comunismo: a história de toda uma geração que acreditou numa ideia foi deturpada pelo stalinismo. De 15 anos para cá, os livros de Borch-Jacobsen são simplesmente patéticos e viraram mentirosos. Ele e Grünbaum conhecem perfeitamente o corpus freudiano e o leem dessa maneira "supermoderna" que se chama delírio de interpretação. É um método de interpretação que termina por fazer um texto dizer o contrário do que diz. O comentário é uma boa coisa quando feito, por exemplo, por Derrida. É inclusive extraordinário, porque faz as pessoas retrabalharem o texto. No caso desses dois, porém, não vemos mais a relação entre o comentário e o texto. E, entretanto, criticar um autor por não ser o que gostaríamos que fosse pode resultar em obras-primas. Quando André Breton critica Freud por não ser André Breton, isso resulta, apesar de tudo, em *Nadja*.

MR: Por exemplo, quando Grünbaum critica Freud por não ter conservado o modelo neurofisiológico...

ER: Sim, e isso resultou numa coisa muito pobre. Teria sido mais interessante indagar-se sobre a razão de saber por quê. Se é para dizer que a obra de Freud parou em 1895, isto é, no momento em que ela começa, realmente...,[19] então é preciso fazer outra coisa na vida... Em vez de criticar Freud pelo abandono desse modelo sem se perguntar por que o abandonou, faz dele um falsário! Porque, no fim das contas e apesar de fascinado, Grünbaum termina seu livro acusando Freud de todas as torpezas possíveis e imagináveis.

Acho esse ódio muito particular. Tenho grande interesse pelo ódio. Em meu último livro,[20] a característica dos filósofos que eu abordo é a abominação de que foram objeto, salvo Canguilhem, talvez. Podemos achar que o campeão do ódio e da abominação é Marx, mas é Freud.

O objeto absoluto do ódio é o marquês de Sade, mas por vontade expressa. Essa criatura inacreditável, por sua perversão e aversão à lei, erigiu sua vida e sua obra com a finalidade de causar horror. Sade quer provocar essa abominação. Coloca-se como refugo abjeto da humanidade. Em contrapartida, acho muito interessante a questão de saber por que Marx e Freud foram tão odiados; ao mesmo tempo, acho inimaginável esse próprio ódio. No caso de Marx ainda é possível compreender essa forma retroativa de criticá-lo, não pelo gulag, mas por alguma coisa da ideia comunista que não funciona e que é preciso revisar, uma vez que há uma repetição, uma vez que a Revolução de toda forma desembocou no Terror. Podemos querer permanecer revolucionários, mas precisamos saber para onde vamos se não detivermos a revolução. Isto é, para essa passagem pela morte, para renascer. E essa é uma questão autêntica.

Porém, no caso de Freud, e essa é outra questão autêntica, apaixonante, de outra natureza, esse ódio não tem nenhuma necessidade para existir e irromper a não ser que seu objeto seja real. Inventa-se um massacre, o equivalente de um gulag do qual não se tem o menor vestígio, a menor prova; e os textos são fraudados, achincalhados. É um ódio que, de certa maneira, estimula a inventividade.

Por exemplo, em *O livro negro da psicanálise*,[21] Freud é tratado como mentiroso, fraudador, dissimulador, plagiador, propagandista, pai incestuoso, mas também como tirano autoritário que enganou o mundo inteiro com uma doutrina falsa. A maioria dos outros grandes representantes da psicanálise, Melanie Klein, Anna Freud, Jacques Lacan, Françoise Dolto, são igualmente maltratados — um texto mal escrito, mal amarrado, e a golpes de afirmações peremptórias, falsas e infundadas. Os movimentos psicanalíticos são denunciados como antros de corrupção e os analistas como criminosos, responsáveis pela morte de dez mil toxicômanos na França, por haverem pretensamente contribuído para impedir a difusão dos tratamentos de substituição. A obra é tanto mais perversa na medida em que, afora seus cinco principais signatários — uma organizadora, um historiador e três terapeutas comportamentalistas violentamente antifreudianos —, inclui igualmente autores cujos artigos podem ser críticos à psicanálise ou a Freud, mas que nada têm a ver com essa posição ultradestrutiva e que, à sua revelia, talvez tenham servido de aval para o empreendimento. Não é um livro cientificamente sério, é um libelo fanático que se situa na tradição da escola dita "revisionista".[22]

MR: Não é possível abordar como um conjunto homogêneo as diferentes críticas voltadas contra Freud e a psicanálise. Como a senhora acaba de dizer, nem todos têm o mesmo grau de seriedade ou interesse.[23] Frank Sulloway é diferente deles?

ER: Com efeito, eles são diferentes entre si. Frank Sulloway fez realmente um trabalho notável[24] e que é uma referência. Foi reeditado pela Fayard, com um prefácio de Michel Plon. Não partilho a ideia de que Freud permaneceu um "biólogo da mente". Mas que trabalho, que erudição! Se o lemos direito, vemos que ele não é, nesse livro [*Freud, Biologist of Mind*], um antifreudiano virulento. O problema é que o mesmo Sulloway, depois desse livro, descambou totalmente.

Como que dissimulado em meio a todas essas pessoas de quem acabamos de falar, muito diferente deles, temos Jacques Bénesteau. Seu livro [*Mensonges freudiens*] é prefaciado por Jacques Corraze.[25] Ambos pertencem ao círculo da Frente Nacional e do Club de l'Horloge. Bénesteau acaba de ter negada uma queixa por difamação que perpetrou contra mim por ocasião da publicação, em *Les Temps Modernes*, de um artigo no qual eu levantara passagens qualificadas de "antissemitismo disfarçado".[26] Dois autores do *Livro negro*, Jean Cottraux e Jacques van Rillaer, haviam elogiado esse livro diversas vezes...

MR: E certamente outros também. Ou eles são obtusos, estúpidos e cegos, ou partilham a mesma sensibilidade. Em ambos os casos é indesculpável. Mas vamos adiante. Em seu livro mais recente, obscurecido por essa querela antifreudiana, a senhora reúne a maioria daqueles a quem fez referência em nossa entrevista, e aos quais dedica, individualmente, um capítulo: Canguilhem, Sartre, Foucault, Althusser, Deleuze e Derrida... a quem presta homenagem. É, ao mesmo tempo, um livro de testemunho, de amizade e de luta. No fim de sua conversa com Derrida,[27] a senhora menciona a ideia de Ferenczi, que queria fundar uma sociedade dos amigos da psicanálise, e Derrida a reintroduz, por sua vez. Lendo *Filósofos na tormenta*, tive a impressão de que a senhora aceitaria ser reconhecida como "amiga da filosofia", ou melhor, daquilo que há em comum entre esses filósofos e que eles partilham em suas diferenças.

ER: "Amiga dos filósofos"... por que não?... o que significa também uma liberdade no engajamento, e a possibilidade de um retraimento necessário para a crítica. Minha relação com esses filósofos, antes de se tornar uma relação de "amizade", é em primeiro lugar a que me liga a "pais terríveis". Há muito tempo eu queria reuni-los. Depois da morte de Derrida, quando eu já havia escrito a maioria desses textos, quis prestar homenagem a todos os que haviam marcado minha vida. Escrevi esse texto sobre Althusser, que, por sua vez, é inédito. Fazia muito tempo que eu queria escrever sobre a coleção de tolices psicanalíticas que haviam produzido sobre ele antes e depois de sua morte. Prestando essa homenagem a essas pessoas e filósofos tão diversos, eu queria, de certa forma, falar também da minha própria divisão interna, uma vez que fiquei dividida entre Canguilhem, de um lado, e Derrida, de outro. Eles não se parecem em nada.

Fui marcada por toda essa história, que é a de um conflito. O senhor notou que esses filósofos passam o tempo brigando entre si, que ninguém está de acordo. E, como todos os de minha geração, sou a ovelha negra de "pais" que não param de se engalfinhar. Num período muito concentrado, cerca de dez anos, acompanhar simultaneamente o seminário de Deleuze, o de Lacan e o de Foucault, conhecer Althusser e Derrida ao mesmo tempo, isso era uma aventura intelectual pouco banal e temerariamente formadora. E todas essas pessoas que nunca estão de acordo confrontam-se todas elas com a questão da psicanálise, da psicologia, do engajamento. E também são escritores. Depois, há aqueles sobre quem eu também gostaria de ter escrito, as vontades às quais tive de renunciar, por exemplo, acrescentar Lyotard e Simone de Beauvoir. Porque *O segundo sexo* é um grande livro de psicanálise. Beauvoir é a primeira a introduzir as teorias americanas sobre a sexualidade feminina. Eu gostaria de tê-la feito dialogar com Lévi-Strauss... O que faz com que eu ache meu livro inacabado. Ora, preciso realmente concluí-lo...

Minha vontade, nesta época tola, conformista, marcada pelo cognitivismo e por essa estupidez bárbara em que vivemos, era testemunhar essa herança, cada vez mais atual. Nós vivíamos um momento estranho, singular: a publicação dos best-sellers *Escritos*, *As palavras e as coisas*, *A favor de Marx*, em 1965 e 1966, filosofias no fundo bastante universitárias, bastante sofisticadas. Atualmente, *Ditos e escritos* é lido de maneira muito limitada. Temos a impressão de que mais ninguém lê nada. E *Espectros de Marx*, que é para mim um livro magnífico, explica que isso retorna, que isso pode retornar sob outras formas. Espectros de Marx, espectros de Freud... A mesma ideia pode ser reinventada.

Canguilhem, crítico da psicologia em 1950. Trinta anos depois, ele percebe, com precisão, a barbárie na neurobiologia. Não é um acaso que hoje cognitivistas e filósofos da mente[28] o ataquem.

Foucault. Nunca a exatidão de suas teses foi tão comprovada. Quando fez a crítica de Lacan, a da psiquiatria dinâmica, o acharam extremista, não foi compreendido. Atualmente, é relido de outra forma: quando vemos em que se transformou a psiquiatria, percebemos que Foucault nos dá os melhores instrumentos para criticar o biopoder. As prisões? Hoje é muito pior.

Derrida. No início eu achava que ele era um extremista com sua maneira de conduzir a desconstrução, que era preciso preservar as boas e velhas funções simbólicas de Lévi-Strauss e Lacan. Mas ele tinha razão, absoluta razão. Ele acompanhou a modernidade. E tinha razão acima de tudo com relação aos animais, às mulheres, à desconstrução da família, soberanias... Tenho comigo que é com esses filósofos, com o que eles nos oferecem sem obrigatoriamente se darem conta disso, que vamos retrabalhar o que está em vias de se tornar o mundo moderno. Que a elite dos jovens intelectuais vai apoderar-se deles para permitir que todas as revoltas e rebeliões contra o assalto das novas barbáries da era industrial não se transformem em rebeliões fictícias baudrillardescas. Está tudo ainda difuso: será que ingressamos em "tempos sombrios", como diz Hannah Arendt, ou numa época em que, como fez Canguilhem, é possível a manifestação de um espírito de resistência e a capacidade de dizer NÃO? O futuro dirá.

Medicina, psiquiatria e psicanálise: semiologia do sujeito[1]

Neste início de século, o imperativo da eficácia do mensurável e da supressão dos sintomas parece ter prevalecido sobre o da consolação e da classificação. Como mostra Jan Goldstein, em seu belo livro *Console and Classify* [Consolar e classificar],[2] esses dois verbos remetiam antigamente às duas principais virtudes do saber psiquiátrico, oscilando entre ciência e religião. O alienista do fim do século XVIII foi, a princípio, herdeiro do sacerdote, e seu papel era efetivamente consolar o doente, no sentido de um apoio, de uma compaixão. Uma vez laicizada, a doença mental deixou o âmbito da possessão demoníaca. Assim, o louco escapava à igreja e aos exorcistas. Quanto ao médico, transformado em psiquiatra após ter sido alienista, recebeu como missão dispensar cuidados e recolher a confissão do sofrimento psíquico.

A consolação no sentido de Philippe Pinel foi o tratamento moral: uma mistura de cuidados físicos e técnicas de coerções e persuasão. Se o alienado não era mais um insensato, isso significava que a sua loucura, e a loucura em geral, podia ser compreendida e explicada e, portanto, curada. No alienado, dizem, subsiste um resto de razão e esse resto basta para constituir um sujeito, isto é, um ser identificável alheio ao universo da possessão demoníaca. Não esqueçamos que o louco, no sentido de insensato, era considerado um animal cujo discurso não alcançava o registro da razão: uma besta viva mas destituída de sentido. Ao contrário, o alienado, no sentido de Pinel, tornava-se um estranho para si mesmo. Com a eclosão da noção de alienação, nascia uma nova concepção do sujeito fundada na divisão imaginária entre um mundo dominado pelo princípio da razão e um mundo submetido ao caos da desrazão. Por conseguinte, a ideia de cura pôde integrar-se à de consolação. O tratamento moral supunha de saída o ideal utópico da cura, da erradicação e, portanto, de uma subjetividade: não há cura sem a participação consciente de um sujeito alienado, mas nunca insensato.

A arte de consolar aliava-se antigamente à de classificar, o que permitia delimitar uma clínica. A psiquiatria do século XIX, herdeira de Pinel, devia ser capaz de catalogar não apenas as doenças, mas também de classificar o universo mental do sujeito. Em outras palavras, devia forjar classificações que não fossem apenas codificações comportamentais, mas maneiras de traduzir a nova ordem do mundo. Com efeito, era preciso integrar o louco, enquanto sujeito de direito, ao espaço jurídico egresso da Declaração dos Direitos do Homem e do Cidadão.

Como todo sistema de pensamento, a psiquiatra foi construída sobre essa definição de subjetividade, que supunha um laço dinâmico, por um lado entre uma psicogênese e uma organogênese; por outro, entre a arte de catalogar e a de classificar, entre uma abordagem nosográfica e uma abordagem existencial. Da mesma forma, a psiquiatria não podia afirmar-se como sistema de pensamento senão apoiando-se nos três grandes modelos de explicação da psique humana: um modelo nosográfico, um modelo psicoterápico e um modelo filosófico supondo uma concepção de subjetividade. Ao que em seguida se acrescentará um modelo cultural marcando diferenças — religiosas ou geográficas —, mas respeitando uma concepção universalista do psiquismo humano.

Se o louco tornava-se dessa forma um sujeito especial, isso significava que a loucura podia ser catalogada como uma série de sinais visíveis, destinados a distinguir uma norma e uma patologia. Logo, era observável ao infinito, seja numa iconografia, seja nos comentários escritos ou falados que definem uma clínica. Quanto ao hospício, devia assemelhar-se a uma espécie de jardim botânico do sofrimento mental, onde viriam soçobrar, como num quadro de Géricault, os fragmentos perdidos de uma desrazão mórbida, inteiramente submetida à lógica de um grande desejo de classificação.

Visita ou médico cruzavam no hospício com os atores de um teatro cujos movimentos estranhos, e frequentemente grotescos, só faziam imitar a racionalidade do palco do mundo, com seus gritos e sua linguagem, seus crimes e suas paixões. Era essa, em todo caso, a opinião de Etienne Esquirol, principal organizador desse dispositivo: "Toda casa de loucos", dizia ele, "tem seus deuses, seus padres, seus fiéis, seus fanáticos. Tem seus imperadores, seus reis, seus ministros, seus cortesãos, seus ricos, seus generais, seus soldados e um povo que obedece."

Para os representantes progressistas da nova sociedade burguesa, preocupados em apagar os estigmas de uma época revolucionária ainda viva na consciência popular, o desafio não era pequeno: tratava-se de promover uma "ciência" das doenças da alma, levando também à elaboração de uma técnica de perícia judiciária suscetível de separar os criminosos responsáveis, passíveis de prisão ou pena de morte, dos assassinos irresponsáveis destinados a um confinamento asilar.

Soberano do reino dos loucos, o alienista tinha então que saber ler o delírio,[3] isto é, comprovar a existência da loucura adotando o modelo da medicina anatomoclínica, em pleno desabrochar, e segundo a qual, mediante a abertura dos corpos, era possível retroceder do sintoma à lesão orgânica. Porém, praticando autópsias, os senhores do hospício não descobriam nenhuma lesão cerebral suscetível de explicar sua origem. Assim, aceitavam a tese clássica do resíduo de razão, acreditando na presença, no sujeito alienado, de uma demarcação precisa entre uma consciência responsável e estados de demência. Em outras palavras, como aponta muito bem Rigoli, a loucura era, aos olhos deles, uma ampliação patológica das paixões comuns da vida.

Num primeiro momento, preocupados com a cura, procuraram nos relatos autobiográficos dos loucos as provas que não conseguiam detectar no interior do corpo. Assim, desenvolveram uma arte do estudo textual, utilizando por sua vez a linguagem das belas-letras e da retórica e ensinando a arte oratória a seus pacientes. Daí uma profusão de escritos que, aliás, não traziam nenhuma solução para a questão colocada. Com efeito, um louco pode ser delirante nos atos da vida cotidiana e perfeitamente coerente em suas expressões literárias e projetos filosóficos. Por conseguinte, ao se tornar "literária", a loucura escapava à interpretação dos desafortunados médicos.

Progressivamente, ao fim e ao cabo do abandono do tratamento moral, começou-se de novo, e mais ainda depois de 1840, a procurar a causa anatômica das doenças mentais. À procura do resto de razão sucedeu a ideia de uma incurabilidade, estigmatizada pela longa duração do confinamento perpétuo. E, uma vez que a linguagem dos alienados parecia decepcionante, recorreu-se maciçamente à iconografia. Pintores e desenhistas foram mobilizados para exibir os sinais externos de um mal cuja causalidade interna continuava desconhecida, mas que se pretendia ver surgir nos traços de um rosto ou nas bossas de um crânio, conforme as teorias de Johann Gaspard Lavater (fisiognomonia) ou Franz Joseph Gall (frenologia).

Julgou-se então possível efetuar classificações observando o próprio corpo, como se a materialidade da representação da loucura pudesse suprir o vazio da fala. Um pouco mais tarde, foi preciso desiludir-se ainda mais. E, a despeito da invenção da fotografia, que permitirá a Charcot reinventar as atitudes passionais da histeria, a grande querela das causas prosseguiu, idêntica a si mesma, sem nunca trazer qualquer solução para o enigma da passagem entre o psíquico e o biológico.

No fim do século XIX, com o surgimento progressivo da noção de cronicidade, estranha a Pinel,[4] o confinamento asilar foi visto, em si, como o único meio de tratar a loucura. A longa duração do hospício tornou-se o único tratamento possível de todas as doenças mentais. Foi a época da hereditariedade-degenerescência, que se impôs em diversos domínios do saber antes de desmoronar, em 1905.[5] Ela reduziu a doença mental a uma causalidade puramente orgânica, condenando ao nada a própria ideia de subjetividade.

A instituição asilar implantou-se então na maioria das regiões do mundo em que se constituía um Estado de direito favorável às liberdades individuais, isto é, em todos os países para onde eram exportados os ideais da Declaração dos Direitos do Homem. Em suma, nos países ocidentais com regimes democráticos, ou potencialmente democráticos: países em que a antiga ordem feudal vinha sendo desmantelada e nos quais se constituía a noção jurídica e filosófica de sujeito. Dela decorrerá a ideia, progressivamente aceita em psiquiatria, da noção de estabilização, ou de melhoria, ou ainda de remissão. Através da longa duração da instituição do hospício, ela substituiu a noção pineliana de cura.

Essa noção de cronicidade, adotada igualmente pela medicina moderna, continha em germe duas teses antagônicas. Uma conduzia ao niilismo terapêutico, logo, ao retorno da incurabilidade — inútil intervir, uma vez que tudo seria dado antecipadamente e a única solução seria o hospício; a outra, ao contrário, questionava a utopia progressista da cura (no sentido de erradicação) para introduzir, no cerne do homem, a ideia de que a doença faz parte da vida e, portanto, a vida e a morte cruzam-se no organismo, como o normal e o patológico emaranham-se numa mesma estrutura. Ideia cara a Xavier Bichat, retomada em seguida por Georges Canguilhem.[6]

Além disso, a noção de cronicidade compreendia a de historicidade, que permite a Freud ao mesmo tempo sair do niilismo terapêutico, típico do organicismo dominante do fim do século XIX, e dar a palavra ao paciente. O inconsciente foi então visto como uma estrutura de sentido, uma significação encoberta, determinando o sujeito à sua revelia. Perdida por um saber psiquiátrico inteiramente imerso no organicismo, a noção de subjetividade encontrava uma nova significação graças à teoria freudiana do inconsciente. A cronicidade transformou-se, assim, num equivalente do destino, numa historicidade trágica do homem, prisioneiro de seu inconsciente. Por esse viés, Freud revitalizou os grandes mitos fundadores da civilização ocidental, oriundos, por sua vez, da Grécia antiga.

Com isso, o imperativo do tratar e do curar mudou de lado. Com o surgimento da psicanálise, o tratamento moral não se reduz mais a uma técnica de persuasão ou ainda a uma vontade de curar induzida pela relação entre terapeuta e paciente. O devir do sujeito doente repousava num trabalho de seu inconsciente efetuado no seio de uma relação transferencial. Ao dar a palavra ao paciente e não mais ao médico, ao inconsciente e não mais ao consciente, a um inconsciente verbalizado e não mais sonambúlico, a psicanálise assentava os fundamentos de uma clínica que se afastava da postura benevolente da consolação. Freud indicava os limites da vontade de curar introduzindo a dúvida no cerne da relação terapêutica: a demanda de um sujeito pode ser efetivamente a expressão de um desejo de jamais curar-se e jamais tratar-se. Aliás, em psicanálise, não se utiliza mais o termo “doente”, e sim “analisando”. Não nos dirigimos àquele que sofre passivamente, mas àquele que já aceita, pela transferência, analisar seu sofrimento de forma dinâmica e não queixosa ou apática.

Portanto, a psicanálise nasceu das ruínas de um sistema de pensamento que havia posto o hospício, a filantropia, a cura, depois a incurabilidade, no cerne de suas preocupações ao preço de afogar a subjetividade na organogênese. Porém, ao mesmo tempo, contribuiu para o surgimento de um novo saber psiquiátrico. Daí essa aliança entre as duas disciplinas, que se estendeu durante todo o século XX. Através dela, foi possível interrogar-se incessantemente sobre a clivagem entre a demanda de cura, formulada pelos pacientes — e não mais doentes[7] —, e o desejo subjacente que podia, ao contrário, destruir essa demanda. No âmago dessa aliança, foi preciso também questionar o desejo de tratar terapeutas, confrontados, na contratransferência, à realidade de seu próprio inconsciente.

Em psicanálise, fala-se agora (como em psiquiatria e medicina), em se tratando das patologias pesadas, não mais de cura, mas de remissão. A ideia aceita da série de camadas deve ser interpretada da seguinte maneira: longe de se reduzir a uma acumulação de fracassos, como desejariam os adversários da psicanálise, o tratamento de longo prazo pode ser necessário para um paciente quando o processo normal de autoanálise consecutivo a uma primeira camada não funciona.

Hoje em dia, a longa duração do tratamento psicanalítico, seja qual for seu âmbito e seja qual for seu modelo (cara a cara ou poltrona-divã), complementa, sem dúvida alguma, o tratamento emergencial simbolizado pelo medicamento psicotrópico. Porém, de um ponto de visa clínico, existe de fato uma antinomia entre as duas práticas. Pois a psicanálise não consola, não adormece, não acalma e não traz o conforto proporcionado pela psicofarmacologia. Ela desperta, revolve o passado, faz sofrer. O enfrentamento trágico consigo mesmo e com seu destino seria, assim, a própria essência da ética da psicanálise: não ceder quanto a seu desejo, segundo a bela fórmula de Jacques Lacan.[8]

Se o século XIX foi o da afirmação da classe burguesa e simultaneamente o da internação psiquiátrica, que permitia definir uma raça de excluídos, o século XX foi o da psicanálise, que contribuiu para recentrar, no psiquismo, a causalidade do distúrbio neurótico. Se o mal psíquico é intrínseco ao sujeito, como aponta Freud, os estigmas da norma e da patologia modificam-se no sentido de um questionamento das fronteiras antes perfeitamente definidas. A psicanálise introduz, assim, uma subversão na sociedade burguesa, uma vez que sugere que o mal de que sofre o homem moderno vem dele mesmo. O neurótico é confinado num mal-estar que concerne à sociedade inteira, mas que não poderíamos excluir da pólis por meio de um confinamento.

Essas duas disciplinas, psiquiatria e psicanálise, têm como ponto comum fundamentarem-se numa nosografia que alia uma classificação estrutural das doenças da alma a uma descrição de seu vivido existencial. Ora, como vemos, o século que se inicia é desde já o do esgotamento desse sistema de pensamento. Por enquanto — mas por quanto tempo ainda? —, as psicoterapias estão em pleno desabrochar. Ora, elas não propõem nem classificação, nem descrição de um vivido existencial, reagindo à afirmação de si por meio de um fortalecimento narcísico da soberania do eu.

À afirmação de si da classe burguesa e de seu elitismo hierarquizado, caracterizado pela devoção à família e ao patrimônio transmitido, a esse culto da raça, dando sequência ao culto feudal do sangue,[9] sucedeu uma sociedade de massa organizada em redes e transformando os sujeitos em individualidades múltiplas, em personalidades atomizadas ou dissociadas, em mercadorias, em corpos despedaçados, em suma, em sujeitos capturados pela imago do duplo no espelho, segundo a terminologia lacaniana.

Daí o surgimento de novas formas de sofrimentos psíquicos e novas maneiras de classificá-las, caracterizadas pela valorização narcísica e pelo abandono da ideia de uma subjetividade rebelde.[10] Isso explica a proliferação de psicoterapias efêmeras ou *à la carte*, que hoje parecem adaptadas a cada indivíduo, a cada comunidade, a cada grupo. Essas teorias sugerem que a vontade individual é mais poderosa que o peso do passado e da genealogia e que determina muito mais o destino do sujeito do que a ancoragem num universo familiar, numa memória, num inconsciente no sentido freudiano.

Esse despontar de uma cultura do narcisismo, no sentido de um narcisismo secundário, de um autorretraimento que remete o eu a um narcisismo primário, foi levado em conta pelo movimento psicanalítico norte-americano por volta de 1960, e sobretudo por Heinz Kohut e Christopher Lasch; Michel Foucault analisou um fenômeno idêntico de maneira diferente, bem como Marcuse.[11] A ponto de numerosos profissionais da International Psychoanalytical Association (IPA) começarem a afirmar nessa época que Narciso substituíra Édipo nos trabalhos clínicos. Em outros termos, a análise dos problemas de identidade de relação de si para si prevaleceu progressivamente, durante a década seguinte, sobre a questão do distúrbio neurótico ligado à sexualidade.

Vale dizer que, nessa época, a repressão sobre o sexo e o corpo das mulheres era menos acentuada do que no início do século. Em suma, a histeria enquanto expressão sintomática de uma sexualidade provocante, oscilando entre repressão e rigidez moral, tal como descrevera Freud, tendia a se transformar numa reivindicação narcísica acompanhada de estados profundamente depressivos.

Começou-se então a falar muito mais de distúrbios de caráter, de dependência, de adição, de toxicomania ou de estados *borderline** do que de construção edipiana ou entidades clínicas, definidas e estruturadas segundo o molde do freudismo clássico. Os pacientes não pareciam mais sofrer, pelo menos aparentemente, de uma conversão de energia sexual ou

---

* *Borderline*: ver nota na p.51.

de um recalcamento de seu desejo, mas de uma insatisfação existencial, de um estado amorfo e banal, de um vazio, de uma desilusão crônica, e sobretudo de uma incapacidade de qualquer relação de alteridade.

A esse fenômeno corresponde atualmente a multiplicidade das autoanálises, das automedicações e dos documentos brutos redigidos pelos pacientes, doravante habituados, graças aos grandes meios de informação, a se encarregarem de um cuidado de si do qual desapareceu a ideia da transferência sobre a qual fora construído o dispositivo do tratamento freudiano. Assim, o terapeuta moderno é confiscado, pelo próprio paciente, de seu saber sobre a arte de cuidar e curar.

Pois é efetivamente o paciente que agora fabrica seu tratamento pessoal consumindo diversas psicoterapias. Reina dessa forma uma patologia *fin-de-siècle* que consiste numa bulimia de tratamentos múltiplos contra um fundo de desencantamento do mundo. Se uma das grandes inovações de Freud foi dar a palavra ao sujeito, um deslocamento parece ter-se efetuado atualmente entre a ordem do saber e a da verdade. Enquanto os psiquiatras perdem-se em nomenclaturas e os psicanalistas sentem-se constrangidos de publicar histórias de doentes, os pacientes contam seu mal-estar na televisão e publicam obras documentadas nas quais utilizam o vocabulário da psiquiatria e da psicanálise para fazerem diagnósticos sobre si mesmos.

Por colocar o sujeito em presença de sua possível liberdade e, portanto, de um enfrentamento com a morte, a psicanálise é atacada, hoje mais do que nunca, por todos os que procuram desumanizar o homem, transformar o que chamei de homem trágico edipiano, habitado pela consciência de seu destino inconsciente, num homem comportamental reduzido a uma máquina, a uma coisa, a um neurônio, a um computador. Um homem ao qual prometem uma espécie de nirvana, com a condição de que renuncie à sua liberdade.

Depois dos trabalhos de Alan Turing,[12] que procurou de maneira frenética num de seus últimos artigos, em 1950, quatro anos antes de seu suicídio, atribuir ao computador uma inteligência humana a ponto de querer fazer da inteligência uma entidade abstrata livre de toda ancoragem no corpo biológico e na diferença dos sexos, os adeptos do cognitivismo e da inteligência artificial partiram para humanizar a máquina a fim de melhor desumanizar o sujeito. Assim, projetam no computador todas as virtudes habitualmente atribuídas ao homem. Essa humanização da máquina é acompanhada, por sinal, de uma visão antropomórfica do animal.

Tudo se passa como se, evacuando de um lado o corpo biológico para transformar o cérebro humano numa máquina bruta, promovessem o retorno da ordem biológica, não em absoluto no corpo humano, mas do lado de uma animalidade imaginária. É assim que se conciliam duas das grandes tentativas cientificistas de nossa época, que têm como ponto comum atacar o inconsciente freudiano. Uma consiste em fazer do homem um chimpanzé, a outra em transformar o cérebro humano num computador.

Daí essa instância do homem comportamental, destituído de subjetividade — metade macaco, metade software — que parece saído direto de um quadro de Max Ernst ou de Salvador Dalí: um bicho sem história, sem linguagem, sem pulsão, uma criatura inanimada reduzida à desagregação de seus órgãos.

Podemos nos perguntar se esse olhar sobre o homem induzido pelas ciências ditas comportamentais ou cognitivas não traduz uma verdadeira rejeição da animalidade que não passaria do avesso de um anti-humanismo. Pois, se a grandeza da concepção darwinista do homem, inspiradora de Freud, residia efetivamente no lugar preponderante que atribuía ao mesmo tempo à humanidade e à animalidade, como conjunto vivo, diremos como contraponto que o comportamentalismo é uma abordagem regressiva da teoria evolucionista. Se o homem é um chimpanzé dotado de uma máquina no lugar do cérebro, há fortes chances de que o chimpanzé não passe senão de um computador domesticado. A maneira como olhamos os animais tem muito a ver com a maneira como desumanizamos o homem e, através do homem, todos os humanos que não se adaptam ao ideal dominante.[13] Todos sabem que a psicanálise nasceu num contexto histórico marcado pelo declínio da família patriarcal e que ela soube valorizar determinado paradigma da histeria cuja generalização traduzia uma contestação da ordem burguesa. Vista como uma epidemia incidindo sobre o corpo das mulheres e o coração da pólis, a histeria foi assimilada por Maupassant às convulsões criadas pela Comuna de Paris. Quanto a Gustave Le Bon, via nela uma coisa demoníaca, um *pharmakos* capaz de levantar as massas. Embora tenha sido tributário dessa visão política da histeria, Freud atribuiu-lhe valor emancipador, assimilando-a a uma revolta impotente das mulheres entravadas em sua sexualidade. Ora, cem anos depois desse gesto inaugural, essa emancipação parece fadada à indiferença ou ao ridículo.

Nos países ocidentais, saturados de tratamentos químicos e medicinas qualificadas como *cool* ou alternativas, tudo se passa efetivamente como se a própria ideia de uma subversão social houvesse caducado diante da adesão à norma. Daí a substituição do paradigma da histeria pelo da depressão. Vivemos numa estranha sociedade ao mesmo tempo perversa e depressiva; uma sociedade doente de suas liberdades mas sem desejo de liberdade; uma sociedade doente de tratamento mas sempre em busca de uma impossível cura.

Para redescobrir a ética do sujeito própria da psicanálise, seria preciso então transformar o culto de si, narcísico e mortífero, numa nova invenção de si, uma capacidade de apreender a liberdade sem ceder ao hedonismo, o que Foucault chama de hermenêutica do sujeito. O culto de si poderia então voltar a ser um verdadeiro cuidado de si, capaz de levar em conta a exploração do inconsciente e as categorias freudianas.

Notas

Apresentação

Sob o signo da liberdade (p.7-13)

1. Elisabeth Roudinesco, *A análise e o arquivo*, Rio de Janeiro, Jorge Zahar, 2006, p.28. Para Lacan, não há história possível sem arquivo, sem o escrito, "um texto ou pedaço de papel". Cf. Jacques Lacan, "Conférences et entretiens dans des universités nord-américaines", *Scilicet*, 6/7, Paris, Seuil, 1976, p.20.

2. Sigmund Freud, "Contribución a la historia del movimiento psicoanalítico", in *Obras completas*, vol.XIV, Buenos Aires, Amarrortu, 1996, p.34.

3. Elisabeth Roudinesco, *Por que a psicanálise?*, Rio de Janeiro, Jorge Zahar, 2000, p.9.

4. Jacques Lacan, O *seminário*, livro 2, O *eu na teoria de Freud e na técnica da psicanálise*, Rio de janeiro, Jorge Zahar, 1985, p.54.

5. Cf. Marco Antonio Coutinho Jorge (org.), *Lacan e a formação do psicanalista*, Rio de Janeiro, Contra Capa, 2006.

6. Cf. Marco Antonio Coutinho Jorge, "Usos e abusos do tempo lógico: o problema da duração das sessões em psicanálise depois de Lacan", *Agora: Estudos em Teoria Psicanalítica*, vol.III, n.1, 2000.

7. Jacques Lacan, "O ato psicanalítico", in *Outros escritos*, Rio de Janeiro, Jorge Zahar, 2003, p.372.

8. Elisabeth Roudinesco, *Genealogias*, Rio de Janeiro, Relume Dumará, 1995, p.15.

1. Polêmicas

Anatomia de um "livro negro" (p.17-29)

1. Sob o título "Faut-il en finir avec la psychanalyse? Médecins, psychiatres, historiens, philosophes contestent son efficacité" [É preciso dar um fim à psicanálise? Médicos, psiquiatras, historiadores, filósofos contestam sua eficácia]. O *Nouvel Observateur* é lido por cerca de 2,6 milhões de leitores. A venda total do *Livro negro* situa-se entre 12 e 15 mil exemplares, sem considerar as devoluções.

2. Jean Birnbaum, "Catalogue de la détestation anti-freudienne", *Le Monde*, 9 set 2005.

3. Paul François Paoli, "Psychanalyse: traité de tous les nons", *Le Figaro*, 15 set 2005.

4. Roland Gori, "Ces mages noirs qui rêvent d'enterrer la psychanalyse", *L'Humanité*, 9 set 2005.

5. Antoine de Gaudemar, *Libération*, editorial, 17 set 2005.

6. Gilbert Charles, "La guerre des psys", *L'Express*, 5 set 2005.

7. "Jacques-Alain Miller répond aux anti-Freud", *Le Point*, 22 set 2005. Cf. também Philippe Val em *Charlie Hebdo*, 28 set 2005.

8. Cf. Elisabeth Roudinesco, "Droit de réponse", *Le Nouvel Observateur*, 22-28 set 2005: "Se me recusei a participar do número que o senhor dedicou a esse livro foi porque está fora de questão eu contribuir para a promoção de um livro que trabalha, obviamente, pela demolição da psicanálise, livro apresentado sob uma luz favorável na capa de sua revista."

9. *Libération*, 17 set 2005.

10. Cf. Elisabeth Roudinesco, *Por que a psicanálise?*, Rio de Janeiro, Jorge Zahar, 2000. A exposição havia sido organizada pela Biblioteca do Congresso. [Esteve em cartaz no Brasil, no Museu de Arte de São Paulo (Masp), em outubro de 2000, com o título *Freud: conflito e cultura*. (N.R.)]

11. Henri Ellenberger, *The Discovery of the Unconscious. The History and Evolution of Dynamic Psychiatry*, Nova York, Basic Books, 1970 [ed. fr.: *Histoire de la découverte de l'inconscient*, Paris, Fayard, 1994]; *Médecines de l'âme: essais d'histoire de la folie et des guérisons psychiques*, Paris, Fayard, 1995. Observemos que a tradução francesa do livro *Freud, Biologist of the Mind* (Nova York, Basik Books, 1979), de Frank J. Sulloway, foi reeditada em condições idênticas pela Fayard em 1998 (*Freud, biologiste de l'esprit*), com um excelente prefácio de Michel Plon, por sua vez pouco suspeito de hagiografia freudiana. Observemos também que, no *Livro negro*, Sulloway só faz repetir o que já havia escrito nessa obra, acrescentando declarações mais veementes.

12. Michel Ellenberger, "Témoignage", 1º fev 2005.

13. *Marianne*, n.434, 13-19 ago 2005.

14. No *Dicionário de psicanálise* (Rio de Janeiro, Jorge Zahar, 1998), Michel Plon e eu recenseamos amplamente (com referências bibliográficas) todas as revisões de casos de Freud e todas as pretensas ocultações evocadas no *Livro negro*: Emma Eckstein, Horace Frink, Hermine von Hug-Hellmuth, Viktor Tausk etc. São igualmente listados todos os atores dos anos negros que colaboraram com o nazismo, o fascismo e as ditaduras latino-americanas. Sobre Marilyn Monroe, podemos consultar a excelente biografia crítica, de Marie-Magdeleine Lessana, *Marilyn, retrato de uma aparição* (Rio de Janeiro, Jorge Zahar, 2006).

15. Jacques Bénesteau, *Mensonges freudiens: histoire d'une désinformation séculaire*, Sprimont, Mardaga, 2002. O livro é prefaciado por Jean Corraze, simpático à Frente Nacional [partido de extrema-direita liderado por Jean-Marie Le Pen]. Quanto ao autor, teve recusada uma queixa por difamação impetrada contra mim na esteira da publicação de um artigo em *Les Temps Modernes*, no qual eu apontara passagens qualificadas como "antissemitismo camuflado". [Ler, no presente volume, o ensaio "Crônica de um antissemitismo camuflado".]

16. Stéphane Courtois et al., *Le livre noir du communisme: crimes, terreur, répression*, Paris, Laffont, 1997.

17. Cf. Jean-Claude Milner, *La politique des choses*, Paris, Navarin, 2005.

18. Devemos-lhe, especialmente, a descoberta das cartas de juventude de Freud: *Lettres de jeunesse de Freud*, Paris, Gallimard, 1990.

19. Peter Gay, *En lisant Freud: explorations et divertissements*, Paris, PUF, 1995; Albrecht Hirschmüller, *Josef Breuer*, Paris, PUF, 1991. Ofereci a minha ajuda a MBJ abrindo-lhe meus próprios arquivos quando ele redigia seu livro *Souvenirs d'Anna O.: une mystification centenaire* (Paris, Aubier, 1995). Trocamos antes uma longa correspondência, e ele tinha um projeto de realizar nos Estados Unidos uma obra coletiva sobre os historiadores do freudismo sobre a qual conversara comigo na companhia de Sonu Shamdasani, que hoje me acusa no *Livro negro* de ser uma "historiadora freudianamente centrada". Na realidade, foi em 1995, depois da tentativa de interdição da exposição *Freud*, que nossas relações se interromperam. Sem dúvida nenhuma, MBJ é um dos historiadores mais interessantes e talentosos da corrente revisionista. Pena que seu ódio por Freud o tenha levado a se associar de maneira tão virulenta à fabricação do *Livro negro*.

20. *Folha de S.Paulo*, 25 set 1996, e, para minha resposta, 7 mar 1996.

Crônica de um antissemitismo camuflado (p.30-39)

1. Jacques Bénesteau, *Mensonges freudiens: histoire d'une désinformation séculaire*, prefácio de Jacques Corraze, Sprimont, Mardaga, 2002.

2. Elisabeth Roudinesco, *Genealogias*, Rio de Janeiro, Relume-Dumará, 1995.

3. O termo "revisionismo" foi adotado nos Estados Unidos por pesquisadores que reivindicavam, no início, uma simples "revisão" dos conceitos da teoria freudiana e questionavam sua historiografia "oficial", excessivamente hagiográfica. Cf. Elisabeth Roudinesco e Michel Plon, *Dicionário de psicanálise* (Rio de Janeiro, Jorge Zahar, 1998), sobretudo o verbete "historiografia", onde todos esses trabalhos acham-se listados. [Sobre revisionismo, ver ainda, no presente volume, as notas 22 e 23 da entrevista "A filosofia vista pela psicanálise".]

4. Adotado pela Organização Mundial de Saúde, o *DSM* reduz o ser humano a uma soma de comportamentos, cada um podendo ser tratado com determinado medicamento psicotrópico. Cf. Stuart Kirk e Herb Kutchins, *Aimez-vous le DSM? Le triomphe de la psychiatrie américaine*, Le-Plessis Robinson, Synthélabo, 1998.

5. Cf. Jacques Derrida e Elisabeth Roudinesco, *De que amanhã... Diálogo*, Rio de Janeiro, Jorge Zahar, 2004.

6. Jacques Bénesteau, op.cit., p.88.

7. Henri F. Ellenberger, *Histoire de la découverte de l'inconscient*, Paris, Fayard, 1994.

8. Elisabeth Roudinesco, *Jacques Lacan: esboço de uma vida, história de um sistema de pensamento*, São Paulo, Companhia das Letras, 1994.

9. Em outra passagem, sou interpelada como "agitadora", comunista e acusada, entre outros "complôs", de ter defendido durante oito anos a política da União Soviética.

10. Sigmund Freud, *Freud présenté par lui-même* [1925], Paris, Gallimard, 1984.

11. Henri F. Ellenberger, *Médecines de l'âme*, Paris, Fayard, 1995.

12. Sigmund Freud, "As resistências à psicanálise", in *ESB*, vol.19, Rio de Janeiro, Imago, várias eds.

13. Jacques Bénesteau, op.cit., p.190.

14. Estudei essa configuração num artigo escrito em colaboração com Henry Rousso: "'Le Juif Marat'. Antisémitisme et Contre-Révolution, 1886-1944", *L'Infini*, n.27, outono 1989, p.53-73.

15. Publicado pela Fayard em 1972.

16. Cf. Elisabeth Roudinesco, *Por que a psicanálise?*, Rio de Janeiro, Jorge Zahar, 2000.

17. Trofime Denissovitch Lyssenko (1898-1976): geneticista soviético, adepto da teoria stalinista das "duas ciências" (burguesa e proletária), que houve por bem refutar as teses mendelianas sobre a hereditariedade a fim de demonstrar que a natureza era maleável e que, uma vez realizadas as condições do socialismo, ela poderia se tornar um perfeito protagonista de seu sucesso. Cf. Jaurès Medvedev, *Grandeur et chute de Lyssenko*, Paris, Gallimard, 1971; Dominique Lecourt, *Lyssenko: histoire réelle d'une "science prolétarienne"*, Paris, Maspero, 1976.

18. Em 10 de janeiro, a convite de Jacques-Alain Miller, eu estava na tribuna do Fórum dos Psis em companhia de Bernard Henri-Lévy, Jean-Claude Milner, Cathérine Clément, Jack Lang e o redator-chefe auxiliar do jornal *L'Humanité*.

19. A cena me foi relatada por uma testemunha.

20. Béatrice Vuaille, "Enquête sur les mensonges freudiens", *Le Quotidien du Médecin*, 13 mai 2003.

21. Mathias Pessiglione, "Mensonges freudiens", *La Recherche*, n.359, dez 2002, e n.362, fev 2003.

22. Christophe André, *Synapse*, n.200, dez 2003. Lembremos que todos os livros de meu amigo Patrick Mahony, psicanalista canadense e notável historiador do freudismo, acham-se traduzidos em francês. Mahony destacou-se por efetuar um severo trabalho crítico sobre os grandes casos de Freud, cujos rastros podemos encontrar no *Dicionário de psicanálise*, op.cit. Quanto aos trabalhos de Adolf Grünbaum e Ernest Gellner, estão igualmente traduzidos em francês. Comentei-os no meu livro *Por que a psicanálise?*, op.cit.

23. Jean Cottraux, *Les visiteurs du soi. À quoi servent les psys?*, Paris, Odile Jacob, 2004.

24. Cf. Alan Sokal e Jean Bricmont, *Imposturas intelectuais*, Rio de Janeiro, Record, 1999.

25. Artigo de 27 abr 2003. Cf. Robert Wilcocks, *Maelzel's Chess Player: Sigmund Freud and the Rhetoric of Deceit*, Romand & Littlefield, 1991.

É proibido proibir? (p.40-45)

1. Tobie Nathan, *L'Influence qui guérit*, Paris, Odile Jacob, 1994.

Psicanálise e homossexualidade (p.46-72)

1. *Les premiers psychanalystes. Minutes de la Société Psychanalytique de Vienne, 1906-1908*, vol.1, Paris, Gallimard, 1976.
2. Sigmund Freud, "Três ensaios sobre a teoria da sexualidade" [1905], in *ESB*, vol.7, Rio de Janeiro, Imago, várias eds.; e "Leonardo da Vinci e uma lembrança de sua infância" [1910], in *ESB*, vol.11, op.cit.
3. Ver também: Sandor Ferenczi, "États sexuels intermédiaires" [1905], in *Les écrits de Budapest*, Paris, Epel, 1994, p.243-56; e "L'Homoérotisme: nosologie de l'homosexualité masculine", in *Psychanalyse II, Œuvres complètes 1913-1919*, Paris, Payot, 1970, p.117-30.
4. Sigmund Freud, "A psicogênese de um caso de homossexualidade numa mulher" [1920], in *ESB*, vol.18, op.cit.
5. Sigmund Freud, "A psicologia das massas e a análise do eu" [1921], in *ESB*, vol.18, op.cit.
6. Sigmund Freud, *Correspondance, 1873-1939*, Paris, Gallimard, 1966.
7. Élisabeth Young-Bruehl, *Anna Freud*, Paris, Payot, 1991.
8. Ralph Roughton, "Psychanalyste et homosexuel?", *Revue Française de Psychanalyse*, n.4, t.LXIII, 1999, p.1281.
9. Ver a esse respeito, Jacques Derrida e Elisabeth Roudinesco, *De que amanhã... Diálogo*, Rio de Janeiro, Jorge Zahar, 2004.
10. Gilbert Diatkine, "Identification d'un pacient", *Revue Française de Psychanalyse*, n.4, t.LXIII, 1999, p.1306.
11. César Botella, "L'Homosexualité(s): vicissitudes du narcisisme", *Revue Française de Psychanalyse*, n.4, t.LXIII, 1999, p.1317.
12. *Libération*, 7 jul 1999.
13. Nicos Nicolaïdis, "L'Homosexualité et la question de la différence", *Médecine et Higyène*, 21 mar 2001, p.2339.
14. *Le Temps*, 2 mai 2001.
15. Ver a esse respeito: Robert D. Hinshelwood, *Dictionnaire de la pensée kleinienne*, Paris, PUF, 2000.
16. Ver Elisabeth Roudinesco, *Jacques Lacan: esboço de uma vida, história de um sistema de pensamento*, São Paulo, Companhia das Letras, 1994.
17. Elisabeth Roudinesco, *História da psicanálise na França*, vol.2, Rio de Janeiro, Jorge Zahar, 1988; e, com Michel Plon, *Dicionário de psicanálise*, Rio de Janeiro, Jorge Zahar, 1998.
18. Michel Foucault, *História da sexualidade*, vol.3, *O cuidado de si*, Rio de Janeiro, Forense Universitária, 1995; *Os anormais*, São Paulo, Martins Fontes, 2001; e *A hermenêutica do sujeito*, São Paulo, Martins Fontes, 2006.

19. Sabemos que, para Freud, o complexo de Édipo é a representação inconsciente pela qual se exprime o desejo sexual ou amoroso da criança pelo genitor do sexo oposto e sua hostilidade pelo genitor do mesmo sexo. Essa representação pode se inverter e exprimir amor pelo genitor do mesmo sexo e ódio a respeito do genitor do sexo oposto. Em Freud, a homossexualidade deriva frequentemente do Édipo invertido, mas o Édipo invertido não resulta obrigatoriamente numa orientação de tipo homossexual.

20. Jacques Lacan, O *Seminário*, livro 5, *As formações do inconsciente*, Rio de Janeiro, Jorge Zahar, 1999, p.214-20.

21. "Falei incidentalmente, a propósito desse banquete, de assembleia de tias velhas, considerando que nem todos estão em seus verdes anos, mas, em todo caso, eles não deixam de ter um certo formato", Jacques Lacan, *O Seminário*, livro 8, *A transferência*, Rio de Janeiro, Jorge Zahar, 1992, p.139.

22. Jacques Lacan, *O Seminário*, livro 1, *Os escritos técnicos de Freud*, Rio de Janeiro, Jorge Zahar, 1986.

23. Idem.

24. Michel Tort, "Homophobies psychanalytiques", *Le Monde*, 15 out 1999; e "Quelques conséquences de la différence 'psychanalytique' des sexes", *Les Temps Modernes*, n.609, jun-jul-ago 2000. Didier Eribon, *Une morale du minoritaire. Variations sur un thème de Jean Genet* (Paris, Fayard, 2001), em especial os capítulos dedicados à "homofobia" de Lacan e aqueles intitulados "Pour en finir avec Jacques Lacan".

25. Didier Eribon, *Réflexions sur la question gay*, Paris, Fayard, 1999.

26. Jacques Lacan, "Os complexos familiares", in *Outros escritos*, Rio de Janeiro, Jorge Zahar, 2003. Publicado originalmente em 1938 como verbete da *Encyclopédie française*.

27. Michel Tort, "Homophobies psychanalytiques", op.cit. Essa passagem não é reproduzida no artigo de *Les Temps Modernes*, op.cit.

28. Michel Tort, "Quelques conséquences de la différence...", op.cit., p.213.

29. Tony Anatrella, "A propos d'une folie", *Le Monde*, 26 jun 1999.

30. Jacques Lacan, "Função e campo da fala e da linguagem em psicanálise", in *Escritos*, Rio de Janeiro, Jorge Zahar, 1998.

31. Michel Tort, "Quelques conséquences de la différence...", op.cit., p.202.

32. O mais célebre foi o padre Louis Beinaert, cujo itinerário foi por mim retraçado.

33. Ver Elisabeth Roudinesco, *Jacques Lacan: esboço de uma vida...*, op.cit., p.31-2.

34. Carta de Marthe Allard, in *Cher maître... Lettres à Charles Maurras*, texto estabelecido por Pierre Henri Deschodt (Paris, Bartillat, 1995, p.602); Didier Eribon, *Une morale du minoritaire*, op.cit., p.265.

35. No congresso da IPA de Marienbad, em 1936, Jones cortou a palavra de Lacan ao fim de dez minutos. Analisei essa questão do tempo em *Jacques Lacan: esboço de uma vida...*, op.cit.

36. Observemos que Pichon teve como característica ser ao mesmo tempo freudiano, maurrasiano e dreyfusiano. Ver *História da psicanálise na França*, vol.1, Rio de Janeiro, Jorge Zahar, 1989.

37. Edouard Pichon, "La famille devant Monsieur Lacan", reeditado em *Cahiers Confrontation*, n.3, 1980.
38. Ver Bertrand Ogilvie, *Lacan, le sujet*, Paris, PUF, 1987.
39. Verbete "Homosexualité", redigido em 1976 e republicado desde então sem modificações.
40. A acusação foi proferida na minha presença, em 2 fev 2000, durante um programa da France Culture (*La suite dans les idées*), reunindo em especial Geneviève Delaisi e Martine Gross, presidente da Associação dos Pais Gays e Lésbicos (APGL).
41. Jean-Pierre Winter, "Gare aux enfants symboliquement modifiés", *Le Monde des Débats*, mar 2000.
42. Charles Melman assim exprimiu-se, na presença de Martine Gross, durante o programa *Planète*, jun 2001, e na RTL, 21 jun 2001. Ver também, a meu respeito, "Hyacinthe Hirsch", *Le Discours Psychanalytique*, n.5759, 1986, p.1964, e "Lacan a-t-il fait acte?", *La Célibataire*, outono-inverno 2000, p.9. Sobre a homoparentalidade, ver Stéphane Nadaud, *L'homoparentalité: une nouvelle chance pour la famille?*, Paris, Fayard, 2002.
43. Pierre Legendre, entrevista a Antoine Spire, *Le Monde*, 23 out 2000.
44. "Vision progressive de l'homosexualité", entrevista a Eric Lamien, *Ex Aequo*, 27 abr 1999.

2. Pioneiros

Lacan, a peste (p.75-85)

1. O texto "Notes en allemand" foi publicado em *Ornicar?*, n.42, outono 1987-88, e traduzido para o francês por Geneviève Morel e Frantz Kaltenbeck.
2. Jacques Lacan, *O Seminário*, livro 3, *As psicoses*, Rio de Janeiro, Jorge Zahar, 1988.
3. Jacques Lacan, *Escritos*, Rio de Janeiro, Jorge Zahar, 1998.
4. André Breton, *Les pas perdus*, Paris, Idées-Gallimard, 1969.
5. Jacques Lacan, "Notes en allemand", op.cit., p.7.
6. Jacques Lacan, *Escritos*, op.cit., p.410.
7. Ibid., p. 409.
8. Idem.
9. Jacques Lacan, *Escritos*, op.cit., p.420.
10. Cf. Carl Schorske, *De Vienne et d'ailleurs: passages de la modernité*, Paris, Fayard, 2000.
11. Jacques Lacan, *Escritos*, op.cit., p.404.

As primeiras mulheres psicanalistas (p.86-97)

1. Sigmund Freud e Josef Breuer, *Estudos sobre a histeria* [1895], in *ESB*, vol.2, Rio de Janeiro, Imago, várias eds.

2. *Les premiers psychanalystes. Minutes de la Société Psychanalytique de Vienne, 1906-1908*, vol.1, Paris, Gallimard, 1976, precedido de introdução, de Hermann Nunberg, 9-26; ibid., *1908-1910*, vol.2, Paris, Gallimard, 1978; ibid., *1910-1911*, vol.3, Paris, Gallimard, 1978; ibid., *1912-1918*, vol.4, Paris, Gallimard, 1983, apresentação de Michel Schneider, "Le troubles des commencements", p.III-XXIII. Vincent Borme, *Les premiers disciples de Freud*, Paris, PUF, 1978. Elke Mühlleitner, *Biographisches Lexikon der Psychoanalyse: die Mitglieder der Psychologischen Mittwoch-Gesellschaft und der Wiener Psychoanalytischen Vereinigung von 1902-1938*, Tübingen, Diskord, 1992; Edward Shorter, "The two medical worlds of Sigmund Frend", in *Freud and the History of Psychoanalysis*, Toby Gelfand e John Kerr (orgs.), Londres, The Analytic Press, 1992, p.59-79.

3. Ver Jacques Le Rider, *Modernité viennoise et crises de l'identité*, Paris, PUF, 1994.

4. Lista das primeiras mulheres psicanalistas membros da WPV (1907-38): 1) Lou Andreas-Salomé; 2) Anny Angel-Katan; 3) Grete Bibring-Lehner; 4) Berta Bornstein; 5) Stefanie Bornstein-Windholzova; 6) Dorothy Burlingham; 7) Edith Buxbaum; 8) Julia Deming; 9) Frances Deri; 10) Helene Deutsch; 11) Ruth Eissler-Selke; 12) Anna Freud; 13) Berta Grünspan; 14) Salomea Guttman; 15) Mary Hawkins O'Neil; 16) Else Heilpern; 17) Margarethe Hilferding; 18) Edwig Hoffer-Schaxel; 19) Hermine von Hug-Hellmuth; 20) Edith Jackson; 21) Salomea Kempner; 22) Marianne Kris; 23) Jeanne Lampl de Groot; 24) Estelle Levi; 25) Ruth Mack-Brunschwick; 26) Anna Mänchen; 27) Margarethe Mahler; 28) Caroline Newton; 29) Beate Rank; 30) Annie Reich; 31) Erszébet Révész; 32) Tatiana Rosenthal; 33) Lili Roubiczek; 34) Eugénie Sokolnicka; 35) Sabina Spielrein; 36) Editha Sterba; 37) Josefine Stross; 38) Alfhild Tamm; 39) Frida Teller; 40) Jenny Wälder; 41) Rosa Walk; 42) Flora Kraus. Ver também para a biografia das mulheres: Elisabeth Roudinesco e Michel Plon, *Dicionário de psicanálise*, Rio de Janeiro, Jorge Zahar, 1998.

5. Sigmund Freud, *A interpretação dos sonhos* [1899], in *ESB*, vols.4 e 5, op.cit.

6. Ver Max Schur, "Some additional day residuees", "Specimen dream of psychoanalysis", in *Psychoanaysis: a General Psychology*, Nova York, International University Press, p.45-85; e *La mort dans la vie de Freud*, Paris, Gallimard, 1975.

7. Ver Jeffrey M. Masson, *Le réel escamoté*, Paris, Aubier-Montaigne, 1984; Michel Schneider, *Blessures de mémoire*, Paris, Gallimard, 1980.

8. Ver Hermine von Hug-Hellmuth, *Journal psychanalytique d'une petite fille* [1919, 1923], Paris, Denoël, 1988, prefácio de Sigmund Freud; *Essais psychanalytiques: destin et écrits d'une pionnière de la psychanalyse*, textos reunidos, apresentados e traduzidos por Dominique Soubrenie, prefácio de Jacques Le Rider, posfácio de Yvette Tourne, Paris, Payot, 1991; Paul Roazen, *La saga freudienne*, Paris, PUF, 1986; Wolfgang Humer, "Die erste Kinderanalytikerin", in *Psychoanalyse als Herausforderung*, Festschrift, I.A. Caruso, Viena, 1980; Angela Graf-Nold, *"Der Fall Hermine Hug-Hellmuth", Eine Geschichte des frühen Kinder-Psychoanalyse*, Munique-Viena, Erlag Internationale Psychoanalyse, 1988.

9. Ver Anna Maria Accerboni, "Tatiana Rosenthal (1885-1921): une brève saison analytique", *Revue Internationale d'Histoire de la Psychanalyse*, n.5, 1992, p.95-109.

10. Ver *Sabina Spielrein entre Freud et Jung*, dossiê descoberto por Aldo Carotenuto e Carlo Trombetta, edição francesa organizada por Michel Guibal e Jacques Nobécourt, Paris, Aubier-Montaigne, 1981; Victor Ivanovitch Ovtcharenko, "Le destin de Sabina Spielrein", *L'Évolution Psychiatrique*, t.60, jan-mar 1995, p.115-22.

11. C.G. Jung e Sigmund Freud, *Correspondance*, vol.I [1906-09], Paris, Gallimard, 1975, p.283.

12. Dossiê *Sabina Spielrein entre Freud et Jung*, op.cit., p.273.

13. Ver Elisabeth Roudinesco e Michel Plon, *Dicionário de psicanálise*, op.cit.

Conversa com Françoise Dolto (p.98-125)

1. Dependente da Sociedade Psicanalítica de Paris.

2. W. Granoff e F. Perrier, *Le désir et le féminin*, Paris, Aubier-Montaigne, 1979. Françoise Dolto, *Sexualité féminine*, Paris, Scarabée/Métailié, 1983.

A América freudiana (p.126-133)

1. Ver Elisabeth Roudinesco, *História da psicanálise na França*, vol.2, Rio de Janeiro, Jorge Zahar, 1988, p.196.

2. J.J. Putnam, *Introduction de la psychanalyse aux États-Unis: correspondance de James Jackson Putnam avec Freud, Jones, Ferenczi, William James et Morton Prince*, Paris, Gallimard, 1978.

3. Paul Roazen, *La saga freudienne*, Paris, PUF, 1986, p.309-18.

4. Acerca dessas questões, ver B. Pulman, "Aux origines du débat entre anthropologie et psychanalyse", *Gradiva*, n.6, verão 1989; e *L'Homme*, n.100, out-dez 1986, p.119-42.

5. H. Hartmann, *La psychologie du moi et le problème de l'adaptation*, Paris, PUF, 1968.

6. O itinerário particular de Bruno Bettelheim, judeu, vienense emigrado para os Estados Unidos, não é tratado nesse artigo. Embora nunca tenha se filiado à IPA, sua doutrina assemelha-se ao modelo do pragmatismo adaptativo.

7. Ernest Jones, *Vie et œuvre de Sigmund Freud*, t.III, Paris, PUF, 1956, p.342.

8. Sigmund Freud, *Portrait psychologique du Pt. Wilson*, Paris, Albin Michel, 1967.

3. Histórias

Entrevista a Philippe Sollers (p.137-154)

1. Ver a esse respeito Michel Surya, *Georges Bataille, la mort à l'œuvre*, Paris, Gallimard, 1992.

2. Célia Bertin, *La dernière Bonaparte*, Paris, Perrin, 1982. Ver também *Marie Bonaparte et la psychanalyse à travers ses lettres à René Laforgue et les images de son temps*, apresentado por Jean-Pierre Bourgeron, Genebra, Champion Slatkine, 1993. Há também os famosos *Carnets noirs*, diário íntimo de Marie Bonaparte escrito entre 1925 e 1939, no qual ela registra diariamente sua análise e as confidências feitas por Freud. Uma cópia desse diário encontra-se na Biblioteca do Congresso de Washington (interditada à consulta); outra foi roubada da filha da princesa por Franck Hartmann, que se diverte em difundir nos Estados Unidos trechos de informações; um terceiro exemplar acha-se em minhas mãos: é um documento muito interessante e rico em episódios.

3. Nos países escandinavos, na mesma época, encontramos uma tese idêntica, mas enunciada de outra forma. Por exemplo, em 1934, um autor sueco, Bror Gadelius, sustenta que a doutrina freudiana da sexualidade é mais apta a se implantar nos países latinos do que nos povos do Norte, pois foi inventada por um homem de "raça judaica", raça que, por sua vez, seria marcada por um pansexualismo específico. Portanto, a diferença sexual é aqui estabelecida sob a categoria de uma psicologia dos povos, associada a um não igualitarismo que resulta na ideia segundo a qual cada nação, cada etnia, cada povo teria sua identidade, sua mentalidade, seu inconsciente, sua sexualidade. Esse mesmo discurso estava presente entre os judeus do fim do século XIX, estimulado pelo "ódio de si judeu" (Otto Weininger, Karl Kraus etc.). Depois de 1945, desaparece completamente, tanto da literatura psicanalítica quanto do antifreudismo, que toma então outra forma. Porém, encontramos rastros disso num texto nitidamente antissemita de Ernest Jones. Trata-se de uma conferência intitulada "Psicologia da questão judaica", na qual Jones — após ter explicado que os judeus eram tão responsáveis quanto os antissemitas pela existência do antissemitismo, devido à sua arrogância, à sua concepção de povo eleito e à sua vontade de se distinguir pela circuncisão — chega a acreditar na existência de uma psicologia judaica e até mesmo de uma fisiologia. "O segundo traço físico ao qual fiz alusão", diz ele, "é o nariz hitita, que evoca amplamente uma deformidade e que os judeus infelizmente adquiriram de seu nomadismo: desafortunadamente, ele é associado a um gene dominante" (1945). Ver E. Jones, *Essais de psychanalyse appliquée*, Paris, Payot, 1973; e Bror Gadelius, *Crença e cura pela fé com um estudo crítico sobre a psicanálise* (não traduzido, Estocolmo, 1934). Sobre o antissemitismo de Angelo Hesnard, ver Elisabeth Roudinesco, "A propos d'une lettre d'Aneglo Hesnard", *Les Carnets de Psychanalyse*, n.2, inverno 1991-92.

4. Ver Yosef Hayim Yerushalmi, *Le Moïse de Freud: judaïsme terminable et interminable*, Paris, Gallimard, 1993.

Ellenberger e a descoberta do inconsciente (p.155-164)

1. Ver Henri Ellenberger, *Médecines de l'âme. Essais d'histoire de la folie et des guérisons psychiques*, Paris, Fayard, 1995.

2. Ola Andersson, *Freud avant Freud: la préhistoire de la psychanalyse*, Col. Les Empêcheurs de Penser en Rond, Paris, Synthélabo, 1997.

3. Publicado no Brasil sob o título *Freud precursor de Freud: estudos sobre a pré-história da psicanálise*, com tradução e prefácio de Luiz Carlos Uchoa Junqueira Filho e introdução de Elisabeth Roudinesco e Per Magnus Johansson (São Paulo, Casa do Psicólogo, 2000). (N.T.)

Jung: do arquétipo ao nazismo (p.165-188)

1. Para a redação desse artigo, utilizo as seguintes fontes: Sigmund Freud, "Sobre a história do movimento psicanalítico" [1914], in *ESB*, vol.24, Rio de Janeiro, Imago, várias eds.; C.G. Jung, *Correspondance, 1906-1909*, vol.1, *1910-1914*, vol.2, Paris, Gallimard, 1975; Henri F. Ellenberger, *Histoire de la découverte de l'inconscient*, Paris, Fayard, 1994; Elisabeth Roudinesco, *História da psicanálise na França*, vol.1, *1885-1939*, vol.2, *1925-1985*, Rio de Janeiro, Jorge Zahar, 1988 e 1989; *Les années brunes: la psychanalyse sous le III Reich*, textos traduzidos e apresentados por Jean-Luc Evard, Paris, Confrontation, 1984; Hermann M. Lohmann (org.), *Psychoanalyse und Nationalsozialismus. Beiträge zur Bearbeitung eines unbewältigten Traumas*, Frankfurt, Fischer, 1984; *On forme des psychanalystes. Rapport original sur les dix ans de l'Institut Psychanalytique de Berlin*, apresentação Fanny Colonomos, Paris, Denoël, 1985; Geoffrey Cocks, *La psychothérapie sous le IIIe Reich*, Paris, Les Belles Lettres, 1987; Regine Lockot, *Erinnern und Ducharbeiten*, Frankfurt, Fischer, 1985; Andrew Samuels, *Jung and the Post-Jungians*, Londres, Routledge e Paul Kegan, 1985; Jennyfer Curio, *Ce qui est arrive à la psychanalyse en Allemagne* e *Carl Gustav Jung et le national-socialisme*, dissertação de mestrado em psicopatologia e psicanálise, Paris, Universidade de Paris-Nord, 1997.

2. Ver Eugen Kogon, Hermann Langbein, Adalbert Rukerl, *Les chambres à gaz, secrets d'État*, Paris, Minuit, 1984.

3. Sobre essa questão, ver Yosef Hayim Yerushalmi, *Le Moïse de Freud: judaïsme terminable et interminable*, Paris, Gallimard, 1993.

4. Regine Lockot, "Mésusage, disqualification et division au lieu d'expiation", *Topique*, n.57, 1995, p.245-57.

5. Ver *Ici la vie continue de manière surprenante. Contribution à l'histoire de la psychanalyse en Allemagne*, edição francesa estabelecida por Alain de Mijolla e Vera Renz, Paris, AIHP, 1987.

6. Geoffrey Cocks, op.cit., p.139.

7. Ibid., p.125.

8. Ver a esse respeito Yirmiyahu Yovel, *Spinoza et autres hérétiques*, Paris, Seuil, 1991.

9. Ver Peter Gay, *Freud, uma vida para o nosso tempo*, São Paulo, Companhia das Letras, 1989.

10. Sigmund Freud e Sandor Ferenczi, *Correspondance, 1908-1914*, Paris, Calmann-Lévy, 1992, p.519-20.

11. Sigmund Freud e Karl Abraham, *Correspondance, 1907-1926*, Paris, Gallimard, 1969.

12. Sigmund Freud, *Correspondance, 1873-1939*, Paris, Gallimard, 1966.

13. C.G. Jung, *Correspondance, 1906-1940*, Paris, Albin Michel, 1992, p.181-2, tradução francesa correta por Josette Rigal e Françoise Perigaut.

14. C.G. Jung, "Geleitwort", *Zentralblatt für Psychotherapie*, 6, 1, 1933, p.10-11; reproduzido em C.G. Jung, *Gesammelte Werke*, vol.10, Olten/Freiburg, Walter, 1974, p.581-3; corretamente traduzido por Alix Gaillard-Dermigny sob o título Éditorial, *Cahiers Jungiens de Psychanalyse*, n.82, primavera 1995, p.9-10.

15. C.G. Jung, *Correspondance, 1906-1940*, op.cit., p.196-7. Ver também Gerhard Wehr, *Carl Gustav Jung, sa vie, son œuvre, son rayonnement*, Paris, Librairie de Médicis, 1993.

16. C.G. Jung, "Une interview à Radio-Berlin", 26 jun 1933, in *C.G. Jung parle. Rencontres et interviews*, tradução francesa correta por Marie-Martine Louzier-Sahler e Benjamen Sahler, Paris, Buchet/Chastel, 1985, p.55-61. A versão alemã desse texto foi conhecida em 1987 e analisada por M. von der Tann, in "A Jungian perspective on the Berlin Insitutute for Psychohterapy: a basis for mourning", *San Francisco Jung Institute Library Journal*, 8, 4, 1989. Ver Andrew Samuels, "Psychologie nationale, national-socialisme et psychologie analytique: réflexions sur Jung et l'antisémitisme", *Revue Internationale d'Histoire de la Psychanalyse*, n.5, Paris, 1992, p.183-221.

17. Ele explica essa política em duas cartas de 22 de janeiro de 1934, uma destinada a Poul Bjerre, outra a Alphonse Maeder, *Correspondance, 1906-1940*, op.cit., p.184-8.

18. C.G. Jung, *Wandlungen und Symbolen der Libido* [1912], *G.W.*, 5, tradução francesa diversas vezes revista e corrigida sob o título *Métamorphoses et symboles de la libido* [1931], Paris, Buchet-Chastel, 1953 e 1993; "Adaptation, individuation et collectivité" [1916], *L'Herne*, "Carl Gustav Jung", 1984, p.35-9. "Instinkt und Unbewusste" [1928], publicado originalmente em inglês em 1919, tradução francesa por Yves Le Lay, in *L'Énergétique psychique*, Paris, Buchet-Chastel, 1956; *Typologische Typen* [1921], *G.W.*, 6, tradução francesa por Yves Le Lay em 1950, sob o título *Types psychologiques*, Paris, Buchet-Chastel, 1958, Georg, 1993; *Von den Wurzeln des Bewusstseins. Studien über den Archetypus* [1954], *G.W.*, 9, traduzido por Yves Le Lay e Étienne Perrot sob o título *Les Racines de la conscience*, Paris, Buchet-Chastel, 1970.

19. É a tese sustentada por Andrew Samuels em seu artigo "Psychologie nationale…", op.cit., traduzido em francês em 1992, e à qual este artigo deve muito.

20. Observemos nesse ponto a similaridade entre as teses dos adeptos de Melanie Klein a partir de 1924 e as dos junguianos. De ambos os lados, produz-se um abandono do modelo freudiano clássico do Édipo e das "fases", até mesmo do papel central da sexualidade, em prol de uma importância cada vez maior atribuída às relações de objeto. Ver a esse respeito Elisabeth Roudinesco e Michel Plon, *Dicionário de psicanálise*, Rio de Janeiro, Jorge Zahar, 1998, e Andrew Samuels, *Jung and the Post-Jungians*, op.cit.

21. Gustav Bally, "Deutschestämmige Therapie", *Neue Zürcher Zeitung*, 343, 27 fev 1934, traduzido corretamente sob um título ruim: "Psychothérapie de souche allemande", *Cahiers Jungiens de Psychanalyse*, n.82, primavera, 1995, p.10-12.

22. Os dois textos acham-se corretamente traduzidos nos *Cahiers Jungiens de Psychanalyse*, op.cit., p.12-20. Jung retoma a mesma tese em diversas cartas de sua correspondência de 1934.

23. C.G. Jung, "Zur gegenwärtigen Lage der Psychotherapie", *Zentralblatt für Psychotherapie*, n.7, 1934, p.1-16; reproduzido sem modificação em C.G.J., *Gesammelte Werke*, op.cit., p.181-201; traduzido em inglês em C.G.J., *Collected Works*, 10, Princeton, UP, 1970, sob o título "Psychotherapy today". Esse ensaio nunca foi traduzido na íntegra em francês e apenas excertos frequentemente mal traduzidos dessa passagem foram citados em artigos.

24. Encontraremos determinados excertos dessa passagem do texto de Jung traduzidos por Jacqueline Carnaud no livro de Yosef Hayim Yerushalmi *Le Moïse de Freud: judaïsme terminable et interminable*, op.cit., p.103-4.

25. Carta de 16 mai 1934, *Correspondance 1906-1940*, op.cit., p.216.

26. Ibid., p.219.

27. Ibid., p.219, 268-9.

28. C.G. Jung, "Wotan", *Gesammelte Werke*, vol.10, Olten/Freiburg, Walter, 1974, p.203-19. A tradução francesa (incorreta) desse artigo por Roland Cahen acha-se em *Aspects du drame contemporain*, Genebra, Paris, 1948 e 1960, Georg/Buchet-Chastel. Entrevista a H.R. Knickerbocker, sob o título "Diagnostic des dictateurs", in *C.G. Jung parle*, op.cit., p.96-115. Em diversas outras entrevistas, publicadas posteriormente a essa, Jung faz a mesma constatação.

29. As obras de Jung foram então inscritas na famosa lista Otto.

30. C.G. Jung, "Nach der Katastrophe", *Gesalmmete Werke*, op.cit., p.219-45. Não traduzido em francês.

31. C.G. Jung, *Correspondance, 1941-1949*, Paris, Albin Michel, 1993.

32. Thomas Mann, *O doutor Fausto*, Rio de Janeiro, Nova Fronteira, 2000.

33. C.J. Jung, *Essays on Contemporary Events: Reflexion on Nazy Germany* [1949], apresentação de Andrew Samuels, Londres, Routledge, 1989.

34. Andrew Samuels, "Psychologie nationale...", op.cit., p.195.

35. C.G. Jung, *Memórias, sonhos, reflexões*, Rio de Janeiro, Nova Fronteira, 2006.

36. Ver a esse respeito Gerhard Wehr, op.cit., p.320-1, e Aniela Jaffé, *Aus Leben und Werkstatt von C.G. Jung. Parapsychologie, Alchemie, Nationalsozialismus: Erinnerungen aus den letzten Jahren*, Zurique, Rascher, 1968. Os encontros Eranos existiam desde 1933.

37. C.G. Jung, *Memórias, sonhos, reflexões*, op.cit.

38. Ver a esse respeito: Aryeh Maidenbaum e Stephen A. Martin (orgs.), *Lingering Shadows, Jungians, Freudians and Antisemitism*, Boston, Shambhala, 1991.

39. Ernest Jones, *La vie et l'œuvre de Sigmund Freud*, vol.III, *Les dernières années, 1919-1939*, Paris, PUF, 1969, p.213.

40. Edward Glover, *Freud ou Jung?*, Paris, PUF, 1954.

41. Trabalhos de Jaffé, Ellenberger e Wehr, já citados. Do lado da hagiografia, podemos ler Ernest Harms, "Jung défenseur de Freud et des Juifs", *Cahiers de Psychologie Jungienne*, 12, inverno 1977, p.8-34; do lado do ataque, ver P. Stern, *C.G. Jung: the Haunted Prophet*, Nova York, Braziller, 1976, e também Richard Noll, *The Jung Cult. Origins of a Charismatic Movement*, Nova Jersey, Princeton University Press, 1994.

42. Andrew Samuels, op.cit., p.215.

43. O tema do congresso era "Personal and archetypal dynamics in the analytical relationship", e o título da seção "Jung and anti-semitism", in *Proceedings of the Eleventh International Congress for Analytical Psychology* (Einvieden, Daimon, 1990). Nessa época, outro tipo de censura, referente à sexualidade de Jung e sua relação com as mulheres, começava a transpirar. Ver a esse respeito o trabalho de Carlo Trombetta e Aldo Carotenuto: *Sabina Spielrein entre Freud et Jung*, apresentado por Michel Guibal e Jacques Nobécourt, Paris, Aubier-Montaigne, 1981.

44. Conheci Roland Cahen em 21 de novembro de 1989 a fim de ter com ele uma longa conversa sobre a história do junguianismo na França e sobre a visita de Jacques Lacan a Jung. Roland Cahen faleceu em março de 1998.

45. C.G. Jung, "La névrose et l'autorégulation psychologique. Situation de la psychothérapie en 1930", in *La Guérison psychologique*, Genebra, Georg, 1953, p.198-9.

46. Possui atualmente 62.

47. "Jung face au nazisme", *Cahiers de Psychologie Jungienne*, 12, inverno 1977, com artigos de diversos junguianos franceses e o de Ernest Harms, "Jung, défenseur de Freud et des Juifs".

48. Michel Cazenave adota o mesmo princípio que Roland Cahen em sua apresentação dos textos de Jung reunidos em livro de bolso. Dessa forma, o volume 1 é constituído de excertos de artigos retirados de obras de Jung que já são concebidos como excertos de sua obra. Naturalmente, aí não é feita nenhuma menção ao período nazista. Ver C.G. Jung, *La réalité de l'âme, 1: Structure et dynamique de l'inconscient*, introdução e notas de Michel Cazenave, Paris, La Pochothèque, 1998.

49. É nessa carta, já citada, que Jung declara que Göring é um homem amável e razoável.

50. Martine Gallard, "Jung et l'Allemagne nazie: les faits, le contexte", *Cahiers Jungiens de Psychanalyse*, n.82, primavera, 1995, p.75.

51. Christian Gaillard, "Le regard presbyte de C.G. Jung", *Cahiers Jungiens de Psychanalyse*, op.cit., p.105-18.

A respeito de uma carta inédita de Freud sobre o sionismo (p.189-198)

1. O manuscrito original de Freud e a cópia datilografada por um desconhecido encontram-se na Universidade Hebraica de Jerusalém, na coleção Abraham

Schwadron. Agradeço a Guido Liebermann que me transmitiu o arquivo, bem como a Michael Molnar, do Freud Museum de Londres, a Patrick Mahony e a Henri Rey-Flaud por seus preciosos conselhos.

2. Keren Hayesod ou Keren Ha Yesod: organismo fundado em 1920 com vistas à instalação dos imigrantes na Palestina.

3. Georges Bensoussan, *Une histoire du sionisme, 1860-1940*, Paris, Fayard, 2002, p.627-9.

4. Ibid., p.715.

5. Essa carta, de 2 abr 1930, faz parte da coleção Schwadron.

6. Carta de Sigmund Freud a Albert Einstein, 26 fev 1930, citada por Peter Gay em *Freud, une vie*, Paris Hachette, 1991, p.688.

7. Carta de Sigmund Freud a Leib Jaffé, 20 jun 1935, citada por Peter Gay em *Freud, un Juif sans dieu*, Paris, PUF, 1989, p.118-9.

8. Citada por Jacquy Chemouni em *Freud et le sionisme*, Paris, Solin, 1988, p.127 e 266.

9. Cf. Jacques Le Rider, *Modernité viennoise et crises d'identité*, Paris, PUF, 1994; e Delphine Bechtel, Dominique Bourel, Jacques Le Rider (orgs.), *Max Nordau 1849-1923*, Paris, Cerf, 1996.

10. Sobre a impossível solução da questão dos lugares sagrados, cf. Charles Enderlin, *Le rêve brisé*, Paris, Fayard, 2003.

11. Sigmund Freud, *Moisés e o monoteísmo*, in *ESB*, vol.23, Rio de Janeiro, Imago, diversas eds. Nesse livro, Freud emite a hipótese de que essa alguma coisa que caracteriza a judeidade é transmitida de forma hereditária.

12. Sigmund Freud, carta 6 mai 1926, *Correspondance 1873-1939*, Paris, Gallimard, 1967.

13. Sigmund Freud e Karl Abraham, *Correspondance 1907-1926*, Paris, Gallimard, 1969. [Ver, no presente volume, o ensaio "Jung: do arquétipo ao nazismo".]

14. Como constatamos claramente em sua correspondência com Karl Abraham e Sabina Spielrein.

15. A. Falks, "Freud and Herlz", *Contemporaray Psychoanalysis*, vol.XIV, 3, 1978, p.357-87. É a partir dessa tradução inglesa do original alemão, à qual não tive acesso, que Jacquy Chemouni cita essa carta. Passada para o francês a partir de uma tradução inglesa, a versão francesa, não integral, comporta diversas imprecisões, uma vez que o autor não menciona nem o destinatário nem a fonte arquivística. Cf. Jacquy Chemouni, *Freud et le sionisme*, op.cit., p.96. Michael Molnar a cita em alemão em *Sigmund Freud, chronique la plus brève: carnets intimes 1929-1939*, Paris, Albin Michel, 1992, p.274.

16. Peter Loewenberg, "A Sigmund Freud letter on the Jewish holy place in Jerusalem", *Los Angeles Psychoanalytic Bulletin*, 1992. Eu soube da existência desse artigo graças a Arno Mayer.

17. Carta de Alain de Mijolla a Elisabeth Roudinesco, 29 ago 2003.

18. Associação Internacional de História da Psicanálise, fundada em 1985.

19. Idem.

4. Conexões

A filosofia vista pela psicanálise (p.201-214)

1. Elisabeth Roudinesco, *Por que a psicanálise?*, Rio de Janeiro, Jorge Zahar, 2000, p.108.

2. Elisabeth Roudinesco, *Filósofos na tormenta*, Rio de Janeiro, Jorge Zahar, 2007.

3. Em seu texto "Sobre uma Weltanschauung", 35ª das "Novas conferências introdutórias à psicanálise" [1932], in *ESB*, vol.22 (Rio de Janeiro, Imago, várias eds.), Freud define a filosofia como "uma construção intelectual que resolve, de forma homogênea, todos os problemas de nossa existência a partir de uma hipótese que comanda o conjunto, na qual, por conseguinte, nenhum problema permanece em aberto e na qual tudo pelo que nos interessamos encontra seu lugar determinado".

4. Por exemplo: "Sou hostil à fabricação de visão de mundo", in "Inibição, sintoma, angústia" [1926], in *ESB*, vol.20, op.cit.

5. Jacques Derrida, *Espectros de Marx*, Rio de Janeiro, Relume-Dumará, 1994.

6. Jacques Derrida e Elisabeth Roudinesco, *De que amanhã... Diálogo*, Rio de Janeiro, Jorge Zahar, 2004.

7. Sigmund Freud, "Uma dificuldade no caminho da psicanálise" [1917], in *ESB*, vol.27, op.cit.

8. A serotonina é uma substância aminada produzida pelo tecido intestinal e cerebral. Desempenha papel de neuromediador e seu efeito é intensificado por certos antidepressivos.

9. Maurice Pinguet, *La mort volontaire au Japon*, Paris, Gallimard, 1984.

10. Sobre essa questão, ver verbete "suicídio" em Elisabeth Roudinesco e Michel Plon, *Dicionário de psicanálise*, Rio de Janeiro, Jorge Zahar, 1998.

11. Michel Foucault, "É preciso defender a sociedade", in *Resumo dos cursos no Collège de France*, Rio de Janeiro, Jorge Zahar, 1997.

12. A nosologia é a disciplina que estuda as características distintivas das doenças com vistas a uma classificação.

13. Ver Stuart Kirk e Herb Kutchins, *Aimez-vous le DSM? Le triomphe de la psychiatrie américaine*, Col. Empêcheurs Penser em Rond, Synthélabo, 1998.

14. "Denominamos 'psiquiatria dinâmica' o conjunto das correntes e escolas que associam uma descrição das doenças da alma (loucura), dos nervos (neurose) e do humor (melancolia) a um tratamento psíquico de natureza dinâmica, isto é, fazendo intervir uma relação transferencial entre médico e paciente", Elisabeth Roudinesco, *Por que a psicanálise?*, op.cit., p.37. A autora remete em nota, para maiores esclarecimentos, como faz em diversas ocasiões, à obra de Henri Ellenberger *Histoire de la découverte de l'inconscient* (Paris, Fayard, 1994).

15. A nosografia é a disciplina voltada para a classificação e a descrição das doenças.

16. Lembremos também que o *Tratado sobre a alma*, de Aristóteles, tem seu lugar numa abordagem biologizante do homem e da psique. Todos aqueles que julgam atualmente, como Jean-Pierre Changeux, apreender fortuitamente o segredo do pen-

samento graças aos progressos da imagética cerebral, ou que, para além da simples farmacoterapia, querem naturalizar o psiquismo, inscrevem-se nessa herança.

17. Seria aconselhável examinar mais de perto o limite precipitadamente alcançado pela crítica de Popper (ver *Por que a psicanálise?*, op.cit., p.129) e o uso que se faz das referências a Wittgenstein na relação com a psicanálise complexa. Aliás, poderíamos dizer o mesmo dos comentadores atuais deste último, cuja posição evolui de forma sensível à medida que se debruçam no que constitui o debate atual e suas questões.

18. Para maiores esclarecimentos, ler *Por que a psicanálise?*, op.cit., e o ensaio "Anatomia de um 'livro negro'" [no presente volume], onde é examinado o que caracteriza o *Livro negro*: acima de tudo, um "golpe" editorial e não um trabalho coletivo de pesquisadores.

19. Não era possível, no âmbito dessa entrevista, abordar todas as questões levantadas, em particular aquela, clássica, da cientificidade da psicanálise, reativada pela cruzada cientificista de alguns desses autores. A esse respeito, remetemos a *Por que a psicanálise?*, op.cit., que examina o assunto em vários capítulos.

20. *Filósofos na tormenta*, op.cit.

21. *Le livre noir de la psychanalyse: vivre, penser et aller mieux sans Freud*, Paris, Les Arènes, 2005. [Ler, no presente volume, o ensaio "Anatomia de um 'livro negro'".]

22. Lembremos que esse termo foi adotado por pesquisadores norte-americanos que reivindicam uma "revisão" dos conceitos fundadores da teoria freudiana (não tem nada a ver com o negacionismo relativo às câmaras de gás). Eles empreenderam a crítica sistemática da obra de Freud, a quem consideram um plagiador e um mistificador. Mas vão muito além da crítica e pretendem mostrar que a psicanálise é uma impostura. Seus adeptos terminaram, em virtude de seus excessos, sendo marginalizados do outro lado do Atlântico, após haverem planejado, em 1996, interditar a grande exposição sobre Freud em Washington. Convém compreender aqui que o termo "revisionista" é sinônimo de "destruidor da psicanálise".

23. Precisaríamos de um espaço muito maior para entrar na complexidade com que os autores revisionistas e seus epígonos promovem seus ataques. Uma delas reside precisamente na recusa em reconhecer a existência, fora de seu círculo, de uma abordagem crítica, não hagiográfica de Freud, de sua obra e da psicanálise em sua história. Assim, deturpam o trabalho de Henri Ellenberger, que é transformado em um antifreudiano radical que teria desmascarado a impostura freudiana. Um sintoma bem claro dessa deturpação consiste na referência fornecida das edições desse autor de maneira a, sistematicamente, omitir a colaboração entre ele e Elisabeth Roudinesco, sobretudo no que se refere à reedição de sua obra mais importante pela Fayard (*Histoire de la découverte de l'inconsciente*, em 1994, bem como pela coletânea de seus artigos: *Médecines de l'âme. Essais d'histoire de la folie et des guérisons psychiques*, em 1995). Para eles, é essencial impingir que a única história crítica possível só pode estar do lado deles. Portanto, é igualmente essencial ficarmos atentos à data da edição citada como referência: 1994, edição supervisionada e retrabalhada com Roudinesco, ou 1974, anterior a esse encontro. Em torno dessa

data é que giram a apropriação e a deturpação da obra desse historiador. [Ler, no presente volume, o ensaio "Ellenberger e a descoberta do inconsciente".]

24. Frank Sulloway, *Freud, Biologist of Mind*, Cambridge, Harvard University Press, 1992. Esse livro examina todas as teorias sobre a sexualidade em que Freud se inspirou ao mesmo tempo em que as diferencia.

25. Jacques Bénesteau, *Mensonges freudiens: histoire d'une désinformation séculaire*, Sprimont, Mardaga, 2002.

26. Podemos complementar a leitura desse artigo com o noticiário referente ao processo impetrado por Jacques Bénesteau e o Club de l'Horloge contra Elisabeth Roudinesco, reportando-se aos jornais *Libération*, 14 abr 2005; *Le Monde*, 15 abr 2005; e *L'Humanité*, 18 abr 2005. [Ler, no presente volume, o ensaio "Crônica de um antissemitismo camuflado".]

27. Elisabeth Roudinesco, *De que amanhã... Diálogo*, op.cit., p.199.

28. Daniel Andler, "Que faire des sciences cognitives? L'exemple de la conscience", in *Les connaissances et la pensée*, obra coletiva, IV Colóquio de Acireph, out 2002, Bréal, p.65-96. Cf. também a superação de Canguilhem proposta por Pascal Engel em *Philosophie et psychologie*, Col. Folio Essais, Paris, Gallimard, 1996, p.9-25 e 400-17.

Medicina, psiquiatria e psicanálise: semiologia do sujeito (p.215-224)

1. Preservei o estilo falado dessa conferência.

2. Jan Goldstein, *Console and Classify: the French Psychiatric Profession in the Nineteenth Century*, Cambridge University Press, 1987.

3. Ver Juan Rigoli, *Lire le délire: aliénisme, rhétorique et littérature en France au XIXe siècle*, prefácio de Jean Starobinski, Paris, Fayard, 2001.

4. Ver Georges Lantéri-Laura, *La chronicité en psychiatrie*, Col. Les Empêcheurs de Penser en Rond, Paris, Synthélabo, 1997.

5. Ver Elisabeth Roudinesco, *História da psicanálise na França*, vol.1, Rio de Janeiro, Jorge Zahar, 1989.

6. Ver Georges Canguilhem, *O normal e o patológico*, Rio de Janeiro, Forense Universitária, 1995.

7. Observemos que, enquanto na psicanálise emprega-se mais a palavra "analisando", na medicina e na psiquiatria o termo "paciente" tende a substituir "doente".

8. Jacques Lacan, *O Seminário*, livro 7, *A ética da psicanálise, 1959-1960*, Rio de Janeiro, Jorge Zahar, 1988. Para a discussão desse projeto, ver Patrick Guyomard, *Le désir d'éthique*, Paris, Aubier, 1998.

9. Ver Michel Foucault, *História da sexualidade*, vol.1, *A vontade de saber*, Rio de Janeiro, Graal, 2007.

10. Ver Elisabeth Roudinesco: *Por que a psicanálise?*, Rio de Janeiro, Jorge Zahar, 2000; e *A análise e o arquivo*, Rio de Janeiro, Jorge Zahar, 2006. Ver também Roland Gori, *La preuve par la parole: sur la causalité en psychanalyse*, Paris, PUF, 2001.

11. Heinz Kohut, *Le soi: la psychanalyse des transferts narcissiques*, Col. Le Fil Rouge, Paris, PUF, 1991; Christopher Lasch, *La culture du narcissisme*, Paris, Climats, 2000; Michel Foucault, *História da sexualidade*, vol.3, *O cuidado de si*, Rio de Janeiro, Graal, 2007. Cf. também Herbert Marcuse, *Eros e civilização*, São Paulo, LCT, 1999.

12. Alan Turing (1912-54), lógico e matemático inglês. Aos 24 anos, lança os fundamentos teóricos da informática ao estabelecer uma ponte entre uma formalização matemática — a célebre "máquina de Turing" — e os autômatos em estados finitos (computadores). Ver Nicolas Witktowski (org.), *Dictionnaire culturel des sciences*, Paris, Seuil/Regard, 2001.

13. Num belíssimo artigo de 1964, Henri Ellenberger compara a criação do jardim zoológico à invenção do hospício durante o período da Revolução Francesa. Assim como a invenção do hospício pôs fim ao reinado dos insensatos, a instauração do jardim zoológico terminou com as coleções de animais reais nas quais os animais eram tratados como bufões ou objetos destinados ao entretenimento do rei e dos nobres. Pretendendo-se "humanitário" e "científico", o jardim zoológico serviu ao mesmo tempo para preservar as espécies e divertir as massas. Quanto à criação do hospício, permitiu progressivamente que os loucos não fossem mais vistos em público como animais numa época em que os animais eram exibidos em nome da ciência e do entretenimento das massas. Apenas no século XIX os hospícios foram hermeticamente fechados. Cabe comparar novamente a situação dos animais à dos doentes mentais nos dias de hoje.

Créditos de publicação

1. Polêmicas

Anatomia de um "livro negro"

"Anatomie d'un 'livre noir'". Publicado no opúsculo *Pourquoi tant de haine? Anatomie du Livre noir de la psychanalyse* (Paris, Navarin, 2005, p.5-35).

Crônica de um antissemitismo camuflado (O Club de l'Horloge e a psicanálise)

"Le Club de l'Horloge et la psychanalyse: chronique d'un antisémitisme masqué". Publicado na revista *Temps Modernes* (n.627, jun 2004).

É proibido proibir? (Sobre a etnopsiquiatria)

"Est-il encore interdit d'interdire?". Entrevista a Denis Sieffert e Marie-Edith Alouf publicada na revista *Politis* (n.577, dez 1999).

Psicanálise e homossexualidade

"Psychanalyse et homosexualité: réflexions sur le désir pervers, l'injure et la fonction paternelle". Entrevista realizada em novembro de 2001, em Paris, e publicada na revista *Cliniques Méditerranéennes* (n.65, 2002, com transcrição de Éliane Pons).

2. Pioneiros

Lacan, a peste

"Lacan, la peste". Conferência proferida na Clínica Neuropsiquiátrica de Viena, em novembro de 2005, e publicada originalmente em inglês, em 2008, na revista *History of Psychoanalysis*, dirigida por John Forrester.

As primeiras mulheres psicanalistas

"Les premières femmes psychanalystes". Conferência proferida na Universidade de Columbia, Estados Unidos, em 13 de outubro de 1997, e publicada na revista *Topique* (n.71, 2000). (Publicada pela primeira vez em francês na revista *Mil Neuf Cent*, n.16, 1998.)

Conversa com Françoise Dolto

"Des jalons pour une histoire". Entrevista realizada em abril de 1986 e publicada na coletânea *Quelques pas sur le chemin de Françoise Dolto* (Paris, Seuil, 1988).

A América freudiana (1906-1960)

"L'Amérique freudienne: 1906-1960". Publicado na revista *Magazine Littéraire* (nov 1989). (Republicado na mesma revista, *hors-série*, n.1, abr-mai-jun 2000.)

3. Histórias

Entrevista a Philippe Sollers (Sobre a *História da psicanálise na França*)

"Histoire de la psychanalyse en France". Entrevista publicada na revista *Panoramiques* (n.22, 1995). (Uma primeira versão saiu na revista *L'Infini*, n.2, 1983. O vol.1 de *História da psicanálise na França* foi lançado em Paris em 1982; o vol.2, em 1986.)

Ellenberger e a descoberta do inconsciente

"Henri Ellenberger et la découverte de l'inconscient". Conferência de abertura do I Congresso Internacional de Psicopatologia Fundamental e VII Congresso Brasileiro de Psicopatologia Fundamental, realizado na Pontifícia Universidade Católica do Rio de Janeiro (PUC-Rio), de 4 a 7 de setembro de 2004. Tradução de Carmen Lucia M. Valladares de Oliveira.

Jung: do arquétipo ao nazismo

"Carl Gustav Jung: de l'archétype au nazisme. Dérives d'une psychologie de la différence". Publicado na revista *L'Infini* (n.63, outono 1998).

A respeito de uma carta inédita de Freud sobre o sionismo

"À propos d'une lettre inédite de Freud sur le sionisme et la question des lieux saints". Publicado na revista *Cliniques Méditerranéennes* (n.70, 2004).

4. Conexões

A filosofia vista pela psicanálise

"La philosophie saisie par la psychanalyse". Entrevista publicada na revista *Côté Philo* (mai 2006).

Medicina, psiquiatria e psicanálise: semiologia do sujeito

"Sémiologie du sujet en médecine, psychiatrie et psychanalyse". Conferência publicada em *Langage & Inconscient – Revue Internationale* (n.1, Limoges, Lambert-Lucas, jan 2006). (Essa conferência foi em parte pronunciada em Beirute, em junho de 2001, durante um congresso organizado por Chawki Azouri, sendo publicada pouco depois, a pedido de Ivan Darrault-Harris, em espanhol, na revista mexicana *Tópicos del Seminario* 2003-2004, n.11.)

Índice de nomes e títulos de obras

Coleção Transmissão da Psicanálise

Não Há Relação Sexual
Alain Badiou e Barbara Cassin

Fundamentos da Psicanálise de Freud a Lacan
(4 volumes)
Marco Antonio Coutinho Jorge

Histeria e Sexualidade

Transexualidade
Marco Antonio Coutinho Jorge; Natália Pereira Travassos

Por Amor a Freud
Hilda Doolittle

A Criança do Espelho
Françoise Dolto e J.-D. Nasio

O Pai e Sua Função em Psicanálise
Joël Dor

Introdução Clínica a Freud

Introdução Clínica à Psicanálise Lacaniana
Bruce Fink

A Psicanálise de Crianças e o Lugar dos Pais
Alba Flesler

A Vocação do Exílio
Betty Fuks

A Psicanálise e o Religioso
Philippe Julien

Alguma Vez É Só Sexo?

Gozo

O Que É Loucura?

Simplesmente Bipolar
Darian Leader

Freud e a Descoberta do Inconsciente
Octave Mannoni

5 Lições sobre a Teoria de Jacques Lacan

9 Lições sobre Arte e Psicanálise

Como Agir com um Adolescente Difícil?

Como Trabalha um Psicanalista?

A Depressão é a Perda de uma Ilusão

Dez Lições de Vida, Sofrimento e Amor

A Dor de Amar

A Dor Física

A Fantasia

Os Grandes Casos de Psicose

A Histeria

Introdução à Topologia de Lacan

Introdução às Obras de Freud, Ferenczi, Groddeck, Klein, Winnicott, Dolto, Lacan

Lições sobre os 7 Conceitos Cruciais da Psicanálise

O Livro da Dor e do Amor

O Olhar em Psicanálise

Os Olhos de Laura

Por Que Repetimos os Mesmos Erros?

O Prazer de Ler Freud

Psicossomática

O Silêncio na Psicanálise

Sim, a Psicanálise Cura!

J.-D. Nasio

Guimarães Rosa e a Psicanálise
Tania Rivera

A Análise e o Arquivo

Dicionário Amoroso da Psicanálise

Em Defesa da Psicanálise

O Eu Soberano

Freud — Mas Por Que Tanto Ódio?

Lacan, a Despeito de Tudo e de Todos

O Paciente, o Terapeuta e o Estado

A Parte Obscura de Nós Mesmos

Retorno à Questão Judaica

Sigmund Freud na sua Época e em Nosso Tempo
Elisabeth Roudinesco

O Inconsciente a Céu Aberto da Psicose
Colette Soler

ESTA OBRA FOI COMPOSTA POR LETRA E IMAGEM EM SABON E FRUTIGER E IMPRESSA EM PROCESSO SOB DEMANDA PELA UM LIVRO SOBRE PAPEL OFFSET PARA A EDITORA SCHWARCZ A PARTIR DE 2025